总第75辑 (2018.3)

中国审判指导丛书

U1013681

民事审判指导与参考

最高人民法院民事审判第一庭 编

人民法院出版社

图书在版编目（CIP）数据

民事审判指导与参考 . 2018 年 . 第 3 辑 : 总第 75 辑/最高人民法院民事审判第一庭编 . —北京 : 人民法院出版社 , 2018. 11
（中国审判指导丛书）
ISBN 978 - 7 - 5109 - 2312 - 8

Ⅰ. ①民… Ⅱ. ①最… Ⅲ. ①民事诉讼 - 审判 - 中国 - 丛刊 Ⅳ. ①D925. 118. 2

中国版本图书馆 CIP 数据核字（2018）第 246461 号

民事审判指导与参考 2018 年第 3 辑（总第 75 辑）
最高人民法院民事审判第一庭 编

责任编辑 姜 峤
出版发行 人民法院出版社
地 址 北京市东城区东交民巷 27 号（100745）
电 话 （010）67550573（责任编辑） 67550558（发行部查询）
65223677（读者服务部）
客服 QQ 2092078039
网 址 http://www. courtbook. com. cn
E - mail courtpress@ sohu. com
印 刷 保定彩虹印刷有限公司
经 销 新华书店

开 本 787 × 1092 毫米 1/16
字 数 260 千字
印 张 16
版 次 2018 年 11 月第 1 版 2018 年 11 月第 1 次印刷
书 号 ISBN 978 - 7 - 5109 - 2312 - 8
定 价 50.00 元

《民事审判指导与参考》编辑委员会

特约编委

特约通讯员

北京高院	邹　治	湖南高院	陈盎然
天津高院	杨　宇	广东高院	金锦城
河北高院	宣建新	广西高院	肖海明
山西高院	王　迪	海南高院	宋长清
内蒙古高院	王相瑞	重庆高院	谭振亚
辽宁高院	高　菡	四川高院	蔡源原
吉林高院	虞大江	贵州高院	罗　二
黑龙江高院	李营东	云南高院	赵　锐
上海高院	洪　波	西藏高院	丹增罗布
江苏高院	潘军峰	陕西高院	李晓锋
浙江高院	沈　妙	甘肃高院	刘　恒
安徽高院	鲍冬梅	青海高院	杨智建
福建高院	李志尧	宁夏高院	宋成祥
江西高院	龚雪林	新疆高院	孙万里
山东高院	陈东强	兵团法院	朱程文
河南高院	王福蕾	军事法院	李　毅
湖北高院	张之婧		

目　录

【司法政策】

【家事审判方式和工作机制改革试点工作总结大会暨联席会议第二次全体会议专题】

【全国部分地区道路交通事故损害赔偿纠纷“网上数据一体化处理”改革试点工作推进会专题】

【家事审判论坛专题】

【司法政策理解与适用专题】

【反家庭暴力法实施专题】

【域外考察】

【理论前沿】

【指导性案例】

【司法政策】

最高人民法院
关于进一步深化家事审判方式和工作机制改革的意见（试行）

2018 年 7 月 18 日　　法发〔2018〕12 号

各省、自治区、直辖市高级人民法院，解放军军事法院，新疆维吾尔自治区高级人民法院生产建设兵团分院：

为贯彻以人民为中心的思想，推动家事审判工作改革，发挥家事审判职能作用，最高人民法院自 2016 年 6 月 1 日起在全国范围内选择部分法院开展家事审判方式和工作机制改革试点工作。在总结试点工作基础上，现就进一步深化家事审判方式和工作机制改革提出如下意见：

一、总体要求

1. 准确把握改革的方向目标，维护婚姻家庭和谐稳定，依法保障未成年人、妇女和老年人的合法权益，培育和践行社会主义核心价值观，促进社会和谐健康发展，不断满足人民日益增长的美好生活需要和对家事审判工作的新需求新期待。

2. 牢固树立人性化的审判理念，对当事人的保护要从身份利益、财产利益延伸到人格利益、安全利益和情感利益，保护当事人隐私，注重人文关怀，充分发挥家事审判对婚姻关系的诊断、修复和治疗作用，弘扬文明进步的婚姻家庭伦理观念，推进家风建设和家庭美德建设。

3. 切实转变工作方式，强化法官的职权探知、自由裁量和对当事人处分权的适当干预，注意区分婚姻危机和婚姻死亡，正确处理保护婚姻自由与维护家庭稳定的关系，充分发挥家事调查报告、心理疏导报告及大数据的应用，力求裁判标准客观化以及裁判文书说理情理法相结合。

4. 不断创新工作机制，积极争取各级党委和政府的支持，加强与相关职能部门和单位的协调配合，动员和激励社会各界力量共同参与，推动建立司法、行政和社会相结合的多元化纠纷解决机制，共同打造共建共治共享的社会治理格局。

5. 积极推进机构队伍专业化建设，组建专业化家事审判机构或者团队，探索建立特别的家事法官准入机制、培训机制和考核机制，探索配备专门从事家事调解、家事调查、心理辅导等工作的司法辅助人员，加强家事法官的职业安全保障，完善极端化事件防控措施。

二、家事调解

6. 人民法院审理家事案件，应当增强调解意识，拓展调解方式，创新调解机制，提高调解能力，将调解贯穿案件审判全过程。婚姻效力、身份关系确认、人身安全保护令申请等根据案件性质不能进行调解的案件除外。

7. 依托特邀调解做好家事案件调解工作，通过在立案前委派或者立案后委托特邀调解组织、特邀调解员依法进行调解，促使当事人在平等协商基础上达成调解协议，解决纠纷。可以设立家事调解委员会，设定入册条件，规范家事领域特邀调解程序。

8. 依法成立的人民调解、行政调解、商事调解、行业调解及其他具有调解职能的组织，可以申请加入家事调解委员会特邀调解组织名册。品行良好、公道正派、热心调解工作并具有较强沟通协调能力的个人可以申请加入家事调解委员会特邀调解员名册。

人民法院可以邀请人大代表、政协委员、人民陪审员、专家学者、律师、基层法律服务工作者、仲裁员、退休法律工作者、基层工作者以及其他具有社会、人文、法律、教育、心理、婚姻家庭等方面专业知识的个人加入家事调解委员会特邀调解员名册。少数民族聚居地区可邀请熟悉当地语言、风俗习惯、宗教信仰等情形的个人加入家事调解委员会特邀调解员名册。

9. 对适宜调解的纠纷，登记立案前，经当事人同意或者当事人虽未提出调解申请但人民法院认为有必要调解的，可以委派给特邀调解组织或者特邀调解员进行调解。

当事人情绪或心理受到严重困扰，无法正常发表意见，情况紧急需要尽快启动有关诉讼程序的案件，除双方当事人申请外，不得进行立案登记前委派调解。

10. 对适宜调解的纠纷，登记立案后，人民法院可以自行调解，也可以委托给特邀调解组织或者特邀调解员进行调解。

11. 离婚案件的调解，双方当事人应亲自到场。当事人确因特殊情况无法到场参加调解的，除本人不能表达意志的以外，应当出具书面意见。

12. 家事案件的调解过程不公开，但当事人均同意公开的除外。

主持调解以及参与调解的人员，对调解过程以及调解过程中获悉的国家秘密、商业秘密、个人隐私和其他不宜公开的信息，应当保守秘密。调解人员违反保密义务给当事人造成损害的，应当承担相应法律责任。

13. 委托调解过程中，特邀调解员认为有事实问题需要进行调查的，可以向人民法院提出申请。人民法院根据案情需要，决定是否委托家事调查员进行调查。

14. 有关调解以及特邀调解的其他事项，适用《中华人民共和国民事诉讼法》《中华人民共和国人民调解法》《最高人民法院关于人民法院特邀调解的规定》等相关规定。

三、家事调查

15. 家事案件审理过程中，对于需要进一步查明的事项，人民法院可以自行调查取证，可以委托相关机构进行调查，也可以委托家事调查员对特定事实进行调查。

16. 人民法院应当建立家事调查员名册。建立名册的法院应当为入册的家事调查员颁发证书，并对名册进行管理。上级法院建立的名册，下级法院可以使用。

17. 家事调查员由司法行政、教育部门、妇联、共青团、社区等单位及基层群众组织推荐，由人民法院选任。

人民法院可以邀请人大代表、政协委员、人民陪审员、人民调解员、专家学者、律师、基层法律服务工作者、仲裁员、退休法律工作者、基层工作者以及其他具有社会、人文、法律、教育、心理、婚姻家庭等方面专业知识的人员加入家事调查员名册。

18. 家事调查员应当品行良好、公道正派、热心群众工作并具有较强沟通协调能力和丰富的社会知识经验，具有基层工作经历和适宜处理家事纠纷专业背景的个人可优先选任。少数民族聚居地区可考虑优先选任熟悉当地语言、风俗习惯、宗教信仰等的个人。

19. 具体案件中的家事调查员应不少于两人，由人民法院在名册中选择。人民法院选择家事调查员后，应当在3日内通知当事人。当事人对家事调查员有异议且有正当理由的，或者双方当事人共同选择其他家事调查员的，人民法院应当另行选择确认。

20. 家事调查员有下列情形之一的，当事人有权申请回避：

（1）是一方当事人或者其代理人近亲属的；

（2）与纠纷有利害关系的；

（3）与当事人、代理人有其他关系，可能影响公正调查的。

家事调查员有上述情形的，应当自行回避，但是双方当事人同意由该调查员调查的除外。

家事调查员的回避由人民法院决定。

21. 人民法院根据案件审理需要，可以委托家事调查员调查下列事项：

（1）当事人的个人经历、性格、教育程度、身心状况、家庭情况、夫妻关系、居住环境、工作情况等；

（2）对子女的抚养情况、子女的心理状况及学习状况等；

（3）对老人的赡养情况等；

（4）其他需要调查的事项。

22. 家事调查员可以采取下列方式进行调查：

（1）与当事人本人及其父母、子女或其他有关人员面谈交流，观察当事人与其子女、父母或其他有关人员之间的关系；

（2）征询八周岁以上的子女对抚养事项及探望事项的意愿和态度；

（3）走访当事人居住的社区、所在单位、子女的学校等；

（4）其他调查方式。

23. 每一项调查事项，均应由两名以上家事调查员共同进行调查。家事调查员应当自人民法院委托调查之日起15日内完成调查工作，向人民法院出具书面调查报告。如在上述期限内完成调查事项确有困难的，可以向人民法院申请延长，但最长不超过30日。调查报告应当包括人民法院委托调查的所有事项，可以包括家事调查员的分析和建议。

24. 人民法院在收到家事调查报告后，应当向当事人告知家事调查报告的内容，并允许当事人陈述意见。

家事调查报告可以作为人民法院审理案件的参考。

25. 家事调查员在调查过程中获知当事人有家庭暴力、危害未成年人合法权益等情形时，应当及时向人民法院报告，同时可向其他相关职能部门、救助机构报告。

26. 家事调查员对于其在调查过程中知悉的商业秘密或个人隐私，负有保密义务。家事调查员违反保密义务给当事人造成损害的，应当承担相应法律责任。

27. 家事调查员不得有以下行为：

（1）在调查过程中借机招揽业务；

（2）向当事人收取费用；

（2）接受当事人请托或收受不正当利益；

（4）不当履行职务，损害当事人合法权益的其他行为。

当事人发现存在上述情形的，可以向人民法院投诉。经审查属实的，人民法院应当立即停止其调查工作，对其提交的调查报告不予采纳，并视情形对其作出警告、通报、除名等相应处理。

四、心理疏导

28. 具有下列情形之一的，人民法院根据实际情况可以建议案件当事人或者未成年人接受心理疏导：

（1）一方当事人同意离婚，对方当事人不同意离婚并且情绪激动的；

（2）探望权纠纷、监护权纠纷以及其他有关亲子关系纠纷的案件中，当事人情绪波动较大的；

（3）存在家庭暴力行为，对当事人身心健康造成较大影响的；

（4）案件所涉及的未成年人情绪波动较大或者有反常行为，需要心理疏导的；

（5）其他需要进行心理疏导的情形。

29. 人民法院可以与当地政府有关机构或者有关心理学组织机构、心理学教育研究机构建立对家事案件当事人或者未成年人进行心理疏导的协作机制。

具体协作机制形式、内容由人民法院与有关机构和组织协商确定。

30. 人民法院负责筛选需要心理疏导介入的案件，并启动心理疏导程序。

协作机构负责选派心理疏导师具体实施心理疏导工作。

31. 人民法院经审查认为案件当事人或者未成年人需要接受心理疏导的，可向案件当事人或者未成年人的监护人提出心理疏导建议。当事人或者未成年人的监护人同意接受心理疏导的，应填写《同意接受心理疏导确认书》。当事人亦可主动申请接受心理疏导，并提交《心理疏导申请书》。

人民法院应在收到《同意接受心理疏导确认书》或者《心理疏导申请书》之后3日内，向协作机构发出《心理疏导工作联系函》。协作机构回函表示同意后3日内，人民法院应当与当事人及协作机构协商确定心理疏导的时间和地点。

32. 心理疏导过程中，当事人明确表示不同意继续接受心理疏导的，应当予以终止，人民法院应在案卷中注明。

33. 心理疏导师对其在心理疏导过程中知悉的当事人的商业秘密或个人隐私负有保密义务。心理疏导师违反保密义务给当事人造成损害的，应当承担相应法律责任。

34. 心理疏导工作结束后，协作机构应向人民法院出具心理疏导情况报告，人民法院可以将之作为审理案件的参考。心理疏导的相关材料随案归于副卷，不得对外公开。

五、审理规程

35. 人民法院在开庭前应当告知当事人一般诉讼权利义务、举证责任分配原则、有权申请调查取证、签发人身安全保护令、法律援助、减免诉讼费用等内容。

36. 涉及个人隐私的家事案件，人民法院应当不公开审理。

涉及未成年人的家事案件，如果公开审理不利于保护未成年人利益的，人民法院应当不公开审理。

离婚案件，在开庭前，人民法院应当询问当事人是否申请不公开审理。当事人申请不公开的，可以不公开审理。

其他家事案件，当事人申请不公开审理的，人民法院经审查认为不宜公开审理的，可以不公开审理。

37. 身份关系确认案件以及离婚案件，除本人不能表达意志的以外，当事人应当亲自到庭参加诉讼。当事人为无民事行为能力人的，其法定代理人应当到庭。确因特殊情况无法出庭的，必须向人民法院提交书面意见，并委托诉讼代理人到庭参加诉讼。

应当到庭参加诉讼的当事人经传票传唤无正当理由拒不到庭的，属于原告方的，依照民事诉讼法第一百四十三条的规定，可以按撤诉处理；属于被告方的，依照民事诉讼法第一百四十四条的规定，可以缺席判决。

无民事行为能力的当事人的法定代理人，经传票传唤无正当理由拒不到庭的，比照上述规定处理。必要时，人民法院可以拘传其到庭。

确因特殊情况无法出庭的当事人、证人和鉴定人，经人民法院准许后，可以声音或影像传输的形式，参加开庭审理及其他诉讼活动。

38. 人民法院审理家事案件，涉及确定子女抚养权的，应当充分听取八周岁以上子女的意见。必要时，人民法院可以单独询问未成年子女的意见，并提供符合未成年人心理特点的询问环境。

39. 人民法院审理离婚案件，应当对子女抚养、财产分割问题一并处理。对财产分割问题确实不宜一并处理的，可以告知当事人另行起诉。

当事人在离婚诉讼中未对子女抚养、财产分割问题提出诉讼请求的，人民法院应当向当事人释明，引导当事人明确诉讼请求。当事人就子女抚养问题未达成一致，又坚持不要求人民法院处理子女抚养问题的，可以判决不准离婚。

40. 人民法院审理离婚案件，经双方当事人同意，可以设置不超过3个月的冷静期。

在冷静期内，人民法院可以根据案件情况开展调解、家事调查、心理疏导等工作。冷静期结束，人民法院应通知双方当事人。

41. 人民法院判决或者调解离婚的案件，根据当事人的申请，人民法院可以为当事人出具离婚证明书。

42. 监护权纠纷、探望权纠纷、抚养纠纷等涉及未成年人的案件，对于与未成年人利益保护相关的事实，人民法院应当根据当事人的申请或者依职权进行调查取证。

43. 离婚案件中，对于当事人的财产状况等事实，当事人难以举证又影响案件审理结果的，人民法院应当根据当事人的申请及提供的明确的线索，向有关金融机构、当事人所在单位等相关机构调查取证。

当事人自认的涉及身份关系确认或社会公共利益的事实，在没有其他证据证明的情形下，一般不能单独作为定案依据。

44. 对于涉及财产分割问题的离婚纠纷案件，人民法院在向当事人送达受理案件通知书和应诉通知书时，应当同时送达《家事案件当事人财产申报表》。

当事人应当在举证期限届满前填写《家事案件当事人财产申报表》，全面、准确地申报夫妻共同财产和个人财产的有关状况。

人民法院应当明确告知当事人不如实申报财产应承担的法律后果。对于拒不申报或故意不如实申报财产的当事人，除在分割夫妻共同财产时可依法对其少分或者不分外，还可对当事人予以训诫；情形严重者，可记入社会征信系统或从业诚信记录；构成妨碍民事诉讼的，可以采取罚款、拘留等强制措施。

45. 当事人向人民法院申请人身安全保护令，应当提供其遭受家庭暴力或者存在家庭暴力风险的证据，人民法院经审查认为存在家庭暴力风险的，应当及时发出人身安全保护令。

六、队伍建设

46. 中级人民法院、基层人民法院可以在规定的内设机构总数内，通过加挂牌子或者单独设置的方式设立家事审判业务机构。不具备条件的，可以在相关审判庭内设立专业化的合议庭或者审判团队负责审理家事案件。

47. 审理家事案件的法官，除法律知识外，还应当掌握一定社会学、教育学和心理学知识。

家事审判合议庭组成人员应当至少有一名女性法官或者女性人民陪审员。

人民法院要定期对从事家事案件审理工作的法官、法官助理、书记员、人民陪审员等进行审判业务、调解技能、心理学等方面的培训，加强家事案件审判人员司法能力建设。

48. 人民法院可以为法官配备特邀调解员、家事调查员、心理学专业人员等司法辅助人员，配合审理家事案件。

人民法院可以会同妇联、司法行政、卫生等部门定期组织司法辅助人员参加培训，并进行考核。

49. 人民法院应当根据实际情况向特邀调解员、家事调查员发放误工、交通等补贴，对表现突出的特邀调解组织、特邀调解员和家事调查员给予物质或者荣誉奖励。

人民法院聘请心理疏导师开展相关工作，应当给付适当的报酬。

上述补贴经费或者报酬经费应当纳入人民法院专项预算。人民法院可以根据有关规定向有关部门申请专项经费。

最高人民法院
关于依法妥善审理民间借贷案件的通知

2018年8月1日　　　　　　　　　　　　　　法〔2018〕215号

各省、自治区、直辖市高级人民法院，解放军军事法院，新疆维吾尔自治区高级人民法院生产建设兵团分院：

民间借贷在一定程度上满足了社会多元化融资需求，促进了多层次信贷市场的形成和完善。与此同时，民间借贷纠纷案件也呈现爆炸式增长，给人民法院的审判工作带来新的挑战。近年来，社会上不断出现披着民间借贷外衣，通过"虚增债务""伪造证据""恶意制造违约""收取高额费用"等方式非法侵占财物的"套路贷"诈骗等新型犯罪，严重侵害了人民群众的合法权益，扰乱了金融市场秩序，影响社会和谐稳定。为充分发挥民商事审判工作的评价、教育、指引功能，妥善审理民间借贷纠纷案件，防范化解各类风险，现将有关事项通知如下：

一、加大对借贷事实和证据的审查力度。"套路贷"诈骗等犯罪设局者具备知识型犯罪特征，善于通过虚增债权债务、制造银行流水痕迹、故意失联制造违约等方式，形成证据链条闭环，并借助民事诉讼程序实现非法目的。因此，人民法院在审理民间借贷纠纷案件中，除根据《最高人民法院关于审理民间借贷案件适用法律若干问题的规定》第十五条、第十六条规定，对借据、收据、欠条等债权凭证及银行流水等款项交付凭证进行审查外，还应结合款项来源、交易习惯、经济能力、财产变化情况、当事人关系以及当事人陈述等因素综合判断借贷的真实情况。有违法犯罪等合理怀疑，代理人对案件事实无法说明的，应当传唤当事人本人到庭，就有关案件事实接受询问。要适当加大调查取证力度，查明事实真相。

二、严格区分民间借贷行为与诈骗等犯罪行为。人民法院在审理民间借贷纠纷案件中，要切实提高对“套路贷”诈骗等犯罪行为的警觉，加强对民间借贷行为与诈骗等犯罪行为的甄别，发现涉嫌违法犯罪线索、材料的，要及时按照《最高人民法院关于在审理经济纠纷案件中涉及经济犯罪嫌疑若干问题的规定》和《最高人民法院关于审理民间借贷案件适用法律若干问题的规定》依法处理。民间借贷行为本身涉及违法犯罪的，应当裁定驳回起诉，并将涉嫌犯罪的线索、材料移送公安机关或检察机关，切实防范犯罪分子将非法行为合法化，利用民事判决堂而皇之侵占被害人财产。刑事判决认定出借人构成“套路贷”诈骗等犯罪的，人民法院对已按普通民间借贷纠纷作出的生效判决，应当及时通过审判监督程序予以纠正。

三、依法严守法定利率红线。《最高人民法院关于审理民间借贷案件适用法律若干问题的规定》依法确立了法定利率的司法红线，应当从严把握。人民法院在民间借贷纠纷案件审理过程中，对于各种以“利息”“违约金”“服务费”“中介费”“保证金”“延期费”等突破或变相突破法定利率红线的，应当依法不予支持。对于“出借人主张系以现金方式支付大额贷款本金”“借款人抗辩所谓现金支付本金系出借人预先扣除的高额利息”的，要加强对出借人主张的现金支付款项来源、交付情况等证据的审查，依法认定借贷本金数额和高额利息扣收事实。发现交易平台、交易对手、交易模式等以“创新”为名行高利贷之实的，应当及时采取发送司法建议函等有效方式，坚决予以遏制。

四、建立民间借贷纠纷防范和解决机制。人民法院在防范和化解民间借贷各类风险中，要紧密结合党和国家工作大局，紧紧依靠党委领导和政府支持，探索审判机制创新，加强联动效应，探索建立跨部门综合治理机制。要加大法制宣传力度，引导社会良好风气，认真总结审判经验，加强调查研究。

各级人民法院在审理民间借贷纠纷案件中发现新情况、新问题，请及时层报最高人民法院。

【家事审判方式和工作机制改革试点工作总结大会暨联席会议第二次全体会议专题】

在家事审判方式和工作机制改革试点工作总结大会暨家事审判方式和工作机制改革联席会议第二次全体会议上的讲话

最高人民法院院长　周强

（2018年7月19日）

今天，我们召开家事审判方式和工作机制改革试点工作总结大会暨联席会议第二次全体会议，主要任务是，坚持以习近平新时代中国特色社会主义思想为指导，全面贯彻党的十九大和十九届一中、二中、三中全会精神，深入贯彻落实习近平总书记关于“注重家庭、注重家教、注重家风”“重视家庭文明建设”重要指示，总结工作、深化部署、密切协作、凝聚合力，推动家事审判方式和工作机制改革不断实现新发展。

刚才，我们表彰了全国法院家事审判工作先进集体和先进个人，播放了5个试点法院工作宣传片，在此向受到表彰的先进集体和个人表示祝贺。必新同志通报了家事审判方式和工作机制改革联席会议工作情况，汉朝同志、振宇同志、谭琳同志代表联席会议成员单位发表讲话，讲得都很好，充分体现了联席会议成员单位对家事审判改革的高度重视和大力支持。下面，我就深入推进家事审判改革、扎实做好家事审判工作讲几点意见。

一、坚持以习近平新时代中国特色社会主义思想为指导，进一步深刻认识家事审判改革的重要意义

习近平新时代中国特色社会主义思想是指引全党全国人民全面建成小

康社会、全面建设社会主义现代化国家的科学指南。党的十八大以来，以习近平同志为核心的党中央高度重视家庭文明建设，习近平总书记在多个场合强调要“注重家庭、注重家教、注重家风”“重视家庭文明建设”，并对建设“爱国爱家、相亲相爱、向上向善、共建共享的社会主义家庭文明新风尚”作出一系列重要指示，提出一系列新理念新思想新战略。这些重要论述、重要指示蕴含在习近平新时代中国特色社会主义思想之中，为人民法院深化家事审判改革、服务家庭文明建设指明了前进方向、提供了根本遵循。我们必须始终坚持以习近平新时代中国特色社会主义思想武装头脑、指导实践、推动工作，不断深化对家事审判改革重要意义的认识，切实增强深入推进家事审判改革的责任感和紧迫感。

推进家事审判改革是建设社会文明的重要举措。习近平总书记从社会建设的战略高度深刻指出：“家庭和睦则社会安定，家庭幸福则社会祥和，家庭文明则社会文明。”家庭是社会的细胞，没有家庭的幸福和睦，社会和谐稳定就无从谈起，社会文明也就无从谈起。民政部数据统计显示，我国离婚率连续 15 年递增，与此同时人民法院受理家事案件也逐年攀升，2017 年全国法院共审结一审家事案件 183 万件，其中离婚案件 143.3 万件。受婚姻家庭破裂和家事纠纷困扰人群体量庞大，未成年人抚养教育、妇女权益维护、老年人赡养等社会问题也有待更好解决，这既对婚姻家庭稳定提出新挑战，也给社会治理现代化提出新课题。我们深化家事审判改革，就是要完善家事审判方式和工作机制，更好发挥家事审判权益保障、情感治愈功能，实现家事审判司法功能与社会功能的有机结合；就是要以家事审判改革为重要切入点，推动家事纠纷多元化解机制建设，完善社会心理服务体系和社区治理体系，不断提高社会治理水平和社会文明水平。

推进家事审判改革是弘扬社会主义核心价值观的必然要求。习近平总书记深刻指出，“家风是社会风气的重要组成部分”“广大家庭都要弘扬优良家风，以千千万万家庭的好家风支撑起全社会的好风气”，要求“紧密结合培育和弘扬社会主义核心价值观，发扬光大中华民族传统家庭美德，促进家庭和睦，促进亲人相亲相爱，促进下一代健康成长，促进老年人老有所养，使千千万万个家庭成为国家发展、民族进步、社会和谐的重要基点。”我们深化家事审判改革，就是要落实依法治国和以德治国相结合的要求，大力培育和践行社会主义核心价值观，倡导文明进步的婚姻家庭伦理观，弘扬尊老爱幼、妻贤夫安、母慈子孝、兄友弟恭、勤俭持家、遵纪守法、家和万事兴等中华民族传统家庭美德，切实维护公序良俗，弘扬社会正气，促进树立良好社会风尚。

推进家事审判改革是坚持以人民为中心的具体实践。习近平总书记强调："国家富强，民族复兴，人民幸福，不是抽象的，最终要体现在千千万万个家庭都幸福美满上，体现在亿万人民生活不断改善上。千家万户都好，国家才能好，民族才能好。"婚姻家庭和谐幸福，是人民美好生活需要最重要的组成部分，没有婚姻家庭和谐幸福，人民对美好生活的向往就难以实现。传统家事审判侧重财产权益保护，未能充分考虑家庭成员在人格、身份、情感、安全等方面的利益需求，审判方式与群众多元司法需求不相适应，工作机制与家事审判规律特点不相适应，司法效果与人民新期待新要求不相适应。我们深化家事审判改革，就是要坚持人民司法为人民，遵循家事审判规律，推动家事审判更加专业化、人性化，更好满足人民日益增长的美好生活需要和多元司法需求，切实增强人民群众获得感、幸福感、安全感。

二、深入总结家事审判改革试点成绩，进一步坚定深化改革的信心和决心

2016年5月11日，最高人民法院正式启动家事审判方式和工作机制改革试点。两年多来，各级人民法院特别是试点法院积极争取党委领导、政府支持和社会各界关心帮助，扎实推动各项改革部署落实落地，切实转变家事审判理念、方式、机制和作风，家事审判改革试点取得显著成效。

一是联席会议制度普遍建立。2017年7月19日，在中央政法委领导下，在各成员单位大力支持下，最高人民法院牵头建立包括15个单位共同参与的家事审判方式和工作机制改革联席会议制度。一年来，各成员单位充分发挥职能，密切协作配合，在促进婚姻家庭纠纷妥善化解、保障未成年人妇女老年人合法权益、推动家事审判制度完善发展等方面开展了大量卓有成效的工作，有力维护了婚姻家庭和谐稳定，弘扬了社会主义核心价值观，促进了家庭文明建设和社会建设。河北、山东、浙江、福建、陕西、青海、甘肃、西藏等地法院纷纷建立多部门参与的联席会议制度，推动形成"党委领导、政府尽责、法院牵头、社会参与"的工作格局，为深入推进家事审判改革、扎实做好家事审判工作创造了前所未有的良好条件。

二是家事纠纷多元化解机制不断健全。各地法院与民政、公安、妇联、司法行政、街道社区等单位加强合作，积极创新家事纠纷多元化解机制，在凝聚多方合力化解家庭矛盾上发挥了重要作用。广东省高级人民法院联合省妇联在全省推开家事调查员工作，辽宁沈北新区政法委指导协调综治单位选派134名家事调查员；江西南丰县委政法委将相关部门配合家事审判工作列入综治考核范围；甘肃榆中法院制定实施方案；宁夏西吉法院与相关部门联合签发备忘录，建立完善家事纠纷联动化解机制；云南官渡法院依托“一庭三所一处”搭建家事纠纷多元化解平台；江苏天宁法院探索建立家事纠纷“公证—调解—诉讼”一站式服务模式；海南屯昌法院与司法局、民政局、村委会、人民调解组织共同建立老年人维权联动机制。等等，都取得良好效果。

三是家事审判机制程序不断创新完善。在最高人民法院下发六项程序性规定基础上，各高级人民法院和绝大多数试点法院制定了符合本地实际的家事审判规则，探索完善心理辅导干预、家事调查、婚姻冷静期、诉前调解、案后回访等制度，中国特色家事诉讼程序不断健全。辽宁、内蒙古、安徽、宁夏、广西等高级人民法院和黑龙江大庆、四川成都等试点法院制定全面的家事案件审理规程；安徽雨山法院运用“房树人”心理测试方法调解离婚案件；重庆、青海等法院加强家事案件心理测评干预，有效防止“民转刑”案件发生；上海普陀法院创设“儿童权益代表人”机制，由妇儿工委办公室人员作为代表人，通过独立调查、取证、参与庭审，切实保护未成年人合法权益；北京西城、内蒙古海拉尔、湖北夷陵等法院积极适用婚姻冷静期制度；浙江青田法院创设专家型和民意型两类人员全程参与调解机制；贵州江口法院探索“分析讲解法”“批评教育法”“借力使力法”“情感规劝法”等多种调解方法，有效提高家事案件调解率；新疆兵团法院、山西临汾中院、辽宁平山法院积极探索家事案件回访帮扶制度，让群众充分感受到了社会主义司法的温度。

四是家事审判专业化水平大幅提升。截至2018年6月，全国共有118个中级、基层人民法院参与最高人民法院家事审判改革试点，超过400个中级、基层人民法院参与各高级人民法院试点，90%以上试点法院成立了专门家事审判机构，其中独立建制的家事审判庭或少年家事审判庭超过70%。广西、吉林、天津等地法院通过集中管辖家事案件、设立家事审判合议庭或专门家事法官等方式，加强专业化建设。各地法院选任熟悉热爱家事审判工作、有一定社会阅历、掌握社会学心理学知识的法官，增强家事审判专业力量，通过购买社会服务等方式引入社会力量，充实家事审判辅助人员。西藏日喀则法院选配精通藏语、经验丰富的家事法官；云南大理法院成立“金花调解室”，选聘熟悉法律、通晓白族语言和当地民风的白族女性担任调解员，等等。各级人民法院积极开展家事审判业务培训，有效提升了家事审判专业化能力和水平。

五是人性化配套设施建设加快推进。各地法院加大经费装备保障力度，积极建设符合家事审判特点的审判庭，并配置家事调解室、沙盘分析室、单面镜观察室、心理辅导室等配套设施，彰显了家事审判人性化特点，为家事审判改革顺利推进提供了有力保障。甘肃山丹法院建立1200平方米的家事审判中心并划分不同功能区域；重庆梁平法院搭建集“诉讼服务、流程管理、绩效评估、实证分析、信息共享”五大功能为一体的家事案件服务平台；四川广元、广安等地法院设立亲情调解室、母婴室等便民设施，当地财政还对家事案件调查、心理干预测评等提供经费保障，有力促进了家事审判工作开展。

六是反家庭暴力工作成效显著。各地法院认真落实反家庭暴力法，加强与相关部门协作，不断完善家庭成员司法保护和社会保护措施，切实提升反家暴工作成效。上海、湖南等地法院与公安、民政、妇联等部门建立反家暴协作机制；陕西法院统一全省签发人身安全保护令证明标准；湖北武汉法院探索建立反家暴红黄蓝分级预警制度；广西南宁法院与民政局联合成立探视中心和反家暴庇护中心，等等。截至2018年6月，全国法院共发出人身安全保护令3563份，有力保障了家庭成员特别是未成年人、妇女、老年人和残疾人合法权益，受到社会广泛好评。

实践证明，家事审判方式和工作机制改革是符合审判实际、符合我国国情、符合社情民意的正确改革路径，对完善中国特色社会主义家事审判制度具有重要意义。这些成绩的取得，是各级党委领导，人大监督，政府、政协和社会各界大力支持的结果，是广大家事审判法官、辅助人员以及调解员、调查员、心理咨询员兢兢业业、无私奉献的结果。在此，我代表最高人民法院，向各级党委、人大、政府、政协和有关部门，向长期以来一直关心支持人民法院家事审判工作的联席会议各成员单位，向各级人大代表、政协委员、专家学者、新闻媒体和社会各界表示衷心的感谢！向广大家事审判一线干警表示诚挚的问候！

在看到成绩的同时，我们也要看到，家事审判改革还面临不少新情况新问题：有的法院对家事审判改革的重要性认识还不充分，投入力量还不够；有的法院缺乏科学的绩效考评机制，未能充分考虑家事审判大量案外延伸工作，法官从事家事审判的动力不足；有的法院改革保障不足，配套设施建设不能满足家事审判需要；此外，还存在家事纠纷多元化解机制发展不平衡的问题，家事审判理论研究不深入的问题，等等。对于这些问题和困难，必须运用改革的思维和改革的办法，努力加以解决。

三、全面推动家事审判改革向纵深发展，努力为新时代家庭文明建设作出新贡献

各级人民法院要以本次会议为新起点，进一步提高认识、转变理念，主动把握改革机遇，坚持问题导向，敢于担当，勇于创新，扎扎实实把家事审判方式和工作机制改革推向深入，不断提高家事审判质量和水平，努力为新时代家庭文明建设提供更加有力的司法服务和保障。

（一）依托联席会议制度，完善家事审判社会化工作格局。家事审判改革是一项系统性工程，只靠人民法院一家单打独斗是不行的。最高人民法院和各地法院牵头建立的家事审判方式和工作机制改革联席会议制度，明确了各部门职责任务，打通了部门间工作壁垒，为凝聚各方合力、促进有效联动提供了很好的工作模式，是实践证明行之有效的重要制度。各级人民法院要积极争取各级党委领导和政府支持，加强与相关部门沟通联系，建立完善联席会议制度，动员社会力量协同参与，推动形成家事审判社会化工作格局。已经建立联席会议制度的，要继续坚持并完善齐抓共管的长效机制，紧紧依靠党委领导，加强沟通协作，推动联席会议制度各项任务落实落地。要充分发挥联席会议制度作用，争取多机关支持、多部门配合、多主体参与、多资源利用，不断健全家事纠纷多元化解机制，创新完善家事纠纷多元调解模式。要与公安、司法行政、民政、妇联等部门强化协作配合，形成人身安全保护令及时发出、有效执行的强大合力，推动完善反家庭暴力综合防治网络。

（二）切实转变和提升家事审判理念。家事审判是民事审判的重要组成部分，是专业性很强的审判工作，做好家事审判不仅要精通法律，还要具备社会学、心理学等多方面知识，家事法官必须要有这样的专业自信和专业自觉。各级人民法院要切实纠正那些认为家事审判技术含量低、都是

家长里短的事、不能体现专业水准等错误认识，坚决避免家事审判边缘化现象，充分调动优秀法官从事家事审判工作的积极性、主动性、创造性。要深入分析家事纠纷特点和家事审判规律，深刻把握人民群众对家事审判的新需求新期待，不断更新家事审判理念，进一步思考如何用理性法律思维处理感性家事纠纷、如何适用刚性法律促进家事矛盾柔性化解等问题。要主动进行“五个转变”，由当事人对抗主义向法院职权探知主义转变，由仅重裁判职能向兼顾裁判和服务职能转变，由仅重财产分割向重情感和心理修复转变，由片面保护婚姻自由向兼顾婚姻自由和家庭稳定转变，由偏重诉讼效率向注重办案效果转变。

（三）探索完善科学的家事诉讼特别程序。家事案件自身特点决定了家事诉讼程序既要符合民事诉讼总要求，又有必要构建体现和尊重家事诉讼个性化需要的特别程序。今天会议印发的关于进一步深化家事审判方式和工作机制改革的意见，是在深入总结试点经验，广泛征求各有关部门、各级人民法院和专家学者意见建议基础上形成的，是今后一个时期全国法院推进家事审判改革的重要指引，各级人民法院要认真学习领会，切实抓好落实。要针对家事审判的特殊性，坚持调解优先、加大法官职权干预力度、当事人亲自到庭、未成年人利益最大化等原则，继续完善家事调解、家事调查、心理疏导、婚姻冷静期、回访帮扶等制度，促进家事纠纷妥善化解，切实保障当事人合法权益。要在法律框架内，探索完善符合家事审判规律、适应社会发展需要的家事诉讼特别程序，积极推动家事审判改革成果制度化、法治化。

（四）大力加强家事审判机构和队伍专业化建设。要立足实际推动家事审判专业机构建设，统筹家事审判专业化建设和深化司法体制综合配套改革。可以通过加挂牌子或独立设置等方式建立家事审判机构，条件不具备的也可以设立专业化家事合议庭或审判团队。有条件的地方法院可以试点家事案件集中管辖或少年家事案件审理中心模式。省以上人民法院要有专业审判庭或审判团队，负责指导家事审判改革和家事审判工作。要加强家事审判专业队伍建设，坚持选任业务能力强、群众工作经验丰富、有相关社会学心理学知识、热爱家事审判工作的法官，完善家事审判辅助人员补充机制，确保家事审判队伍健康稳定发展，要加强家事审判队伍思想政治建设和业务技能培训，统筹法学、心理学、社会学等多学科知识培养，着力建设忠诚、干净、有担当的高素质家事审判队伍。要研究完善符合家事审判特点的科学考评机制，健全落实家事法官履职保障措施和政策激励机制，吸引更多优秀法官投身家事审判事业，激励广大家事法官新时代新担当新作为。要处理好家事审判与人民法庭的关系，针对相当比例家事案件由人民法庭审理的情况，统筹好家事审判机构和人民法庭建设，做到制度统一、资源共享，均衡推进家事审判工作。针对部分城市家事案件数量逐年攀升且日益复杂的情况，可以探索建设专业化家事审判庭或少年家事法庭，提高家事案件审判质效和家事问题治理水平。要处理好家事审判与少年审判的关系。未成年人违法犯罪与婚姻家庭纠纷密切相关，家事案件妥善审理直接关系未成年人健康成长。部分法院探索家事审判与少年审判统筹推进模式取得良好成效，家事审判改革要充分借鉴少年法庭建设经验和少年审判成熟机制，进一步协调好两者关系，坚持“教育、感化、挽救”方针和未成年人利益最大化原则，促进家事审判与少年审判协同发展、共同提高。

（五）着力提升家事审判物质装备保障水平。各级人民法院要秉持物质装备服务审判工作理念，加大经费保障力度，加强软硬件设施配置，推进家事审判信息化建设，使相关配套设施切实满足家事审判需求，充分体现家事审判人文关怀特征。要在家事审判法庭中融入家的元素、体现和的文化，在满足审判功能基础上凸显家庭氛围、营造温馨环境，帮助当事人消除对立情绪。有条件的法院要在确保安全的前提下，设置家事调解室、亲情修复室、心理疏导室等人性化设施，提高人性化服务水平。要结合智慧法院建设，主动拥抱现代科技，推进家事审判信息化、阳光化、智能化，让家事审判插上高科技翅膀，切实方便群众诉讼，提高审判质效。要积极争取政府部门和各方面支持，将家事审判调解、调查、心理辅导等工作所需经费列入司法专项经费，为家事审判工作健康发展强化经费保障。要高度重视近年来因婚姻家庭纠纷引发自杀、杀人、伤人甚至杀害法官等恶性事件的情况，高度警惕家事案件容易“民转刑”的现实危险，切实加强安全保障措施，加大对特殊敏感案件的警务保障力度，坚决避免极端案事件发生。有条件的法院对长期从事家事审判的干警，可以通过定期进行心理疏导、发放特殊津贴等方式，做好激励保障工作。

（六）深入推进家事审判理论、制度和实践创新。家事审判改革深入推进和家事审判工作创新发展，都离不开家事审判理论研究的不断深入。各级人民法院要切实增强发现问题、研究问题、解决问题的意识和能力，对影响和制约家事审判工作发展的突出问题，深入开展调查研究，努力提出既有坚实理论支撑又切实可行的解决路径，不断推动家事审判理论创新、制度创新和实践创新。要加强与相关科研院所的合作，加强跨部门、跨学科、跨地域之间的经验交流和知识共享，深入研究国内外家事审判立法进展，充分借鉴最新理论研究成果，以更广阔视野推进家事审判改革。要深入总结各地的好经验好做法，欢迎各领域专家学者深度挖掘家事审判这个理论研究"富矿"，共同提炼规律性认识，不断丰富研究成果，推动完善中国特色家事审判制度体系。

（七）积极引导形成良好家庭文明新风尚。各级人民法院要主动适应新时代新要求，坚持在家事审判中践行和弘扬社会主义核心价值观，认真落实"谁执法谁普法"普法责任制，密切与妇联、司法行政、新闻宣传等单位的联动协作，加强家事审判新闻宣传工作，向全社会传递正能量，推动形成爱国爱家、相亲相爱、向上向善、共建共享的社会主义家庭文明新风尚。要结合妇女节、儿童节、重阳节等时间节点，充分运用传统媒体和新媒体手段，通过发布典型案例、以案释法、举行公众开放日等形式，广泛宣传家事审判改革新制度、新模式和家事审判实践新理念、新方法，让社会各界充分认识和了解家事审判改革在家庭建设、社会建设和社会治理中的重要作用，为人民法院工作争取更多理解支持，让人民群众在家事审判改革中有更多获得感。

同志们，家庭文明建设功在当代、利在千秋，深化家事审判改革责任重大、使命光荣。让我们更加紧密团结在以习近平同志为核心的党中央周围，乘着迎接改革开放40周年的东风，锐意改革创新，狠抓工作落实，全面深化家事审判方式和工作机制改革，不断谱写家事审判事业新篇章，为决胜全面建成小康社会、实现中华民族伟大复兴的中国梦作出新的更大贡献！

关于家事审判方式和工作机制改革联席会议2017年度工作总结和2018年度工作要点情况介绍

最高人民法院副院长　江必新

（2018年7月19日）

家庭建设是社会建设的基础工程，是我国“五位一体”建设的重要方面，也是各成员单位的共同职责。自2017年7月19日家事审判方式和工作机制改革联席会议第一次全体会议召开以来，家庭矛盾纠纷化解、家庭文明建设的组织领导和统筹协调明显加强，家事审判方式和工作机制改革顺利推进。根据会议安排，下面由我介绍联席会议一年以来的工作情况、2018年度的工作要点以及相关文件起草情况。

2018年6月12日，最高人民法院发函商请各成员单位提供本单位自2017年7月以来的一年工作总结和2018年度的工作要点。6月底，各成员单位将起草意见反馈至最高人民法院。最高人民法院安排专人对各单位的工作总结和工作要点进行梳理汇总，拟出征求意见稿。7月11日，最高人民法院将征求意见稿发往各成员单位征求意见。最高人民法院在认真梳理研究各成员单位修改意见的基础上形成会议文件印发给主会场代表。正式文件将于会后下发。

自2017年下半年至2018年上半年，在联席会议各成员单位的共同努力下，主要取得了以下八项成绩。因时间关系，我仅择要介绍：

一是推进家事审判改革试点工作深入开展。最高人民法院分别在河南新乡、云南昆明召开两次试点工作推进会，拟定了《关于进一步深化家事审判方式和工作机制改革的意见（试行）》（征求意见稿）。全国妇联建立了家事纠纷协调联动机制、妇联干部参与人民观察调解团等工作制度。

二是健全婚姻家庭纠纷排查调处工作。中央政法委机关将婚姻家庭纠纷化解工作纳入综治工作（平安建设）考评。公安部积极建立完善家庭暴力类矛盾纠纷联动调处机制。民政部推进婚姻登记信息化、规范化建设，与最高人民法院建立了“总对总”信息共享机制。

三是加强婚姻家庭纠纷人民调解工作。司法部会同妇联组织推动在县（市、区）建立婚姻家庭纠纷人民调解委员会。截至2017年底，全国妇联指导和支持建立了婚姻家庭纠纷人民调解委员会近1万个。2017年，全国人民调解组织共调解婚姻家庭纠纷162.4万件。2018年第一季度，共调解婚姻家庭纠纷37.3万件。超过80%的最高人民法院确定的改革试点法院与相关部门建立了联席会议机制或者达成了合作事项。

四是加强和谐文明家庭建设法治宣传工作。广电总局组织指导广播电视媒体加强正面新闻宣传，广泛宣传报道优秀家庭典型和先进事迹。各成员单位积极落实普法责任制，通过各种形式加强法治宣传，弘扬家庭美德，倡导健康家庭生活，推动形成文明、健康、理性的婚恋观念，提升公民家庭责任意识。

五是推动法律法规和政策修改完善。最高人民法院制定了《关于审理涉及夫妻债务纠纷案件适用法律有关问题的解释》。国务院妇儿工委办公室就妇女儿童权益保护向立法和司法机关提出建议。全国妇联、最高人民法院积极参与民法典婚姻家庭编的立法工作。全国妇联制定了《妇联组织受理家庭暴力投诉工作规程（试行）》。公安机关健全完善了实施反家庭暴力法操作规程。

六是推动完善家庭成员司法保护措施。卫生健康委、全国老龄办等成员单位在贯彻实施反家庭暴力法、探索建立老年人维权服务机制等方面取得显著成绩。截至2018年6月底，全国法院共计发出3563份人身安全保护令。截至2018年5月，公安部门平台共发布3053名儿童失踪信息，找回儿童2980名。自2017年以来，检察机关参与申请撤销监护权案件119件。2017年，司法行政机关为62万名未成年人、老年人和女性提供法律援助。全国妇联推动建立妇女法律援助站14127个，办理案件32495件。共青团中央与最高人民检察院签署了《关于构建未成年人检察工作社会支持体系合作框架协议》。

七是推动完善家庭成员社会保护措施。人民法院、人民检察院积极开展涉诉未成年人父母强制亲职教育。全国总工会加强对农民工及其家庭成员的权益保护。中国关工委与中央政法委机关、司法部联合举办“关爱明天、普法先行”青少年普法教育活动，出台《校园纠纷委托人民调解实施办法》。共青团中央联合14个部委实施创建“青少年零犯罪零受害社区(村)”试点工作。

八是推动完善留守儿童、困境儿童关爱措施。教育部加强控辍保学工作。民政部督导31个省份全部印发困境儿童保障工作实施意见，全国排查并录入696万农村留守儿童信息，录入300余万困境儿童信息。共青团中央实施“情暖童心”共青团关爱保护农村留守儿童工程。

2018年度，我们将以家事审判改革试点总结大会暨家事审判方式和工作机制改革联席会议第二次全体会议为契机，在总结改革试点工作经验的基础上，明确下一步家事审判改革的方向、目标和路途，不断开创家事审判改革新局面。联席会议将重点开展以下七项工作。

一是继续推进家事审判改革工作向纵深发展。指导全国法院普遍建立家事审判改革联席会议制度，修订完善《最高人民法院关于进一步深化家事审判方式和工作机制改革的意见（试行)》，形成正式指导性意见，与北京师范大学开展家事审判心理学深度合作。

二是不断完善婚姻家庭纠纷排查调处工作机制。完善综治工作（平安建设）考评中有关婚姻家庭纠纷化解工作的内容，严厉打击涉及家庭暴力等违法犯罪行为，加大婚姻登记信息化建设力度。

三是进一步加强婚姻家庭纠纷人民调解工作。推动各地政府购买家事纠纷调解服务，推动设立婚姻家庭纠纷人民调解委员会，推进县乡村三级综治中心建设和城乡社区“妇女之家”建设。

四是加快推动完善涉家事法律法规和政策。继续为民法分则婚姻家庭编编纂提出立法建议，研究制定落实反家庭暴力法相关指导意见，推动出台加强专门学校建设和专门教育工作的政策文件。

五是继续下大力气做好家庭成员司法保护和社会保护工作。推动建立完善家庭暴力类矛盾纠纷联动调处机制，积极开展无民事行为能力人、限制民事行为能力人遭受或者疑似遭受家庭暴力强制报告工作。协同做好职工家庭纠纷调解、老年维权服务等工作，继续推进创建“青少年零犯罪零受害社区（村)”试点工作，集中开展“十百千万”行动。

六是不断细化、强化留守儿童和困境儿童关爱措施。建立健全控辍保学各项机制，推动家庭教育，统筹推进农村留守儿童关爱保护和困境儿童保障工作。

七是推动和谐文明家庭建设法治宣传工作再上新台阶。不断加强家庭美德、反家庭暴力、家庭成员权益保障方面的宣传工作，倡导正确婚恋观，落实普法责任制，把婚姻家庭法制宣传列入普法责任清单。

在家事审判方式和工作机制改革试点工作总结大会暨家事审判方式和工作机制改革联席会议第二次全体会议上的讲话

中央政法委副秘书长　景汉朝

（2018 年 7 月 19 日）

根据会议安排，我代表中央政法委机关就家事审判方式和工作机制改革有关问题谈几点意见。

一、家事审判方式和工作机制改革意义重大，成果丰硕

习近平总书记指出："家庭是社会的细胞。家庭和睦则社会安定，家庭幸福则社会祥和，家庭文明则社会文明"。近年来，随着经济社会发展和文化交融激荡，社会公众的婚姻家庭观念发生了很大变化，各类婚姻家庭纠纷高发，产生了一系列社会问题。如何适应形势发展，建立健全维护家庭和谐、防范社会风险的综合机制，成为当前社会治理、平安建设工作的一道必答题。最高人民法院牢固树立"四个意识"，强化责任担当，2016 年起推进家事审判方式和工作机制改革试点；2017 年 7 月牵头建立联席会议制度。这既是贯彻习近平新时代中国特色社会主义思想，落实"五位一体"总体布局，弘扬社会主义核心价值观，推进文化建设、社会建设，特别是包含其中的家庭文明建设的具体举措；也是坚持以人民为中心，加强和创新社会治理，准确回应人民群众呼声和社会关切的重要措施。

今天的会议充分展现了改革试点 2 年来，各试点法院积极转变家事审判理念方式、创新机制方法、强化工作保障等多方面的先进典型和新鲜经验，成果丰硕、经验可贵、意义重大、影响深远；充分展现了联席会议建

立1年来，各成员单位认真履职、密切协作、攻坚克难，所取得的显著成绩；进一步增强了我们推进这项改革的信心和决心，更加明晰了改革的方向和具体路径。在此，向积极投身于加强和创新社会治理、平安中国建设工作的法院系统全体干警以及联席会议各成员单位表示衷心的感谢！

二、中央政法委机关着力推动相关工作，取得积极成效

联席会议第一次全体会议召开以来，中央政法委机关按照任务分工，认真履行职能。一是深化综治中心建设和网格化服务管理。截至2017年底，全国县乡村三级，已建成综治中心60.5万多个，城乡社区网格化服务管理覆盖率达98.14%，有效整合了基层服务管理资源，及时反映和协调婚姻家庭矛盾纠纷等群众诉求。二是严格责任追究。将婚姻家庭纠纷预防化解工作纳入综治工作（平安建设）考评，并督促各地按照综治领导责任制要求，对相关工作不力导致发生一案死亡3人以上命案的单位和个人予以追责，2017年共追责329人次，其中引咎辞职、责令辞职、免职16人次。三是加大激励推动力度。及时总结推广各地婚姻家庭纠纷预防化解经验，并将工作突出的部分单位作为“全国社会治安综合治理先进集体”予以表彰。这些措施对相关工作起到良好的推动作用，大量婚姻家庭纠纷及时化解，有效减少了重大案事件发生。

同时我们也要看到，婚姻家庭纠纷仍然易发多发，据最高人民法院和民政部统计，现在的离婚率、法院受理的婚姻家庭抚养继承纠纷等案件数量持续上升，而且根据中央政法委机关汇总各地情况分析，婚姻家庭纠纷还是引发重大刑事命案的重要因素。2017年至2018年5月全国公安机关所有一案死亡3人以上的命案中，由婚姻、家庭、情感纠纷激化引发的，占一半左右。可见，预防化解婚姻家庭纠纷形势依然严峻，推进家事审判方式和工作机制改革，促进家庭和谐、维护社会安定，任重而道远。

三、以预防化解婚姻家庭纠纷为重点，助推家事审判方式和工作机制改革

中央政法委机关作为联席会议成员单位，将认真贯彻落实中央决策部署和此次会议精神，切实履行职责，加强对相关工作的组织协调、推动和督促，助推改革向纵深发展。一是推进基础建设，搭建工作平台。推动各地完善综治中心功能和运行机制，2018年县乡村三级综治中心建成率分别

达到95%、97%、92%以上，以此为依托，统筹基层资源力量，建立婚姻家庭纠纷多元化解的协作联动工作机制，并为相关工作开展提供必要场所。深化拓展网格化服务管理，2018年全国城乡社区网格化服务管理力争实现全覆盖，推动工作进一步向楼栋（院落）、家庭延伸。二是总结推广新时代“枫桥经验”，推动基层工作创新。今年是毛泽东同志批示学习推广“枫桥经验”55周年，也是习近平总书记指示坚持发展“枫桥经验”15周年。中央政法委机关将认真总结提炼新时代“枫桥经验”，把依靠群众解决群众身边的问题作为着力点，鼓励支持各地在婚姻家庭纠纷预防化解等基层社会治理工作中创新探索，为深化改革提供有益借鉴。三是完善考评体系，压实工作责任。进一步完善综治考评中有关婚姻家庭纠纷化解工作的内容，对“民转刑”命案加大考核力度。推动各地运用综治领导责任制，压实工作责任。

同志们，今年正值改革开放40周年，全面深化改革进入了一个新的阶段，中央政法委机关将与各联席会议成员单位一起，团结协作、攻坚克难，着力推进家事审判方式和工作机制改革，维护社会大局稳定、保障人民安居乐业，努力建设更高水平的平安中国，为决胜全面建成小康社会、实现中华民族伟大复兴的中国梦作出新的更大贡献！

在家事审判方式和工作机制改革试点工作总结大会暨家事审判方式和工作机制改革联席会议第二次全体会议上的讲话

司法部副部长　刘振宇

（2018年7月19日）

今天的会议很重要，对于进一步加强部门沟通和协作，健全完善婚姻家庭纠纷多元化解机制具有重要意义。一会儿，周强院长还要作重要讲话，我们将认真贯彻落实。

党的十九大报告明确提出，要打造共建共治共享的社会治理格局，强调加强预防和化解社会矛盾机制建设，正确处理人民内部矛盾。婚姻家庭和谐是社会和谐稳定的基础和前提。随着中国特色社会主义进入新时代，社会主要矛盾发生了深刻变化，婚姻家庭纠纷也呈现出一些新的情况和特点。如果不及时处理，很可能会引发治安案件，甚至会发生刑事案件，影响社会和谐稳定。人民调解是我国宪法规定的基层民主制度的重要内容，是人民当家作主、人民参与社会管理的重要方面，体现了全面依法治国的人民性，在推进自治、宣传法治、促进德治方面发挥了积极作用。婚姻家庭纠纷是人民调解的传统工作领域和主要纠纷类型，运用人民调解方式解决婚姻家庭纠纷，不但有利于婚姻家庭纠纷及时有效化解，而且也有利于修复婚姻家庭关系，促进家庭和谐，维护社会稳定。家事审判方式和工作机制改革第一次联席会议以来，司法部认真履行职责，与有关部门密切配合，在化解婚姻家庭纠纷、加强婚姻家庭法治宣传教育、为妇女儿童老年人提供法律服务等方面取得了积极成效。

一、大力加强婚姻家庭纠纷人民调解工作

各级司法行政机关始终把坚持发展“枫桥经验”作为人民调解工作的价值追求，把婚姻家庭纠纷作为人民调解工作的重要内容。今年以来，司法部为纪念毛泽东同志批示学习推广“枫桥经验”55周年、习近平总书记指示坚持发展“枫桥经验”15周年，先后召开全国人民调解工作会议和坚持发展“枫桥经验”实现矛盾不上交试点工作会议，将排查化解婚姻家庭纠纷作为重要工作内容积极加以推进。各地认真贯彻落实《关于做好婚姻家庭纠纷预防化解工作的意见》，目前全国已有23个省（区、市）出台了关于加强婚姻家庭纠纷人民调解工作的实施意见。司法部会同妇联组织在婚姻家庭纠纷相对集中、人民群众需求大的县（市、区）建立专业性婚姻家庭纠纷人民调解委员会。据不完全统计，全国在县级以上行政区域建立婚姻家庭纠纷人民调解委员会2460个，内蒙、福建、湖北、四川、宁夏等地实现了县级行政区域婚姻家庭纠纷人民调解组织全覆盖。注重选聘法律、心理、社会工作等领域的专家、实务工作者和妇联维权干部等担任人民调解员，积极发展专职人民调解员队伍，建立人民调解专家库。完善衔接联动机制，推动在人民法院和公安、民政等部门建立人民调解工作室，目前全国共有派驻有关部门人民调解工作室1.6万个。创新人民调解工作方式方法，通过研发手机APP、建立微信群、QQ群等新手段、新方法、新载体开展人民调解工作。20多个省（区、市）发挥电视传媒传播快、覆盖广的优势，开展电视调解工作，大量婚姻家庭纠纷得到有效化解，取得了“调解一案、教育一片”的效果。2018年5月20日，中国法律服务网正式上线，人民群众通过网上申请，预约线上线下调解矛盾纠纷，不出家门就可享受到优质高效的调解服务。依托中国法律服务网建立人民调解案例库，发挥典型案例指导示范作用，促进人民调解工作水平不断提升。充分发挥村（社区）、乡镇（街道）人民调解组织网络健全，人民调解员熟悉社情民意的优势，将婚姻家庭纠纷作为日常排查工作重点内容。对排查发现的婚姻家庭纠纷，立足抓早抓小抓苗头，依法及时就地化解。积极发挥婚姻家庭纠纷人民调解委员会专业优势，及时调解重大疑难复杂婚姻家庭纠纷。2017年，全国人民调解组织共调解各类纠纷876万件，其中婚姻家庭纠纷162.4万件，占纠纷总数的18.5%。今年第一季度，共调解婚姻家庭纠纷37.3万件。

二、积极开展婚姻家庭法治宣传工作

深入贯彻落实“第七个五年法治宣传教育”规划，扎实开展婚姻家庭法治宣传教育。会同中央宣传部、全国普法办共同开展尊法学法守法用法主题法治宣传实践活动。充分利用“12·4”国家宪法日、“三八”妇女维权周等平台，大力宣传反家庭暴力和保障妇女儿童老年人合法权益的法律法规。会同全国普法办开展全国法治动漫微电影作品征集展播、全国百家网站微信公众号法律知识竞赛、“我与宪法”微视频征集展播等活动，将婚姻家庭相关法律法规作为重要内容。认真落实《关于实行国家机关“谁执法谁普法”普法责任制的意见》《关于完善国家工作人员学法用法制度的意见》，指导相关部门把婚姻家庭法治宣传列入“谁执法谁普法”责任清单，推动国家工作人员带头尊法学法守法用法。把法治宣传教育与弘扬社会主义核心价值观、传承传统美德和优良家风结合起来，增强法治的文化和道德底蕴。同时在妇女儿童和老年人有关的专项政策文件出台前，注意从法律角度审核把关，将性别平等，儿童关爱保护，禁止歧视、侮辱、虐待或者遗弃老年人等法律原则纳入规范性文件的审核过程之中，从公共政策保障妇女儿童和老年人合法权益上更有针对性和有效性。加强立法项目评估，从源头上保障妇女儿童和老年人的合法权益。

三、加强妇女儿童老年人法律服务工作

进一步扩大法律援助范围，放宽经济困难标准，降低法律援助门槛，对无固定生活来源的老年人免于经济困难审查，使法律援助惠及更多妇女儿童老年人。依托各级妇联组织、共青团组织、老龄工作组织和妇女儿童老年人较为集中的场所建立法律援助工作站或联系点，方便就近寻求法律援助。目前全国依托妇联组织设立法律援助工作站约2800余个，依托共青团组织设立法律援助工作站约2200余个，依托老龄工作组织设立法律援助工作站约1900余个。2017年，共为36万余女性、12万余老年人、14万余未成年人提供了法律援助，有效维护了他们的合法权益。积极推动各地对80岁以上的老年人免费办理遗嘱公证，对70岁以上以及行动不便、患病残疾的老年人实行电话和网上预约、上门服务。组织引导律师事务所、基层法律服务所、公证处积极开展妇女儿童老年人维权岗活动，集中办理妇女儿童老年人法律服务业务，依法维护妇女儿童老年人的合法权益。

下一步，司法部将认真贯彻这次会议精神特别是周强院长的重要讲话精神，加强与联席会议成员单位之间的协作配合，深入推进婚姻家庭纠纷人民调解工作，进一步加强婚姻家庭法治宣传教育，做好妇女儿童老年人法律服务工作，切实维护妇女儿童老年人的合法权益，促进家庭和谐，维护社会稳定，为深入推进平安中国、法治中国建设作出新贡献。

在家事审判方式和工作机制改革试点工作总结大会暨家事审判方式和工作机制改革联席会议第二次全体会议上的讲话

全国妇联副主席、书记处书记　谭　琳

（2018年7月19日）

大家好！非常高兴参加今天的会议。借此机会，我代表全国妇联向一直以来关心、支持妇女儿童权益保护事业的最高人民法院和地方各级人民法院表示衷心的感谢！向与会的联席会议各成员单位长期以来给予妇联组织的支持和帮助表示诚挚的谢意！

刚才，江必新同志代表联席会议做了全面系统的工作总结，山东武城等试点法院介绍了经验，100个先进集体和100位先进个人受到通报表扬，使我们看到，两年来的家事审判方式和工作机制改革试点工作成果丰硕，在探索专业化、社会化和人性化解决家事纠纷，推动建立健全多元化纠纷解决机制方面，积累了有益经验，取得了明显成效。

家事审判改革关系千家万户的幸福安宁，体现了以人为本的司法理念，对于修复婚姻家庭关系，引导家庭文明建设，预防和制止家庭暴力，维护当事人，特别是未成年人、妇女和老年人合法权益，弘扬社会主义核心价值观，促进社会和家庭的健康和谐发展，发挥了重要作用。我们欣喜地看到，随着家事审判方式和工作机制改革的不断推进，相关的法律法规和政策不断完善，婚姻家庭纠纷人民调解工作得到加强，婚姻家庭纠纷排查调处工作机制不断健全，与家庭相关的法制宣传更加深入人心，家庭成员司法保护措施更加落实，家庭成员社会保护措施不断加强。在这个过程中，越来越多法官的家事审判实务技能得到明显提升，尤其是在涉及妇女儿童权益的案件中运用性别平等和儿童优先理念的意识明显增强，受到了人民群众特别是妇女群众的普遍欢迎。

婚姻家庭一直是妇联组织的重点工作领域，代表和维护妇女合法权益、促进男女平等是妇联组织的基本职能。积极参与构建家事纠纷综合调解模式，完善家事审判多元化纠纷解决机制，既是妇联组织履行职能的基本要求，也是应对婚姻家庭纠纷复杂多样、易发频发，难以有效化解等现实难题的积极举措；既是落实中央要求，服务党和国家工作大局，关注民生，回应人民群众诉求的具体体现，也是直接服务基层、服务妇女的重要内容。沈跃跃主席和宋秀岩同志高度重视这项工作，要求我们立足职能，主动作为，带动和指导各级妇联利用组织网络健全、妇女群众信任等优势，主动参与家事审判方式和工作机制改革试点，多角度切入婚姻家庭纠纷预防化解工作。

我们积极推动在国家层面出台相关法律、法规和政策。联合六部委出台的《关于做好婚姻家庭纠纷预防化解工作的意见》中，就稳步推进家事审判方式和工作机制改革、将调解贯穿婚姻家庭诉讼全过程提出明确要求，为在家事审判改革中促进婚姻家庭关系稳定，切实维护未成年人、妇女和老年人的合法权益提供了保障；我们开展形式多样的普法和维权宣传。将家事纠纷调解同普法教育、家庭文明建设等工作相结合，引导广大妇女群众和家庭成员树立正确的婚姻家庭观，依法履行家庭责任，弘扬中华民族传统家庭美德，维护平等文明和谐的婚姻家庭关系；我们指导各地从实际出发，积极配合法院，探索建立符合家事纠纷特点的工作方式和协调联动机制。如浙江省妇联积极配合法院，探索建立家事纠纷诉前调解、家事调查和诉后回访机制，实施离婚案件财产强制申报、冷静期、离婚证明书等制度，确立“子女利益最大化”原则，全面地保护了当事人的合法权益。再如，广东省妇联组建家事调查员队伍，协助法院进行委托调查、收集信息，并将由此形成的“家事调查报告”作为案件审理的参考依据，创新了家事审判参与方式；我们大力推进婚姻家庭纠纷人民调解委员会的专业化建设，已建立婚姻家庭纠纷调解委员会近1万个，正在编制工作手册，组织开展培训，以加强规范与专业指导。例如，重庆市妇联与市高级人民法院联合编撰《重庆市婚姻家庭典型案例》，指导基层法院在家事审判中进一步做好保障妇女儿童合法权益工作；我们注重动员社会力量，引入心理辅导、社工服务、法律援助等共同参与相关工作，利用“中国妇女法律援助行动项目”资源，积极支持地方妇联与法院合作开展诉调对接工作。据全国妇联统计，目前全国有专职婚调员近8千人、兼职婚调员近6

万人，有6千余名妇联干部担任人民陪审员，这些有生力量为及时有效排查化解婚姻家庭矛盾纠纷，积极防止命案发生作出了积极贡献。

有效化解婚姻家庭纠纷，促进社会和家庭和谐稳定，是新时代人民群众对美好生活的所需所盼。作为联席会议成员单位，全国妇联将一如既往地立足职能，发挥作用，认真贯彻此次会议精神，特别是周强院长的讲话要求，带动各级妇联发挥组织优势，全力支持和参与家事审判方式和工作机制改革工作，配合各级人民法院加大对妇联干部担任的人民陪审员、婚姻家庭纠纷人民调解员的专业培训，不断探索有效保护妇女儿童权益的司法新途径；配合联席会议成员单位，共同推动将婚姻家庭纠纷调解服务纳入政府购买公共服务目录，推进婚姻家庭纠纷调解工作的专业化和社会化。

最后，预祝家事审判改革工作取得新的成绩。

最高人民法院办公厅

关于印发家事审判方式和工作机制改革联席会议2017年度工作总结和2018年度工作要点的通知

2018年7月29日　　　　　　　　　　　　法办〔2018〕139号

各省、自治区、直辖市高级人民法院，解放军军事法院，新疆维吾尔自治区高级人民法院生产建设兵团分院：

为贯彻落实家事审判方式和工作机制改革试点工作总结大会暨家事审判方式和工作机制改革联席会议第二次全体会议精神，进一步加强与相关部门沟通联系，建立完善联席会议制度，推动联席会议制度各项任务落实落地，推进家事审判方式和工作机制改革向纵深发展，现将家事审判方式和工作机制改革联席会议2017年度工作总结和2018年度工作要点印发你们，请参照执行。

一、家事审判方式和工作机制改革联席会议2017年度工作总结

2017年7月19日，最高人民法院牵头建立家事审判方式和工作机制改革联席会议制度。联席会议2017年下半年至2018年上半年工作情况如下：

（一）推进家事审判改革试点各项工作深入开展

1. 最高人民法院指导各高院和试点法院积极争取各级党委领导、政府和社会各界支持，扎实推进改革试点工作。2017年12月、2018年5月，最高人民法院在河南新乡、云南昆明召开两次试点工作推进会，及时掌握改革试点工作情况，促进试点法院工作交流，分析研判形势任务，研究解

决方案，推动试点工作深入开展。

2. 最高人民法院在全面总结全国试点法院工作情况的基础上，经征求院内相关部门、全国法院、专家学者、有关中央机关意见，修订完善6个试点工作参阅文件，形成《最高人民法院关于进一步深化家事审判方式和工作机制改革的意见（试行）》。

3. 国务院妇儿工委办公室以《中国妇女发展纲要（2011－2020年）》《中国儿童发展纲要（2011－2020年）》中的环境和法律领域相关目标为抓手，将改革试点作为妇女儿童发展重难点问题调研内容之一，深入到基层法院调查了解家事审判改革在化解婚姻家庭危机、保护妇女儿童权益方面的新经验新做法，并予以宣传推广。

4. 全国妇联指导各地妇联配合法院、司法行政等部门，积极参与改革试点工作，建立家事纠纷协调联动机制、家事调查员队伍，创新家庭情感破裂程度评估、妇联干部参与人民观察调解团等各项工作制度。全国妇联领导多次参加最高人民法院多元化纠纷解决机制改革经验交流会、中央综治办“民转刑”命案防控工作视频会议等会议，交流妇联组织在多元纠纷化解中积极发挥作用的工作经验。

（二）加强婚姻家庭纠纷人民调解工作

5. 司法部加强对婚姻家庭纠纷人民调解工作的指导。会同妇联组织推动在县（市、区）建立婚姻家庭纠纷人民调解委员会，选聘法律、心理、社会工作等领域的专家、实务工作者和妇联维权干部等担任专兼职人民调解员，夯实化解婚姻家庭纠纷的组织和队伍基础。充分发挥村（社区）、乡镇（街道）人民调解组织网络健全、人民调解员熟悉社情民意的优势，将婚姻家庭纠纷作为日常排查工作重点内容，建立台账，采取有针对性的措施，防患于未然。发挥县（市、区）婚姻家庭纠纷人民调解委员会作用，及时调解重大疑难复杂婚姻家庭纠纷。据不完全统计，全国县级以上行政区域共建立婚姻家庭纠纷人民调解委员会2460个。2017年，全国人民调解组织共调解婚姻家庭纠纷162.4万件，2018年一季度共调解婚姻家庭纠纷37.3万件。

6. 最高人民法院指导各高院和试点法院积极探索建立家事纠纷多元化解决机制，与当地综治、民政、公安、妇联、社区服务等部门创建了形式多样的合作方式，超过80%的试点法院与相关部门建立联席会议机制或者达成了合作事项。试点法院积极探索家事案件心理辅导干预、家事调查、婚姻冷静期、诉前调解、案后回访等制度，取得良好成效。

7. 全国妇联指导和支持建立婚姻家庭纠纷专业性人民调解委员会，选聘法律、心理、社会工作等领域的专家、实务工作者和妇联维权干部等担任专兼职人民调解员。截至2017年底，全国由妇联组织牵头建立的婚姻家庭纠纷人民调解委员会近1万个，建立起近8千人的专职婚调员和近6万人的兼职婚调员的队伍。以“强化基层维权服务、创新基层维权模式”为主题，举办全国性的维权工作研讨培训班。联合全国总工会女职工委员会、中国女法官协会、中国女检察官协会、中华全国律师协会女律师协会，评选发布第二届“依法维护妇女儿童权益十大案例”。

（三）健全婚姻家庭纠纷排查调处工作

8. 中央政法委机关推进县乡村三级综治中心建设和网络化服务管理工作，整合公安、司法行政、民政、人民法院等基层力量，推动信息互通、优势互补、工作联动、矛盾联调，做好矛盾排查、心理疏导、纠纷调解、信访代理、法律帮助、困难帮扶等工作。全国城乡社区网络化服务管理覆盖率达98.14%。严格落实综治领导责任制，将婚姻家庭纠纷化解工作纳入综治工作（平安建设）考评中的“平安家庭”创建工作以及“民转刑”命案发生情况两个项目中，对婚姻家庭纠纷化解不力引发的一案死亡3人以上命案予以扣分，要求地方对此予以追责。同时加大表彰力度，总结推广工作经验，切实减少重大案事件的发生。2017年，全国命案立案同比减少12.1%，一次死亡3人以上命案同比减少11.9%。公安部推进部门联动，指导各级公安机关积极协调相关部门，会同妇联组织、基层组织等深入排查化解家庭矛盾纠纷，推动建立完善家庭暴力类矛盾纠纷联动调处机制。2017年度，县级以上妇联系统共处理群众来信、来访、来电230237件次，其中处理婚姻家庭权益投诉133209件次。

9. 民政部推进婚姻登记信息化、规范化建设，推动实现全国婚姻登记联网互通，国内和驻外使领馆婚姻登记信息数据的有效整合和全面共享；与最高人民法院签署《关于开展部门间信息共享的合作备忘录》，建立“总对总”信息共享机制；会同国家发改委、人民银行等部门联合印发《关于对婚姻登记领域严重失信当事人实施联合惩戒的合作备忘录》，在全国范围内开展全国婚姻管理工作规范化检查，深入推进结婚登记颁证和婚姻家庭辅导工作覆盖面；积极指导婚姻登记机关通过政府购买服务或引入志愿服务的方式引进专业社工、法律工作者、心理专家等开展婚姻家庭服务，以规范化检查推进颁证服务常态。

（四）加强和谐文明家庭建设法治宣传工作

10. 国家广电总局组织指导广播电视媒体加强正面新闻宣传，广泛宣传报道优秀家庭典型和先进事迹，借助榜样的力量对广大家庭进行世界观、人生观、价值观的教育引导。加强对典型案例的剖析，介绍家庭暴力给个人、家庭以及社会带来的严重危害，介绍如何防止和制止家庭暴力，加强法制宣传教育，弘扬中华传统美德，积极倡导健康的家庭生活模式。

11. 司法部积极开展婚姻家庭法治宣传工作，指导相关部门把婚姻家庭法治宣传列入“谁执法谁普法”责任清单，积极开展以案释法，广泛开展婚姻家庭法治宣传进机关、进乡村、进社区、进学校、进企业、进单位主题活动；会同全国普法办在全国法治动漫微电影作品征集展播、全国百家网站微信公众号法律知识竞赛、“我与宪法”微视频征集展播活动中，把婚姻家庭相关法律法规作为重要内容；以妇女节、国家宪法日等节点为契机，加强家庭美德、反家庭暴力以及妇女儿童老年人权益保障政策和法律法规宣传工作。

12. 公安部深入开展家事处置相关法律业务学习和法制宣传工作，加强对民警的法律知识培训，组织民警学习反家庭暴力法、妇女权益保障法、未成年人保护法等，将反家庭暴力法等相关内容纳入全国公安机关人民警察执法资格等级考试内容；制发《关于公安机关贯彻落实“谁执法谁普法”普法责任制的意见》，要求各部门警种认真落实普法责任制。

13. 全国妇联指导各地妇联围绕贯彻落实宪法、反家庭暴力法以及保护女童、促进女性公平就业等法律政策和弘扬中华民族家庭美德、树立良好家风方面的内容，开展法治宣传和维权服务“进社区、进家庭、到身边”活动；梳理编印《反对对妇女的暴力案例分析手册》，翻译、印制“建设法治中国·巾帼在行动”妇女维权法律知识手册（维汉双语版）等举措，支持新疆少数民族地区进一步加强妇女法治宣传的专业性、针对性和实效性；持续开发群众乐于接受、社会认可度高、影响力大的法治宣传品，充分运用国内主流媒体、妇联组织“女性之声”新媒体矩阵，加强国内外妇女儿童普法维权宣传资源的共享和传播。

14. 全国总工会引导教育职工提高思想道德水平，大力加强社会主义核心价值观的宣传教育工作，坚持以职工职业道德建设为重点，带动职工社会公德、家庭美德和个人品德建设，深入推进家庭文明建设；广泛宣传职工家庭文明建设典型，引导广大女职工带动家庭成员争做好家庭、涵养好家教、培育好家风；面向用人单位、职工、社会大力宣传劳动法、劳动合同法、妇女权益保障法、社会保险法、反家庭暴力法、女职工劳动保护特别规定等法律法规，推动用人单位增强社会责任感、履行法律义务，重视和加强女职工特殊权益保护。

15. 共青团中央联合民政部、国家卫生计生委下发《关于进一步做好青年婚恋工作的指导意见》，着力加强青年婚恋工作的政策支持；把“服务青年婚恋交友”确定为2018年全团“面对面”活动主题之一，利用“两会”契机集中提出政策建议；加强教育引导，推动青年形成文明、健康、理性的婚恋观念、提升家庭责任意识。与多家市场化或公益性婚恋平台进行合作，掌握青年恋爱、婚姻、家庭生活中的实际情况。各级团组织以时尚、公益方式广泛开展联谊交友、集体婚礼等活动，并探索建立规范的青年婚恋网络平台。

16. 全国老龄办会同民政部开展了防范非法集资宣传月活动和涉嫌非法集资风险排查活动；全国老龄办连续8年开展敬老月活动，并推动中央及地方主流媒体利用法制宣传日、敬老月、老年节等时机，大力宣传老年人权益保障法，发布公益广告，举办大型直播节目，组织媒体记者走基层；2017年12月，召开全国老年人权益保护工作座谈会。

（五）推动法律法规和政策修改完善

17. 最高人民法院会同全国妇联组成联合调研组，就妇女儿童权益保护等工作赴8个省市调研，在此基础上经广泛征求相关部门、专家学者和社会各界意见，于2018年1月17日出台《最高人民法院关于审理涉及夫妻债务纠纷案件适用法律有关问题的解释》，进一步细化和完善夫妻共同债务认定标准，合理分配举证证明责任，平衡保护各方当事人的合法权益。

18. 国务院妇儿工委办公室参加民法分则亲属编研讨会、反家暴多部门合作经验交流研讨会等活动，对妇女儿童权益保护立法和司法实践提出建议，对反家庭暴力法的颁布与实施，妇女儿童权益保护制度完善、保护成效等进行全面总结和汇报。全国妇联、最高人民法院在民法典婚姻家庭编、人格权编、物权编等各分编的立法过程中，在大量调研的基础上，就农村妇女土地权益、夫妻债务、未成年子女抚养、性自主权等涉及妇女儿童权益的热点问题，向立法机关提出法律意见。民政部积极参加婚姻家庭编立法工作，提出婚姻管理、家庭建设等方面立法建议。

19. 全国妇联向两会提交了《关于研究制定反家庭暴力法实施细则、司法解释》的提案建议；就贯彻落实反家庭暴力法，完善人身安全保护令、强制报告、告诫等制度的执行工作提出改进意见；召开多部门合作反家暴工作机制推进会，邀请最高人民法院、公安部、司法部、民政部、卫生部等相关部委及试点地方各相关部门，总结推广地方成功经验；制定《妇联组织受理家庭暴力投诉工作规程（试行）》；指导31个省区市针对《关于做好婚姻家庭纠纷预防化解工作的意见》配套下发文件，贯彻落实《意见》精神和要求。

20. 公安机关健全完善实施反家庭暴力法操作规程，依照反家庭暴力法的相关要求以及公安部相关规定，普遍制定了家庭暴力告诫制度实施办法或者家庭暴力案件办理工作指引，明确出具告诫书的相关要求以及办理家庭暴力案件原则、流程、取证等规范要求。

（六）推动完善家庭成员司法保护措施

21. 人民法院贯彻实施反家庭暴力法，依法受理反家庭暴力案件，符合法定条件的及时发出人身安全保护令。2016年3月1日至2018年上半年，全国法院共计发出3563份人身安全保护令，有力保障了家庭成员特别是未成年人、妇女、老年人和残疾人的合法权益。公安部全面履行反家庭暴力法赋予公安机关的法定职责，快速出警处置家庭暴力类警情，依法查处家庭暴力类案事件，积极协助人民法院做好人身安全保护令执行工作；积极推进儿童失踪信息紧急发布平台建设工作，开发启用公安部儿童失踪信息紧急发布平台，协助各地公安机关打拐民警即时发布各地儿童失踪信息，协助公安机关破获拐卖儿童案件。截至2018年5月，平台共发布3053名儿童失踪信息，找回儿童2980名，找回率为97.6%。

22. 检察机关针对近年来监护人性侵害、出卖、遗弃、虐待、伤害未成年人，教唆、利用未成年人实施违法犯罪行为等犯罪时有发生的问题，加大惩治力度。2017年以来，检察机关共建议、支持有关部门和个人向法院申请撤销监护人资格案件 119 件，并协调有关方面做好安置工作；关爱保护农村家庭中的留守儿童，积极参与“合力监护、相伴成长”关爱农村留守儿童专项工作，对家庭成员遗弃留守儿童等构成犯罪的行为，加大发现和打击力度。强化对家庭中受侵害儿童的保护救助力度，在办案时对未成年被害人进行同步救助。最高人民检察院下发了《关于开展未成年人刑事执行检察、民事行政检察业务统一集中办理试点工作的通知》，积极开展民事行政检察业务集中办理试点工作；出台了《关于全面加强未成年人国家司法救助工作的意见》等规范性文件，进一步规范、加强了未成年人司法救助工作。

23. 司法部加强妇女儿童老年人法律援助工作，扩大法律援助覆盖面，放宽经济困难标准，降低法律援助门槛，最大限度满足妇女儿童老年人法律援助需求；健全服务网络，依托各级妇联组织、共青团组织、老龄工作组织和妇女儿童老年人较为集中的场所建立法律援助工作站和联系点，方便特殊群体就近寻求法律援助；开展妇女儿童老年人法律服务工作，组织引导广大律师、公证、基层法律服务机构及人员参与涉及妇女儿童老年人合法权益的诉讼、调解、仲裁和法律咨询等法律服务活动；推动法律服务志愿者队伍建设，大力发展公益律师队伍；针对妇女儿童老年人不同群体的特殊需求，着力解决医疗、救助、赡养、婚姻、财产继承和监护等最直接、最现实的法律问题；2017 年，共为 36 万余女性、12 万余老年人、14 万余未成年人提供了法律援助。全国妇联推动基层妇联建立妇女法律援助站 14127 个，办理法律援助案件数 32495 件。

24. 国家卫生健康委强化落实执业医师法和医疗机构管理条例，指导医疗机构及时接受、救治遭受家庭暴力的受害人。落实《进一步改善医疗服务行动计划》，提供心理疏导、健康指导等服务。强调强制报告制度，召开有关电视电话会议，强调医疗机构、医务人员在工作中发现儿童等无完全民事行为能力人脱离监护单独居住或失踪、疑似遭受家庭暴力、疑似遭受意外伤害等情况的，及时向公安机关报告。

25. 共青团中央构建未成年人司法保护的社会支持体系，与最高人民检察院签署《关于构建未成年人检察工作社会支持体系合作框架协议》，引入专业司法社工，协助开展诉前社会调查、合适成年人参与、心理干预等工作。

26. 全国老龄办深入贯彻落实《关于进一步加强老年法律维权工作的

意见》，推动、指导各级老龄办加强与公、检、法、司等机关协调配合，不断探索建立老年人维权服务机制。

（七）推动完善家庭成员社会保护措施

27. 人民法院、人民检察院积极开展对涉案未成年人家长及未成年被害人监护人的强制亲职教育，以心理、家庭教育、家庭关系等方面为主要内容，进一步提高监护人监护能力，改善家庭关系，发挥家庭在监护教育方面的应有功能。

28. 全国总工会加强对农民工的困难帮扶和人文关怀，做好两节送温暖等帮扶工作，帮助困难职工解决工作生活中的突出问题；通过金秋助学活动，帮助包括农民工在内的困难职工解决子女就学问题；帮助农民工平安返乡，满足农民工节假日家庭团聚需求；开展“女职工关爱行动”，帮助女职工解决生育后顾之忧；开展保护女职工权益法律法规普法宣传，深化女职工权益保护专项集体合同工作，加强女职工休息哺乳室建设，推动加大女职工劳动监督检查工作力度。

29. 中国关工委联合中央综治办、司法部举办“关爱明天、普法先行”青少年普法教育活动，深入学校、社区、企事业单位开展普法教育；指导地方关工委参与婚姻家庭纠纷等化解工作，参与创建“说和团”“群众评理会”“民调室”，协助地方党委、政府做好群众的矛盾纠纷调解工作；践行“枫桥经验”、“五老”参与公检法对违法青少年侦查的陪审工作。各地关工委继续加强失管、失业、失学等闲散青少年的联系和服务，深化失足青少年的维权和帮教服务，继续推动“零犯罪零受害社区（村）”“零犯罪学校”建设，探索教育矫正涉罪青少年的创新模式。

30. 共青团中央联合14个部委实施创建“青少年零犯罪零受害社区（村）”试点工作，确定202个县区的416个社区（村）为第一期试点单位；启动2016－2017年度全国“青少年维权岗”审核命名工作；在国家宪法日等时间节点，联合司法部继续开展第十二届全国青少年网上普法知识大赛；优化“青少年维权在线”和12355青少年服务台建设，联系心理、法律等方面专业力量6760人，在线答复咨询，线下提供个案帮扶；联系培育相关社会组织、青少年事务社工，对重点青少年群体提供法律援助、心理疏导、行为矫治等专业服务。

（八）推动完善留守儿童、困境儿童关爱措施

31. 教育部加强控辍保学工作，印发国办发［2017］72号文件，实行精准化扶贫，做到“三避免一落实”，保障适龄儿童接受义务教育权利；印发国办发［2018］27号文件，加强乡村学校建设，进一步推动各地完善寄宿制学校、乡村小规模学校办学标准，加强两类学校建设的各项措施，为乡村孩子提供公平有质量的教育；印发《教育部办公厅关于做好2018年普通中小学招生入学工作的通知》，要求各地加快建立以居住证为主要依据的义务教育随迁子女入学政策，切实简化入学流程和证明要求，合理确定入学条件；加大教育资金投入力度，教育资助政策实现了所有学段全覆盖、公办民办学校全覆盖、家庭经济困难学生全覆盖；积极开展家庭教育，印发《中小学德育工作指南》，健全家庭教育工作机制，促进家庭教育专业化。

32. 民政部加强留守儿童和困境儿童关爱保护，指导各地总结归纳“合力监护、相伴成长”农村留守儿童关爱保护专项行动成效和经验，制度化、规范化开展农村留守儿童关爱保护工作；督促指导31个省份全部印发困境儿童保障工作实施意见，细化政策措施，提升工作能力；优化升级全国农村留守儿童和困境儿童信息管理系统，督促指导各地加强数据录入和动态管理，全国排查并录入696万农村留守儿童信息，录入300余万低保、残疾儿童等困境儿童信息；部署开展农村留守儿童关爱保护“百场宣讲进工地”活动，组织启动仪式暨首场宣讲活动，举办地方党政领导干部农村留守儿童关爱保护和困境儿童保障专题研究班。共青团中央实施“情暖童心”共青团关爱保护农村留守儿童工程，会同民政部门实施全国农村留守儿童关爱服务和权益保护示范项目。

二、家事审判方式和工作机制改革联席会议2018年度工作要点

根据家事审判方式和工作机制改革联席会议制度要求和各成员单位职责任务分工，制定2018年度工作要点如下：

（一）继续推进家事审判改革向纵深发展

1. 召开家事审判改革试点总结大会，全面总结试点工作开展情况，明

确家事审判改革方向目标，表彰家事审判改革先进集体和先进个人，印发《最高人民法院关于进一步深化家事审判方式和工作机制改革的意见（试行）》。（最高人民法院）

2. 召开家事审判方式和工作机制改革联席会议第二次全体会议，总结联席会议成员单位工作情况，明确2018年度工作要点。指导推动全国法院加强与相关部门沟通协作，广泛建立家事审判方式和工作机制改革联席会议制度。（联席会议各成员单位）

3. 与北京师范大学心理学部、法学院等保持密切沟通联系，努力推动全国法院家事审判工作与各地高校心理学、社会学、法学研究深度融合。（最高人民法院）

4. 将婚姻家庭纠纷调解员、妇联干部担任的人民陪审员等纳入法院、司法行政等部门的业务培训范围。（最高人民法院、司法部、全国妇联）

（二）进一步加强婚姻家庭纠纷人民调解工作

5. 各成员单位指导本系统单位，推动同级财政部门将专业化的婚姻家庭纠纷人民调解服务列入当地政府购买服务指导性目录。（联席会议各成员单位）

6. 积极推动婚姻家庭纠纷人民调解工作。对婚姻家庭纠纷易发多发、确有必要单独设立、设立单位又有能力保障的，积极推动在县（市、区）设立婚姻家庭纠纷人民调解委员会；尚不具备条件的，人民调解组织要加大排查化解力度。积极发展婚姻家庭纠纷专职人民调解员队伍，加强技能培训。落实婚姻家庭纠纷人民调解工作经费。（司法部、全国妇联）

7. 推进县乡村三级综治中心建设和城乡社区“妇女之家”建设，做好矛盾排查、纠纷调解、法律帮助、关爱帮扶等工作。（中央政法委机关、全国妇联）

（三）不断完善婚姻家庭纠纷排查调处工作

8. 进一步加强县乡村三级综治中心建设，统筹好基层资源力量，更好发挥基层治理实战化平台作用。深化拓展网格化服务管理，2018年全国城乡社区网格化服务管理力争实现全覆盖。总结推广新时代“枫桥经验”。严格落实综治领导责任制，完善综治工作（平安建设）考评中有关婚姻家庭纠纷化解工作的内容，按照《健全落实社会治安综合治理领导责任制规

定》等要求，开展督促检查、表彰奖励、责任督导和追究。（中央政法委机关）

9. 参与家庭矛盾纠纷排查化解工作，严厉打击涉及家庭暴力和侵犯未成年人、妇女、老年人合法权益的违法犯罪行为。（公安部）

10. 加大婚姻登记信息化建设，拓展婚姻服务领域，加强婚姻管理领域的专业社会工作，深入推进婚姻登记领域社会诚信体系建设。（民政部）

（四）推动和谐文明家庭建设法治宣传工作再上新台阶

11. 以中秋节、重阳节、消除对妇女的暴力国际日、国家宪法日等节点为契机，加强家庭美德、反家庭暴力以及妇女儿童老年人权益保障政策和法律法规宣传工作。（国家广电总局、司法部、全国妇联）

12. 推动相关部门落实“谁执法谁普法”普法责任制，把婚姻家庭法制宣传列入普法责任清单，加大全国“七五”普法中期检查力度。（司法部）

13. 倡导正确婚恋观，立足基层开展针对性、个性化服务，积极帮助青年拓展生活圈子、提高社交能力。推动落实《关于进一步做好青年婚恋工作的指导意见》。（共青团中央）

（五）加快推动法律法规和政策修改完善

14. 加强调查研究，继续为民法分则亲属编编纂提出立法建议。（最高人民法院、国务院妇儿工委办公室、全国妇联、民政部）

15. 研究提出完善老年人权益保障政策法规的建议对策，向全国人大法工委提出立法建议。（全国老龄办）

16. 在总结全国法院家事审判改革经验做法的基础上，修订完善《最高人民法院关于进一步深化家事审判方式和工作机制改革的意见（试行）》，形成正式指导性意见。（最高人民法院）

17. 总结各地贯彻实施反家庭暴力法的情况，研究制定落实反家庭暴力法相关指导意见。（最高人民法院、公安部、全国妇联）

18. 加强对试点工作的总结论证，研究提出规范未成年人刑事执行检察、民事行政检察工作的意见。（最高人民检察院）

19. 推动青少年立法和政策安排，配合全国人大工作机构做好未成年人保护法、预防未成年人犯罪法修改纳入新一届全国人大五年立法计划相

关工作，推动以中办、国办名义出台加强专门学校建设和专门教育工作的政策文件。（共青团中央）

（六）进一步完善家庭成员司法保护措施

20. 指导各地法院依法受理反家庭暴力案件，准确把握签发人身安全保护令的证明责任标准，及时发出人身安全保护令。（最高人民法院）

21. 快速出警处置家庭暴力类警情，将家庭暴力警情处置作为重点工作纳入社会治安管理创新体系；依法查处家庭暴力案（事）件，依法予以治安管理处罚或者追究刑事责任；积极协助人民法院做好人身安全保护令执行工作，及时出警处置，依法严肃追究侵害人法律责任；推进部门联动，排查化解家庭纠纷，推动建立完善家庭暴力类矛盾纠纷联动调处机制，从源头防止家庭暴力。（公安部）

22. 指导试点地方检察机关探索办理未成年犯罪嫌疑人羁押必要性审查案件，积极开展未成年人监管活动、社区矫正、监护、家事审判、权益维护、社会救济等方面的监督工作。（最高人民检察院）

23. 指导医疗机构及时接受、救治遭受家庭暴力的受害人，做好诊疗记录，并协助做好受害人伤情鉴定、身心健康状况评估等工作；指导医疗机构及其工作人员树立为无民事行为能力人、限制民事行为能力人遭受或者疑似遭受家庭暴力的强制报告意识，开展强制报告工作。（国家卫生健康委）

（七）继续做好家庭成员社会保护措施

24. 引导教育职工提高思想道德水平，注重家庭美德培养，协助有关调解组织共同做好职工家庭纠纷调解工作。加强对职工、农民工的困难帮扶和人文关怀，帮助他们解决生活困难，加强亲情关爱。维护女职工合法权益和特殊利益。（全国总工会）

25. 倡导正确婚恋观，推动落实《关于进一步做好青年婚恋工作的指导意见》；继续推进创建“青少年零犯罪零受害社区（村）”试点工作，部署全国2018－2019年“青少年维权岗”创建工作；推动落实《关于构建未成年人检察工作社会支持体系合作框架协议》。（共青团中央）

26. 全面开展“传承红色基因，争做时代新人”主题教育活动，深入推进青少年社会主义核心价值观教育；参与社会治理创新，净化青少年成长环境，认真研究并推动解决青少年遇到的新情况、新问题；以困难青少年为重点，实施五老关爱工程，集中开展“十百千万”行动。（中国关工委）

27. 探索开展老年维权服务进社区工作，协调推进律师参与老年维权服务工作，创建老年人权益保护公益品牌活动；加大医养结合老年维权、老年人卫生健康、老年人同等优待等工作的推进力度，做好老年维权和优待信息统计工作。（全国老龄办）

（八）不断细化、强化留守儿童和困境儿童关爱措施

28. 指导贯彻落实国办发［2017］72 号文件，建立健全控辍保学各项机制，以深度贫困县为重点，保障适龄儿童少年依法接受义务教育，加强对留守儿童、困境儿童的教育关爱工作；指导贯彻落实国办发［2018］27 号文件，加快学校标准化建设；加强家庭教育工作，推动形成政府主导、部门协作、家长参与、学校组织、社会支持的家庭教育工作格局。（教育部）

29. 统筹推进农村留守儿童关爱保护和困境儿童保障工作。（民政部）

30. 针对贫困家庭青少年、残疾青少年、城乡间流动的农村青年、留守儿童等群体成长需求，积极争取社会支持，提供常态化、接力式服务；强化“青少年维权在线”和 12355 青少年服务台建设，与民政部门合作，做好留守儿童、困境儿童的发现、报告、转介、救助工作。（共青团中央）

【全国部分地区道路交通事故损害赔偿纠纷“网上数据一体化处理”改革试点工作推进会专题】

最高人民法院办公厅　公安部办公厅
司法部办公厅　中国银行保险监督管理委员会办公厅

关于印发《道路交通事故损害赔偿纠纷“网上数据一体化处理”工作规范（试行）》的通知

2018年9月10日　　法办〔2018〕163号

各省、自治区、直辖市高级人民法院、公安厅（局）、司法厅（局），各保监局，解放军军事法院，新疆维吾尔自治区高级人民法院生产建设兵团分院、新疆生产建设兵团公安局、司法局：

为贯彻落实党的十九大精神，深入推进道路交通事故损害赔偿纠纷“网上数据一体化处理”改革工作，进一步规范道路交通事故损害赔偿纠纷“网上数据一体化处理”工作，形成改革合力，最高人民法院、公安部、司法部、中国银行保险监督管理委员会制定了《道路交通事故损害赔偿纠纷“网上数据一体化处理”工作规范（试行）》。现予印发，请认真遵照执行。

附：

道路交通事故损害赔偿纠纷“网上数据一体化处理”工作规范（试行）

第一章 总 则

第一条 为贯彻落实党的十九大精神，深入推进道路交通事故损害赔偿纠纷“网上数据一体化处理”（以下简称道交纠纷网上一体化处理）改革工作，进一步规范道交纠纷网上一体化处理工作，根据《中华人民共和国侵权责任法》《中华人民共和国保险法》《中华人民共和国道路交通安全法》《中华人民共和国民事诉讼法》《中华人民共和国人民调解法》等法律以及《最高人民法院公安部司法部中国保险监督管理委员会关于在全国部分地区开展道路交通事故损害赔偿纠纷“网上数据一体化处理”改革试点工作的通知》等相关规定，制定本规范。

第二条 开展道交纠纷网上一体化处理工作应当坚持正确政治方向，坚持以人民为中心，坚持共建共治共享，创新多元化纠纷解决机制，运用大数据构建人民法院与公安机关、调解组织、保险机构、鉴定机构的相互衔接、协调联动工作格局，实现理赔计算、调解、鉴定、诉讼、理赔等业务的信息共享和在线处理，实现道路交通事故损害赔偿纠纷的全程信息化快速处理与化解。

第三条 开展道交纠纷网上一体化处理工作应当依法、公正进行，遵守法律、行政法规和司法解释规定的程序，不得损害当事人及其他利害关系人的合法权益，不得违反法律的基本原则，不得损害社会公共利益。

第四条 开展道交纠纷网上一体化处理工作应当充分尊重各方当事人意愿，不得强制调解，保障当事人依法行使民事权利和诉讼权利。

第五条 开展道交纠纷网上一体化处理工作应当坚持高效便民原则，注重工作效率，尽可能方便当事人，降低当事人解决纠纷成本。

第六条 人民法院与公安机关交通管理部门、司法行政机关、保险监管机构应当密切协作配合，加强信息共享，建立道交纠纷网上一体化处理平台，不断提高信息化水平，共同推进道交纠纷网上一体化处理改革。

第二章　工作机制

第七条　人民法院、公安机关交通管理部门、司法行政机关、保险监管机构、保险行业协会应当根据实际情况，建立道交纠纷网上一体化处理工作沟通协调机制，建立联席会议制度。

第八条　人民法院、公安机关交通管理部门、司法行政机关、保险监管机构应当建立信息共享机制，推动信息系统间对接互通，实现多部门多环节信息共享，确保道交纠纷网上一体化处理平台有序运行。

第九条　道交纠纷网上一体化处理工作建立共享共用和多环节进入机制。发生纠纷后，当事人可以直接进入道交纠纷网上一体化处理平台使用理赔计算器等，也可以在线直接提起调解申请或者诉讼；调解组织在接到当事人调解申请以及公安机关交通管理部门、人民法院引导当事人发起的调解申请时，进入平台在线调解，以实现平台资源最大化利用，有效化解纠纷。

第十条　道交纠纷网上一体化处理工作建立先行调解机制。公安机关交通管理部门处理道路交通事故时，根据事故当事人一致申请，依法对事故损害赔偿纠纷进行调解；当事人未按规定一致申请调解或者调解未达成协议的，可以引导当事人使用道交纠纷网上一体化处理平台发起调解。人民法院受理道路交通事故损害赔偿纠纷，除不适宜调解的外，引导当事人在登记立案前先行调解，将纠纷化解在诉前，降低当事人解决纠纷成本。

第十一条　道交纠纷网上一体化处理工作建立鉴定前置机制，实现调解组织在调解阶段依法组织当事人申请在线鉴定。

第十二条　鼓励探索将道交纠纷网上一体化处理平台与移动客户端连接，实现道路交通事故损害赔偿纠纷便捷化处理。

第三章　职责分工

第十三条　人民法院负责道交纠纷网上一体化处理平台的建设维护，公安机关交通管理部门、司法行政机关、保险监管机构、保险行业等协助完成系统对接，共同保障平台良好运行，实现信息共享与处理。

第十四条　人民法院负责引导当事人在登记立案前通过道交纠纷网上一体化处理平台先行调解，在线受理诉讼，依法进行司法确认和案件审理，并及时将有关诉讼信息传递至道交纠纷网上一体化处理平台。

第十五条 公安机关交通管理部门负责引导当事人选择使用道交纠纷网上一体化处理平台处理纠纷；及时、准确将相关当事人、事故车辆、当事人责任、事故复核情况等信息传递至道交纠纷网上一体化处理平台。

第十六条 司法行政机关负责会同有关部门，进一步加强道路交通事故人民调解组织建设，积极发展专职人民调解员队伍，提升人民调解公信力；将道路交通事故人民调解员的培训纳入司法行政队伍培训计划，不断提高人民调解员的业务能力和水平，并定期组织考评工作；建立鉴定管理与使用衔接机制，建立在线鉴定动态评价机制，加强对鉴定机构和鉴定人员的管理和监督；建立人民调解组织和调解员、鉴定机构和鉴定人名册制度，方便当事人选择。

第十七条 保险监管机构负责会同司法行政机关，进一步指导保险行业协会加强保险行业道路交通事故纠纷调解组织建设和调解员的选聘及管理工作。保险监管机构会同司法行政机关结合辖区实际，指导当地保险行业协会进一步建立健全保险行业道路交通事故纠纷调解组织，鼓励有条件的地区建立第三方保险纠纷调解机制，推动调解组织的规范化、标准化。

第十八条 保险监管机构应当督促保险公司实现理赔服务平台与道交纠纷网上一体化处理平台的有效对接；督促保险公司建立快速理赔服务机制；鼓励保险公司建立调解权限动态授予、异地授权、及时应调、快速审批等机制，保障基层分支机构能够通过调解解决纠纷；引导保险公司积极参与调解，及时履行有效的调解协议，对未在合理期限内及时理赔的，依法采取相应的监管措施。

第四章 信息共享

第十九条 人民法院、公安机关交通管理部门、司法行政机关、保险监管机构、调解组织以及保险公司应当根据道交纠纷网上一体化处理工作需要，将相关信息上传至道交纠纷网上一体化处理平台，实现以下信息共享：

（一）当事人上传的当事人身份信息、送达地址（包括电子送达地址）确认书、当事人选择道交纠纷网上一体化处理的意愿等信息；

（二）公安机关交通管理部门上传的交通事故基本信息、当事人身份信息、当事人联系方式、法律文书送达地址确认书、询问笔录、责任认定书或者道路交通事故证明、勘查信息、检验报告、肇事车辆等信息；

（三）司法行政机关上传的调解组织、调解员、鉴定机构和鉴定人名册等信息；

（四）调解组织上传的当事人身份、调解情况、调解书、抢救费、医疗费、交通事故救助基金使用、鉴定人作证、鉴定意见评价等信息；

（五）鉴定机构上传的鉴定委托书、鉴定人、鉴定意见等信息；

（六）人民法院上传的案件基本信息、诉前及诉讼调解、在线审理、司法裁判等信息；

（七）保险公司上传的当事人投保记录、保险合同、理赔请求、理赔数额以及理赔时间等信息。

第五章　业务流程

第二十条　道路交通事故发生后，公安机关交通管理部门按照一般程序或者简易程序调查并作出事故认定，及时将事故处理相关信息录入事故处理执法办案系统；当事人对事故损害赔偿有争议的，交通警察告知当事人可以向调解组织申请调解，也可以向人民法院提起诉讼，并引导其通过道交纠纷网上一体化处理平台在线申请调解或者诉讼；当事人在法定时限内一致书面请求公安机关交通管理部门调解的，公安机关交通管理部门应当进行调解。

第二十一条　人民法院受理道路交通事故损害赔偿纠纷，除不适宜调解的，应当引导当事人在登记立案前先行调解。当事人申请或者同意适用道交纠纷网上一体化处理机制的，应当提交和上传身份证明、送达地址（包括电子送达地址）确认书，以及其他证明损害情况等有关纠纷的基本信息。

第二十二条　当事人选择通过道交纠纷网上一体化处理机制进行调解的，除侵权人涉嫌刑事犯罪以及当事人无明确联系方式或者下落不明等不适宜调解的以外，有关道路交通事故损害赔偿纠纷由调解组织先行调解。

第二十三条　道路交通事故涉及的人身损害等专门性问题需要申请鉴定的，调解组织可以征求各方当事人的意见，在调解阶段在线启动鉴定程序：

（一）当事人申请鉴定；

（二）调解组织对鉴定事项进行审查并组织当事人对检材发表意见；

（三）各方当事人协商确定或者调解组织依法定程序确定鉴定机构；

（四）调解组织向鉴定机构发送鉴定委托书；

（五）鉴定机构认为属于该机构业务范围的，向当事人发送缴费通知，认为不属于该机构业务范围的，及时反馈退回，调解组织重新组织选定鉴定机构；

（六）当事人缴纳鉴定费用；

（七）调解组织向鉴定机构提交鉴定所需材料；

（八）鉴定机构在线鉴定或者线下完成鉴定并上传鉴定意见；

（九）当事人对鉴定意见发表意见；

（十）调解组织对鉴定意见进行评价；

（十一）因鉴定材料不足、鉴定标准错误等原因确需补充鉴定的，调解组织可以要求鉴定机构补充鉴定或者委托其他鉴定机构重新鉴定。

第二十四条 调解组织对所受理的道路交通事故损害赔偿纠纷进行调解，录入纠纷相关数据并记录调解过程及达成的调解协议或者调解结果。

当事人达成调解协议并当场履行完毕的，纠纷了结；达成调解协议未当场履行的，当事人可以通过道交纠纷网上一体化处理平台申请一键理赔或者申请法院进行司法确认；未达成调解协议的，当事人可以通过道交纠纷网上一体化处理平台在线提起诉讼。

第二十五条 经道交纠纷网上一体化处理平台调解的，无论是否达成调解协议，调解组织应在线制作和保存电子档案，并妥善保管纸制卷宗。

第二十六条 经调解达成协议的，各方当事人可以依法自调解协议生效之日起三十日内，通过道交纠纷网上一体化处理平台在线申请司法确认。

第二十七条 人民法院受理司法确认申请后，应当及时依法对调解协议进行审查，必要时可以向调解组织核实有关情况。

第二十八条 人民法院审查后，认为调解协议符合法律规定的，依法出具民事裁定书，确认调解协议有效；认为调解协议不符合法律规定的，裁定驳回申请，当事人可以通过调解方式变更原调解协议或者达成新的调解协议，也可以向人民法院提起诉讼。

第二十九条 司法确认案件应当在线制作保存电子卷宗，并依法定程序进行归档。

第三十条 人民法院在线收到当事人有关纠纷立案材料后，应当就以下内容进行审查：

（一）审查起诉。依法审查起诉状、当事人身份、诉讼请求及事实和理由、管辖权问题等。确认受理的，应当及时将有关诉讼信息上传至道交纠纷网上一体化处理平台，由平台传递给公安机关交通管理部门，公安机关交通管理部门根据诉讼信息将事故复核信息反馈给受诉人民法院。

（二）查看证据。当事人在起诉时除调解阶段导入或者录入的相关证据材料外，还可以补充上传相关证据，填写证据清单；审查发现当事人遗漏主要证据的，可提示当事人补充上传。

（三）确认送达方式。确认当事人是否已按规定向法院提供电子邮箱和其他送达方式。

第三十一条 为保障在线诉讼顺利进行，人民法院在开庭前应当做好送达有关诉讼文书、确定诉讼参加人等庭前准备工作。

第三十二条 根据案件情况，人民法院开庭前可以调解的，依法采取调解方式及时解决纠纷。

第三十三条 道路交通事故损害赔偿纠纷在线诉讼原则上应采取在线审理的方式，并在线进行庭审录音录像。

第三十四条 鼓励人民法院积极探索要素式裁判文书，努力实现案件裁判文书的在线生成与电子签章。

第三十五条 道路交通事故损害赔偿纠纷在线诉讼鼓励当庭宣判，并按照当事人选择的电子送达方式送达有关文书。当庭宣判之日或定期宣判之日即为送达之日。邮寄送达的，当事人签收之日为送达之日。人民法院在线作出司法裁判并送达当事人后，应及时上传有关裁判文书等诉讼信息。

第三十六条 经人民法院审理结案的案件，应在线制作保存电子卷宗，并依法定程序进行归档。

第三十七条 达成调解协议、司法确认或者在线诉讼完成后，由当事人或者调解员帮助当事人通过道交纠纷网上一体化处理平台在线申请保险公司一键理赔。

第三十八条 当事人就调解协议以及裁判文书申请保险公司一键理赔，保险公司未能在合理期限内及时理赔的，人民法院可以通过道交纠纷网上一体化处理平台向保险监管机构提出司法建议，由保险监管机构依法采取相应的监管措施。

第六章　组织保障

第三十九条　人民法院、公安机关交通管理部门、司法行政机关、保险监管机构应当加强对道交纠纷网上一体化处理工作的组织领导，强化协同合作，加强制度建设，推动道交纠纷网上一体化处理机制的落实。

第四十条　人民法院、公安机关交通管理部门、司法行政机关、保险监管机构以及保险行业协会应当加强对审判人员、交通警察、调解员、鉴定人等工作人员的业务培训，确保熟练掌握道交纠纷网上一体化处理业务流程。

第四十一条　人民法院、公安机关交通管理部门、司法行政机关和保险监管机构应当加强督查指导，完善考核评价体系，将工作情况纳入年度考核内容，并对表现突出的部门和人员予以奖励。

第四十二条　人民法院、公安机关交通管理部门、司法行政机关、保险监管机构、保险行业协会应当鼓励和引导当事人选择道交纠纷网上一体化处理机制解决纠纷。保险监管机构、保险行业协会应当督促和引导保险公司在投保提示、索赔告知书、投诉处理告知书及保险合同中添加通过道交纠纷网上一体化处理机制解决纠纷的内容，保险监管机构应当在投诉处理告知书中添加通过道交纠纷网上一体化处理机制解决纠纷的内容。

第四十三条　人民法院、公安机关交通管理部门、司法行政机关、保险监管机构应当加大宣传力度，广泛开展宣传教育，将道交纠纷网上一体化处理机制纳入法律宣传活动体系，提升纠纷当事人以及社会公众对道交纠纷网上一体化处理机制的知晓度和信任度，增进社会公众对道交纠纷网上一体化处理工作的参与度，形成有利于推进道交纠纷网上一体化处理机制改革工作的良好氛围。

第七章　附　则

第四十四条　机动车在道路以外通行发生的事故，公安机关交通管理部门接到报案并处理的，当事人对事故损害赔偿有争议的，可以参照本规定通过道交纠纷网上一体化处理机制处理。

第四十五条　本规范自2018年10月1日起施行。

推动道交纠纷一体化处理改革深入开展 让广大人民群众有更多的获得感和幸福感

——在道路交通事故损害赔偿纠纷“网上数据一体化处理”试点工作推进会上的讲话

最高人民法院党组副书记、副院长　江必新

（2017年9月19日上午）

同志们：

今天，我们召开全国部分地区道路交通事故损害赔偿纠纷“网上数据一体化处理”试点工作推进会，来自北京、河北、吉林、上海、江苏、浙江、安徽、山东、河南、湖北、广东、海南、四川、重庆14个试点地区和山西、辽宁、黑龙江、福建、江西、湖南、广西、云南、宁夏、陕西10个非试点地区的法院、公安、司法、保险监管部门的领导和相关工作人员参加本次会议。刚才，公安部李江平巡视员、司法部刘振宇副部长、银保监会梁涛副主席发表了讲话，从各自角度对道交一体化改革提出了明确要求，充分体现了各单位对道交一体化改革工作的高度重视和大力支持。与会高级人民法院代表和公安部门、司法行政部门、保险监管部门的代表总结了试点工作的进展情况，充分交流了取得的成绩和经验，客观分析了改革面临的问题和困难，提出了下一步工作的建议和安排。大家总结的经验生动具体，提出的意见和建议富有针对性，相信大家听后都很受启发，将会对下一步试点工作产生积极影响。

2016年11月28日，最高人民法院与公安部、司法部、中国保监会共同召开了全国部分地区道路交通事故损害赔偿纠纷“网上数据一体化处理”试点工作视频会议，决定在全国14个省市开展试点工作。半年多来，开展试点工作的各地区人民法院、公安机关、司法行政机关、保险监管机构密切配合，扎实推进改革，试点工作成效明显，为道交纠纷网上一体化处理改革向纵深发展奠定了坚实的基础。

试点工作成效主要体现在以下几个方面：一是试点工作全面铺开。截至目前，道交纠纷一体化平台已有24个省区市的376家基层法院上线开展试点工作。其中包括了指定开展试点工作的14个省市的334家基层法院和自主开展试点工作的10个省区市的42家基层法院；在较早开展试点工作的浙江省已经实现全覆盖，江苏全省109家基层法院中有72家上线，吉林省全省65家基层法院中有63家上线，广东省也已上线32家基层法院。指定试点地区以外的10个省市也积极开展工作，山西法院已有11家基层法院上线，申请调解案件超过两千件。二是大量纠纷依托道交一体化平台得以化解。试点地区共计申请调解43320件，调解完成40207件，调解成功37508件，调解成功率93.29%。申请司法确认30585件，在线发起诉讼537件，申请调解标的金额26.03亿元，调解成功标的金额20.34亿元，申请一键理赔15102件，一键理赔金额8.78亿元。据报告，辽宁省建立“一体化平台”以来，开展试点工作的地区道交纠纷案件下降50%以上。重庆市开展工作以来，调解成功率达到了99.74%。应当说，改革取得了实实在在的成效。三是一体化处理平台稳步运行。各试点地区法院依托最高人民法院统一建设或者自主建设的一体化平台开展工作，以点带面，扎实推进。道交纠纷一体化处理平台已对接公安部交通管理总局数据系统，实现交通违法数据共享；已对接江苏、浙江、安徽、山东、广东、海南、重庆、福建8家高院和广州中院办案系统，实现调解数据与办案数据共享；已对接人保财险、平安财险、太平洋财险、大地财险、中华财险、安盛天平财险、富德财险、中煤财险8家财产保险公司，实现一键理赔。四是沟通协作机制基本建立。试点地区各部门积极沟通协作，以实施办法、细则、意见等形式联合下发文件，建立沟通联系机制，明确各方职责和对接流程。五是工作流程逐渐规范。网上一体化处理包括责任认定、理赔计算、在线调解、在线鉴定、司法确认、在线诉讼、一键理赔等环节，基本形成了规范的工作流程。

以上这些成绩的取得，是全国各级人民法院与各级公安机关、司法行政机关、保险监管机构认真贯彻落实党中央决策部署，扎实推进改革工作的结果。在此，我代表最高人民法院，向为此项工作作出积极贡献的各级公安机关、司法行政机关、保险监管机构、调解组织、鉴定部门、地方各级人民法院以及一线工作人员表示衷心的感谢！

当前，道交纠纷一体化处理改革仍然存在一些短板和弱项。主要是平台建设有待进一步完善、信息共享尚未完全实现、调解力量有待进一步加强、经费保障尚不充足、鉴定机制有待进一步完善、一些地方的工作积极性有待进一步提高等等。对于这些问题，我们必须下更大力气，采取更加有力的措施予以解决，积极推动道交一体化改革工作深入开展。下面，我讲几点意见，供大家参考。

一、深化认识，切实增强道交纠纷一体化处理改革的能动性

深入推进道交纠纷一体化处理改革，是为人民群众提供便捷优质司法服务的重要方式。习近平总书记指出，必须始终把人民利益摆在至高无上的地位，让改革发展成果更多更公平惠及全体人民。道交纠纷一体化处理改革工作始终坚持以人民为中心，着力解决人民群众最关心最直接的利益问题，通过一体化机制，道交纠纷实现了全流程在线处置，纠纷解决更方便、更快捷，不断增强人民群众的获得感和幸福感。

深入推进道交纠纷一体化处理改革，是互联网时代创新纠纷解决机制的必然选择。当今时代，信息化浪潮蓬勃兴起、深刻改变着人们的生产生活方式。应当看到，随着互联网时代的到来，在线纠纷解决可能逐渐成为常态。周强院长指出，人民法院要紧跟时代、抢抓机遇，以更加开放的视野、更加前沿的思维，主动拥抱现代科技，完善司法体制机制，提高审判质量效率。道交一体化改革，以公开的程序、可预测的标准、智能化的计算，快速便捷公正地化解大量矛盾纠纷，是新时代纠纷解决机制的重要创新和发展。

深入推进道交纠纷一体化处理改革，是维护道路交通秩序安全的有效抓手。随着经济社会的发展，我国汽车保有量快速增长，道路交通事故纠纷逐年攀升，如果不能妥善化解，将会进一步加剧交通拥堵。道交一体化处理机制，整合社会资源，使纠纷得以及时快速处理，对于有效预防和减少矛盾升级、服务交通管理、维护道路交通秩序和安全具有十分重要的意义。

深入推进道交纠纷一体化处理改革，是提升社会治理水平的重要举措。党的十九大明确提出，要提高社会治理社会化、法治化、智能化、专业化水平，打造共建共治共享的社会治理格局。建立道交一体化平台，实

现数据共享、信息共享、工作联动，有利于促进道交纠纷的预防和化解，创新了社会治理模式，是打造共建共治共享的社会治理格局的一项重要尝试，对于提高社会治理的“四化”水平，意义重大而深远。

二、凝心聚力，健全完善切实有效的工作格局

道交纠纷一体化处理改革目标的实现，改革措施的落地，有赖于人民法院、公安机关、司法行政机关、保险监管机构团结协作、密切配合、形成改革合力，共同推进。

一是促进互联互通，进一步健全信息共享机制。道交纠纷一体化处理平台已实现与公安部交通管理总局数据系统的对接，但与部分保险公司理赔系统之间尚需进一步对接融通。人民法院要和相关部门共同做好系统对接，保障平台良好运行。平台的顺畅运行，信息共享是前提。目前，平台运行过程中，仍然存在信息上传不及时、不准确、不完整的情况。建议各部门在保证相关信息安全的前提下，提供解决纠纷所需的全面、完整的数据信息，实现多部门多环节信息共享，确保网上一体化处理平台有序运行。有些地区列出了平台所需的信息清单，最高人民法院可以结合各地经验，提出明确的信息清单。

二是加强沟通协作，进一步优化工作联系机制。深入推进道交纠纷一体化改革工作，离不开人民法院和公安机关、司法行政机关、保险监管机构、保险行业之间的通力合作。各级法院要主动与相关部门沟通协调，根据实际情况，与各部门建立多层次的沟通联系机制，建立联席会议制度，及时就工作中遇到的问题进行协商和沟通。另外，这项改革还涉及法院内部多个部门的工作，各级法院也要针对存在的问题，明确牵头部门，指定联系人，负责各部门之间的沟通及日常联络工作，进一步优化工作协调机制。

三是加强人力物力支持，进一步强化改革保障机制。道交纠纷一体化处理，调解是关键环节。随着平台上线量的增长，调解人员力量亟待加强。建议司法行政机关和保险监管部门进一步加强道交纠纷调解组织建设，积极发展调解员队伍，以适应不断增长的纠纷化解需求。同时，各部门要加大对审判人员、交通警察、调解员、鉴定人等工作人员的业务培训力度，确保相关工作人员熟练掌握网上一体化处理业务流程。从各地反映的情况看，经费不足是较为突出的问题。最高人民法院要积极争取将该项

工作纳入到中央财政支持的范围。试点地区各部门要密切配合，积极争取地方党委政府的支持，力争将一体化改革工作纳入当地经费保障范围。同时发挥各方积极性，拓宽经费来源，多途径筹集运行资金，确保改革工作稳步推进。关于经费问题，有些地方运行得较好，大家可以相互沟通，交流经验。

四是畅通工作流程，进一步打造无缝衔接机制。道交纠纷一体化处理改革的精髓在于，纠纷全流程在线处置，一网办案、一站式解决纠纷。目前，工作流程逐步趋于规范，但在操作中要实现无缝衔接，还需要进一步打通各种壁垒、畅通各个环节。公安机关、人民法院要在尊重当事人意愿的前提下，引导当事人使用一体化平台先行调解；尚未实现在线鉴定的，要进一步建立健全调解诉讼与鉴定衔接机制；一键理赔是一体化平台的重要功能，目前该功能尚未得到充分发挥，建议保险监管部门进一步加大对一键理赔的支持力度，让更多当事人享受一体化处理机制所带来的实惠。

三、强弱补短，确保改革取得实效

“一分部署，九分落实。”改革的关键在于落实。道交纠纷一体化处理改革是一项系统性工程，横向需打破部门间的资源和信息壁垒，纵向需无缝对接纠纷处理各个环节。改革推进过程中存在一些困难和问题在所难免，我们要以钉钉子的精神，把握重点，攻克难点，坚定信心，狠抓改革关键环节。

第一，提高站位，加大道交纠纷一体化处理改革推动力度。目前，道交纠纷一体化处理改革还存在地区发展不平衡的问题，这与各地纠纷数量、建设方式不同导致进度不同等因素有关，也有认识不到位、工作积极性不高、推进力度不够等因素。人民法院要提高政治站位，强化战略思维和民本情怀，深刻认识这项工作的重要现实意义和实践价值。科学设置考核指标，提高工作主动性和积极性，加大推动力度，用好用足这一机制，实现资源利用最大化。各试点高院要加强对下指导，及时掌握工作进展，认真总结经验，切实解决存在问题，推动改革试点工作深入开展。

第二，优化平台建设，提高完善平台功能和使用效率。目前，一体化处理平台已经稳步运行，应当说，取得了实质性的阶段成果，有了良好的开端。但从大家反映的情况看，平台建设与不断发展的实际需要之间仍然存在一定的差距。尚有部分试点高院未完成一体化处理平台与办案系统的对接。这个问题需要尽快解决，从而避免或者减少重复录入，减轻法官工作量，提高平台使用效率。要注意收集“实操用户”提出的合理化建议，进一步完善系统功能，使系统功能更符合道交纠纷处理的特点，有的地方建立用户反馈的建议信息表，可以随时听取用户的建议；要提高系统稳定性，确保平台使用方便、快捷；鼓励探索将道交纠纷网上一体化处理平台与移动客户端连接，方便群众随时随地使用，实现道路交通事故损害赔偿纠纷处理便捷化。力争做到当事人一报警，二维码就推送给当事人，当事人就可以知道通过平台申请调解或者发起在线诉讼。各地要及时总结经验，把好的模块和做法集中起来，进一步完善平台功能。

第三，抓好落实，用好用足道交纠纷一体化处理机制。最高人民法院、公安部、司法部、中国银保监会共同制定，以四部门办公厅名义联合下发的《道路交通事故纠纷“网上数据一体化处理”工作规范（试行)》，对道交纠纷一体化处理工作的原则、工作机制、职责分工、信息共享、业务流程、组织保障等进行了规范，为改革工作规范有序开展提供了有力的制度保障，各地要抓好落实。要进一步完善诉调对接机制；积极探索适用要素式裁判文书进行裁判，努力实现案件裁判文书的在线生成与电子签章，提高工作效率；在调解和诉讼阶段，要注意提高公安道交数据的调取使用率，并保证数据的准确性；受理司法确认申请后，要及时依法进行审查；开庭前要做好准备工作，保障在线诉讼顺利进行，实现审判资源和解纷资源的优化配置。

第四，加强调研，为道交纠纷一体化处理改革提供制度保障。道交纠纷涉及的主体和环节多，法律关系复杂、处理难度较大。统一裁判尺度，实现类案同判，是道交纠纷一体化处理改革的目标之一，也是调解先行的重要依托。2012 年最高人民法院公布了《关于审理道路交通事故损害赔偿案件适用法律若干问题的解释》，对相关纠纷案件的妥善审理发挥了重要作用。目前，随着实践的发展，出现了一些新情况、新问题，各地法院对相关法律适用问题，仍然存在着一些不同的理解，最高人民法院要进一步加强调研，适时制定相关司法解释或司法政策，统一裁判尺度，为道交纠纷案件审判和多元化解决提供更加明确具体的规范依据。人民法院进行类案推送时，要精心选择，对有些裁判结果明显差异较大的案件，要对其特殊情节作出说明。

同志们，道交纠纷一体化处理改革工作正处于关键性的攻坚阶段，需要人民法院、公安机关、司法行政机关、保险监管机构以及各有关方面的协力配合和继续努力。让我们以十九大精神为指引，凝心聚力、开拓创新，深入推进道交纠纷一体化处理改革工作，开创道交纠纷多元化解的新局面，为人民群众的安全福祉作出新的更大贡献！

在全国部分地区道路交通事故损害赔偿纠纷“网上数据一体化处理”改革试点工作推进会上的讲话

公安部交通管理局　李江平

（2018 年 9 月 19 日）

同志们：

今天，四部门联合召开视频会议，总结道路交通事故损害赔偿纠纷“网上数据一体化处理”试点工作情况，交流经验、梳理问题，共同推进改革试点工作持续深入开展，十分重要、非常及时。各地公安交通管理部门要按照这次会议的部署要求，积极配合法院、司法行政和保监部门认真抓好贯彻落实。下面我讲三点意见：

一、认真总结分析，进一步增强抓好改革工作的积极性、主动性。今年以来，各地公安交管部门认真贯彻落实“11.28”会议和我局推进改革专题视频会议的部署要求，积极配合法院、司法行政、保监等部门，同部署、同调研、同会商，蹄疾步稳推动道路交通事故损害赔偿纠纷“网上数据一体化处理”改革试点工作开展。目前，各地法院通过信息共享平台查询 15000 余次，调用事故信息 4900 余条，为试点工作提供了有力支撑。各地公安交管部门在事故损害赔偿调解工作中积极引导当事人通过“网上数据一体化处理”机制解决矛盾纠纷，事故处理效率和矛盾化解水平显著提升。但从试点推进工作情况看，一些地方公安交管部门还存在认识不高、重视不够、研究不深入、配合不到位等问题；有的地方事故信息录入不及时、不准确，宣传引导不到位，不利于改革试点工作的顺利推进。各地公安交管部门要切实提高政治站位，将协同开展改革作为保障和改善民生水平、加强和创新社会治理的重要举措，坚决杜绝本位思想，切实增强工作积极性、主动性，强化责任担当，全力支持配合做好改革试点工作。要勇于攻坚克难，切实下决心、花大力提升信息数据质量、打通信息传递不畅等弱项和短板，强化监督考核，坚决避免群众在不同部门跑来跑去、来回奔波，努力让数据多跑路、让群众少跑腿。要善于统筹推进，把道路交通事故损害赔偿纠纷“网上数据一体化处理”改革与深化公安交通管理“放管服”改革和建设服务型公安机关紧密结合起来，统筹研究部署，整体协调推进。

二、夯实制度责任，积极推动改革措施不折不扣、全面有效落地。开展道路交通事故损害赔偿纠纷“网上数据一体化处理”改革，既是全面贯彻落实党的十九大精神，落实中办、国办《关于完善矛盾纠纷多元化解机制的意见》和全国司法体制改革工作推进会精神的重要举措，也是落实中办、国办《关于深入推进审批服务便民化的指导意见》、《公安部关于深化“放管服”改革推进审批服务便民化的实施意见》和公安交管“放管服”20项改革措施的具体要求。各地公安交管部门要健全完善外部机制，主动与法院等相关部门沟通，推动建立协调沟通和会商研判机制，成立改革工作专班，加强部门配合，扎实推动试点进程。要压紧压实内部责任，总队主要领导要亲自抓，在地方法院的统筹下，对涉及公安交管部门的任务事项要细化分解，明确时间节点，层层压实责任，确保改革任务按期完成。要严格落实部门职责，以贯彻执行四部门办公厅近期下发的《道路交通事故损害赔偿纠纷“网上数据一体化处理”工作规范（试行）》为抓手，严格落实“三项职责”：一是落实调解引导职责，当事人对事故损害赔偿有争议的，通过书面告知、口头告知方式积极引导当事人向调解组织申请调解，并通过一体化平台在线申请、在线调解、在线诉讼，让“道交一体化平台”真正“用起来”；二是落实信息传递职责，做出事故认定后及时、准确将事故信息录入执法办案系统，确保法院、保险机构和调解组织实时获取网上数据一体化处理所需信息、数据，让“道交一体化平台”真正“用的通”；三是落实社会宣传职责，积极配合做好改革宣传和政策解读，广泛宣传道路交通事故损害赔偿纠纷“网上数据一体化处理”模式和行业调解、人民调解机制对于依法高效化解矛盾的重要作用，不断提高群众知晓率、认可率、参与率，让“道交一体化平台”真正用得广、用得好。

三、坚持系统推进，努力形成相互促进、共建共享的改革合力。道路交通事故损害赔偿纠纷“网上数据一体化处理”改革涉及事故处理全过程、全链条，与群众切身利益密切相关，事关社会公平正义，必须做到系统推进、协调左右、统一步调。各地要牢固树立民意主导警务理念，在讲创新、提效能上下功夫，整合社会资源、打通环节壁垒，加快推动“四项”配套改革，大力推行道路交通事故“网上办、掌上办、就近办、快捷办”。要加快实现网上定损理赔服务，坚持体制创新与“互联网+”融合促进，建立公安交管部门与保险机构间的信息共享机制，大力推广事故网上快速处理系统，加快实现财产损失事故互联网在线定损、在线理赔，打通事故快处快赔服务“最后一公里”，搭建事故报案、认定、定损、理赔全流程一体化的综合服务平台。要大力推广“警保联动”模式，坚持事故快速处理社会化、专业化，发挥保险公司在事故车辆勘验、定损和理赔上的优势，推行保险公司理赔员与交警、辅警共同上路巡查的“警保联动”模式。要不断创新调解制度，推动开展保险公司参与下的行业性、专业化调解，通过在公安交管部门办案场所设立调解室、建立巡回调解室等形式，推动行业调解组织更多地承担事故损害赔偿调解职能，进一步提高调解效率，构筑矛盾纠纷多元化解机制，节约司法和行政资源。要推动建设事故快处协理员队伍，积极协调本地保险监管部门以及保险行业协会、保险机构，组建以保险公司理赔员、业务员以及农村交通安全员、劝导员为主体的农村事故协理员队伍，为农村地区发生的道路交通事故当事人提供车辆查勘、定损、理赔服务，努力打造多元治理、共建共治共享格局。

我就讲这些，谢谢大家。

在全国部分地区道路交通事故损害赔偿纠纷“网上数据一体化处理”改革试点工作推进会上的讲话

中国银行保险监督管理委员会党委委员、副主席　梁　涛

（2018年9月19日）

同志们：

大家好！

今天，最高人民法院、公安部、司法部、银保监会联合召开工作推进会，深入学习贯彻党的十九大精神和习近平新时代中国特色社会主义思想，推动道交纠纷“网上数据一体化处理”改革试点深化开展。按照会议安排，我代表中国银保监会，谈三点意见。

一、进一步深化对道交纠纷“网上数据一体化处理”工作重要意义的认识

推进道交纠纷“网上数据一体化处理”，是坚持以人民为中心发展思想、进一步回归保险本源的必然要求。党的十九大提出，坚持和发展中国特色社会主义，必须坚持以人民为中心的发展思想。道交纠纷“网上数据一体化处理”工作，就是从人民群众对于保险服务的现实需求出发，依托互联网和大数据技术，借助调解这种非对抗方式公平合理、及时便捷、成本低廉地化解消费者与保险公司之间的争议，实现道交纠纷一体处理、一键理赔，既帮助消费者更便捷、更及时地实现法律规定及合同约定的各项权益，也更好地发挥了保险经济补偿和风险分担的本职功能。

推进道交纠纷“网上数据一体化处理”，是深刻转变政府职能、深化落实“放管服”改革的关键举措。互联网平台是提升政务服务水平的有效

载体。道交纠纷“网上数据一体化处理”平台，就是要打破制约政务服务的数据壁垒，连通道交领域各部门原先的数据孤岛，变“群众跑腿”为“数据跑路”，让道交纠纷解决“只进一扇门”“最多跑一次”，不断提升人民群众的满意度和获得感。

推进道交纠纷“网上数据一体化处理”，是金融保险业深度参与社会治理、助力国家司法改革的有益实践。运用保险手段化解道路交通纠纷是保险业参与社会治理的重要内容。道交纠纷“网上数据一体化处理”工作，一方面依托调解的方式化解争议纠纷，构建起当事人和解、第三方调解以及司法机关裁判的道交纠纷多元化解决工作格局，实现行政监管、行业调解与司法裁判等手段的有机结合；另一方面推动保险行业与司法机关共同研究明确赔偿计算标准，并内嵌于系统之中，强化了调解结果与法院判决的一致性，使各方赔偿预期更趋合理。深入推进此项工作，既有助于公正公平公开化解道交纠纷、提升保险业法治化水平；又可以有效减少进入诉讼环节的案件数量，缓解法院案件办理压力，优化国家司法资源配置，助力国家司法改革。

二、充分肯定试点地区道交纠纷“网上数据一体化处理”的积极探索

近一年来，各级银行保险监管机构、保险行业协会、保险主体认真按照2017年11月视频工作会议部署，不断创新工作机制，加大工作力度，结合实际积极探索，值得充分肯定。

从试点地区来看，上海保监局在“余杭模式”的基础上，探索出“网络人民调解+网络司法确认”的诉调对接模式；江苏部分地区保险行业实行派员驻点，全程参与调解，实现现场理赔；安徽、河南保监局指导行业协会研究制定行业赔偿参考标准；海南保监局协同有关部门在城乡居民适用赔偿标准、精神损害赔偿标准等焦点难点问题上形成统一意见；四川将“保险业纠纷调处管理系统”与省高院、成都市中院进行系统对接和数据共享，实现保险纠纷诉调对接工作的网络化、数据化；北京创新实施百家车险理赔共享服务网点，配合网上一体化处理平台做好理赔服务保障。刚刚，按照会议安排，浙江和山东保监局作为发言代表，具体介绍了他们的经验。经过各试点地区积极探索实践，逐步形成了一系列符合实际、可复制、可推广的操作规范和经验做法，为推动这项改革持续走向深入奠定了

坚实的基础。

三、认真把握下一阶段工作要求，确保道交纠纷“网上数据一体化处理”工作深化开展

一是提高站位，主动作为。各级银保监管机构要以习近平新时代中国特色社会主义思想为指引，牢固树立改革全局观，切实转变思想观念，提高思想站位，进一步把试点工作统一到这次会议的要求上来。要全面加强组织领导、政策配套、宣传引导，积极营造适宜试点推广的良好监管环境。要不断提升监管水平，协调解决信息共享、标准统一等问题，确保各项工作稳妥有序开展。

二是协调联动，形成合力。各级银保监管机构要自觉加强与相关部门的沟通协调，不断完善工作联系和信息共享机制。要共同研究、规范和统一损害赔偿标准与证据规则，合理保障保险活动各方当事人的合法权益。要督促保险公司积极参与调解工作，发挥保险主体在纠纷解决中的积极作用。要指导保险行业协会加强保险行业调解组织建设和调解员的选聘及管理工作，确保调解组织主体明确、设施完备、制度健全，并建立起一支专业化、高水平的保险纠纷调解队伍。

三是因地制宜，深化创新。各地要在准确把握道交纠纷“网上数据一体化处理”改革精髓的基础上，大胆探索创新，相互学习借鉴，形成竞相推进改革的生动局面。要指导保险行业进一步简化理赔索赔流程，减少理赔单证种类，推进减证便民。要进一步加强各方数据的交互和共享，探索推进与诊疗信息、信用信息等的互联互通，净化保险纠纷解决的外部环境。

同志们，持续推进道交纠纷“网上数据一体化处理”工作，对于我们在新时代进一步做好金融保险工作具有重要意义，必须下大力气切实抓好。让我们以习近平新时代中国特色社会主义思想为指导，全面贯彻落实深化“放管服”改革、转变政府职能的工作要求，积极协同各相关单位，推动道交纠纷“网上数据一体化处理”工作持续向纵深发展，为保障人民的美好生活贡献我们的力量！

在全国部分地区道路交通事故损害赔偿纠纷“网上数据一体化处理”改革试点工作推进会上的讲话

司法部副部长 刘振宇

（2018年9月19日）

同志们：

今天的会议，部署加快推进道路交通事故损害赔偿纠纷“网上数据一体化处理”改革试点工作，非常重要。刚才，听了几个试点单位作了经验介绍，从中看到试点工作所取得的阶段性成效，听了很受启发和鼓舞。

党的十九大报告明确指出，要打造共建共治共享的社会治理格局，提高社会治理社会化、法治化、智能化、专业化水平，同时强调加强预防和化解社会矛盾机制建设，正确处理人民内部矛盾。道路交通事故损害赔偿纠纷是易发多发的矛盾纠纷类型，涉及人民群众的切身利益，处理不好容易引发群体性事件，影响社会和谐稳定。人民调解在中立第三方主持下，在当事人平等自愿基础上，运用法理情相结合等方式化解矛盾纠纷，既能保证公平公正，又能实现纠纷快速有效化解，在化解道路交通事故损害赔偿纠纷方面具有独特优势，发挥了重要作用。“网上数据一体化处理”改革试点工作开展以来，各级司法行政机关积极参与，大力推进，司法行政系统试点工作取得积极成效。

一是试点工作部署扎实有效。各级司法行政机关主动加强与法院、公安、保监等部门的协调配合，立足职能，主动作为，确保试点工作在司法行政系统稳步推进。江苏、湖北省组织开展对道路交通事故损害赔偿纠纷调处工作的专题调研，为试点工作顺利开展提供第一手资料。山东省把“网上数据一体化处理”试点工作纳入法治宣传内容，引导群众自愿选择

“网上数据一体化处理”平台解决纠纷。浙江省建立健全岗位责任、纠纷登记、档案管理、统计分析、工作例会、重大纠纷集体研究、回访督促等各项规章制度，形成内部管理规范的工作制度体系。安徽省把解决道路交通事故诉讼赔偿标准与保险理赔标准的衔接作为改革试点工作的首要任务，提出采取因地制宜、逐步推进的办法，确保试点效果。

二是道路交通事故人民调解组织和队伍建设进一步加强。各级司法行政机关抓住试点工作契机，积极争取有关部门支持，在巩固已有的道路交通事故人民调解组织建设成果基础上，进一步扩大组织覆盖面，完善道路交通事故人民调解组织网络。注重选聘退休法官、交警、司法行政部门和保险监管机构工作人员以及保险行业从业人员、律师、仲裁员等担任人民调解员，积极发展专职人民调解员队伍。目前，全国共有道路交通事故人民调解组织5323个（其中调委会2868个，调解室2455），人民调解员1.7万人。湖北省道路交通事故人民调解委员会基本实现了县（市、区）全覆盖。江苏省在所有交通事故处理大队全部派驻设立人民调解工作室，配备不少于2名专职人民调解员。各地还通过多种形式加强对道路交通事故人民调解员的培训，提高道路交通事故损害赔偿纠纷调解工作能力和水平。

三是道路交通事故损害赔偿纠纷调解工作智能化水平有力提升。各地结合人民调解工作信息化建设，积极对接“网上数据一体化处理”平台，实现资源共享。上海市司法局与上海市高级人民法院实现了数据对接，并通过市高院的数据服务器，与市公安局交警总队、保险公司等单位实现了数据实时共享，相关数据模块已经开通。吉林省蛟河市装备了硬件办公设备，安装了一套远程签章系统，为“网上数据一体化处理”平台提供必要的保障。

四是道路交通事故损害赔偿纠纷调解工作成效显著。试点地区道路交通事故人民调解组织，积极运用“网上数据一体化处理”开展调解工作，引导当事人根据达成的人民调解协议申请一键理赔，快速有效化解道路交通事故损害赔偿纠纷。在调解过程中坚持依法调解、规范调解，切实维护双方当事人合法权益，促进社会公平正义。对疑难复杂纠纷，充分利用当地公共法律服务体系中律师、公证、司法鉴定、法律援助、基层法律服务工作者等系统资源，形成工作合力。试点工作开展以来，通过道路交通事故人民调解工作，极大缓解了公安交警部门、人民法院的办案压力，有力维护了社会和谐稳定。2017年，全国共调解道路交通事故损害赔偿纠纷近

70万件，2018年上半年调解32.7万件。自2017年11月试点启动以来，14个试点省市共调解道路交通事故损害赔偿纠纷34.5万件。上海市2018年上半年调解道路交通事故损害赔偿纠纷2.2万件，调解成功2.1万件，调解成功率达99.2%。安徽省通过“网上数据一体化处理”开展诉前调解的纠纷有863件（其中70件正在调解过程中），调解成功的有764件，仅1件提起了诉讼。

回顾试点以来的工作，我们取得了一些成绩，但与人民群众的需求和试点工作要求还有一定差距。如人民调解员队伍素质有待进一步提高，工作保障有待落实，有些工作还需进一步规范，信息化水平难以满足工作需要等等。

下一步，我们要进一步提高政治站位，从落实以人民为中心的发展思想、推进全面依法治国的新高度，坚持发展“枫桥经验”，实现矛盾就地化解不上交，积极打造新时代人民调解工作升级版。各级司法行政机关要认真贯彻落实四部门下发的《道路交通事故损害赔偿纠纷“网上数据一体化处理”工作规范（试行）》，积极主动作为，强力推进试点工作，明确工作任务，压实工作责任，采取有力措施，把试点工作部署和要求落到实处。要进一步整合法治宣传、村（居）法律顾问、法律援助、律师、公证、司法鉴定、基层法律服务等法律服务资源，引导当事人通过“网上数据一体化处理”平台处理纠纷，对调解不成的导入法治轨道解决，对符合法律援助条件的及时提供法律援助等，打好推进试点工作的“组合拳”。要进一步加强与公安交警部门调解、法院诉讼的衔接，积极接受有关部门的委托开展调解，依法规范人民调解协议的制作，引导通过调解协议司法确认制度强化人民调解协议的效力。要坚持共建共治共享，自治、法治、德治三治融合，大力提高智能化、信息化水平，健全完善分析研判和信息反馈机制，运用大数据等信息技术，对道路交通事故损害赔偿纠纷进行比对分析，寻找规律，构建预防和化解矛盾纠纷协同工作新格局、信息共享新机制和纠纷化解新合力。要加强调查研究和工作指导，及时解决工作中遇到的新情况、新问题，实现道路交通事故人民调解工作提质增效、提档升级。要大力加强专业性行业性人民调解队伍建设，加大培训力度，不断提升调解能力和水平，认真总结试点工作中好经验、好做法，大力宣传试点工作中涌现出的先进典型，积极营造良好社会氛围。

同志们，开展“网上数据一体化处理”试点是提高社会治理社会化、法治化、智能化、专业化的必然要求，也是人民调解工作的职责所在，让我们坚持以习近平新时代中国特色社会主义思想为指导，立足新时代，适应新要求，实现新作为，为试点工作的健康推进，为平安中国、法治中国建设作出新的更大贡献。

【家事审判论坛专题】

在“德州杯”家事审判论坛上的讲话

最高人民法院党组副书记、副院长　江必新

（2018年7月7日）

（会后修改稿）

尊敬的各位领导、各位专家学者、全国人大代表、全国政协委员、各位法院同仁，以及新闻界的朋友：

大家上午好！今天，我们来到富有“九达天衢、神京门户”之称的有德之州，参加“德州杯”家事审判论坛，总结家事审判改革试点中的成功经验，交流家事审判领域中的最新成果，探讨家事审判理论与实践中的热点和难点问题，畅谈家事审判工作在新时代新起点上如何向纵深发展，是一件非常有意义的事情。在此，我代表最高人民法院，对论坛的举办表示热烈的祝贺，并预祝论坛取得圆满成功。同时，对各位专家学者和同仁朋友为深化家事审判改革，特别是在推动家事诉讼立法方面所作出的努力和贡献表示衷心的感谢。还要特别对获奖论文的作者和单位表示热烈的祝贺。

这次论坛为我们提供了很好的总结成绩、分享经验、研讨问题的平台。刚才，玖庆书记和甲天院长分别介绍了德州市和山东省在家事审判改革方面的经验和成果，可以看出，德州市和山东省在家事审判改革方面做出了极大的努力，也取得了很好的成绩。这次评选出的论文中也有相当一部分是山东省和德州市法院的同志们写作的，希望我们各位法院系统的同志认真学习山东和德州的经验。在2018年上半年的“德州杯”家事审判有奖征文活动中，共收到全国28个省（市、自治区）法院、高校学者以及国外研究人员的418篇论文，涵盖了家事审判理论与实践、实体与程序、经验与问题等各个方面，无论数量还是质量，都达到了近年来家事审判领域的最高水准。《人民司法》杂志社组织的由专家学者和审判业务专家组成的评审委员会，评出了45篇获奖论文。这次论坛活动，汇集了中国政法大学、北京师范大学、山东大学、华东政法学院、北京理工大学、南京师范大学等高等院校的专家学者，以及来自全国21个省、自治区、直辖市的获奖作者和试点法院的法律实务同仁。希望通过这次征文和研讨活动，更加深入学习贯彻习近平新时代中国特色社会主义思想，深入研讨前期试点探索的经验和问题，充分交流理论和实践成果，碰撞出更多的思想火花，为家事审判改革提供更强大的动力和更有力的理论支撑。借此机会，我想就家事审判方式改革如何向纵深发展、达到更高水平谈几点意见，我概括为"五转"，也就是"转理念、转方式、转机制、转作风、转思路"，供大家参考。

一、转理念

转变家事审判的理念，是家事审判改革的思想和观念基础。推进家事审判改革首先要解决理念层面的问题。只有解决好理念层面的问题，才会有新的思路、新的方式、新的进路，才能取得更好的成效。理念共包括十个方面：

第一方面，要从关注形式正义的理念，转变为更加关注实质正义。在关注形式正义的前提下，要同时更加关注诉讼的实质正义。这一方面，可将民事审判和商事审判进行对比研究。如果说在商事审判中更关注形式正义的话，那么在家事审判中要更多地关注实质正义的要求，比如说在家事案件审理中要注意保护未成年人、妇女和老年人的合法权益，要加大法官的职权干预力度，对于当事人难以举证的重要案件事实，在必要时要依职权调查取证等。

第二方面，要从关注当事人诉求的理念，转变为同时关注利害相关者的需求。一般案件仅关注并解决当事人的诉求即可，但是很多家事案件在审理时，需要同时考虑利害相关者的利益和需求，比如在处理离婚案件时，需要考虑未成年子女的利益。如果当事人就子女抚养问题未达成一致，又坚持不要求人民法院处理子女抚养问题的，可以判决不准离婚。

第三方面，要从平等保护的理念，转变为同时适用差异性原则。平等保护是司法审判普遍适用的基本原则，但是平等原则在家事审判中应有着特殊的内涵，要考虑到它的差异性，尤其是要考虑到对未成年人等弱者的权益保护。如何保护未成年人的利益，很多文章的提法是“未成年人利益最大化”。《儿童权利公约》上规定的是“儿童最大利益为首要考虑或优先考虑”，还有的提法为“最佳利益原则”“以子女利益为中心”或“优先考虑儿童利益”。虽然提法不一样，但是都体现了差异性保护的理念。如何准确理解并适用，值得研究。

第四方面，要从关注诉讼的公正和效率的理念，转变为同时或者更加关注诉讼的温情和妥当。这是家事诉讼特有的诉讼价值。要充分关注当事人和关系人的需求，从工作态度、作风、语言等各个方面，在家事审判的立案、审理、执行等各个环节，给予当事人和关系人更多的人文关怀。

第五方面，要从关注当事人的诉辩主张、是非对错的理念，转变为同时关注家庭关系的和谐和当事人的人性尊严。家事审判的职能不仅是简单的分配财产和确认身份关系，还包括修复婚姻家庭关系、治愈情感、为未成年人提供监护等。不能简单地将处理财产纠纷案件的理念和方法套用于家事纠纷。要注意区分婚姻危机和婚姻死亡，正确处理保护婚姻自由与维护家庭稳定的关系。

第六方面，要从关注当事人的身份利益、财产利益的理念，转变为同时关注当事人的人格利益、安全利益、隐私利益、情感利益。对当事人的保护要从身份利益、财产利益延伸到人格利益、安全利益和情感利益，充分发挥家事审判对婚姻关系的诊断、修复和治疗作用，要为彻底化解家庭纠纷和修复家庭成员心理创伤提供条件，避免因短期化、简单化处理矛盾纠纷而造成矛盾纠纷转化升级。

第七方面，要从将子女作为监护权、抚养权的客体的理念，转变为将子女作为独立的权利主体。在审理监护权、抚养权纠纷案件时，应当充分听取八周岁以上子女的意见。必要时，人民法院可以单独询问未成年子女的意见，并提供符合未成年人心理特点的询问环境。条件具备的地区，可以探索创设未成年人利益保护人机制，由相关人员作为儿童利益保护人，代理未成年人参与诉讼。

第八方面，要从关注当事人之间纠纷解决的理念，转变为同时关注家庭关系的和谐、修复，以及当事人心理疾病的诊断和治疗。要实现家事审判司法功能与社会功能的有机结合，实现对尚未破裂的婚姻和问题家庭的救治，修复家庭成员的情感，促进家庭和睦。要借助家事审判弘扬文明进步的婚姻家庭伦理观念，推进家风建设和家庭美德建设。

第九方面，要从主要关注审判效率的理念，转变为更加关注审判效果。要认真研究探索诉前强制调解、家事调查、婚姻冷静期等制度，充分发挥家事审判对婚姻关系的诊断、修复和治疗作用，不能单纯追求审限内结案，要为家事审判“量身定制”考核评价标准，科学考评家事审判工作绩效。

第十方面，要从关注案件质量的理念，转变为同时关注“人和”目标的实现。要将案件的公正审判、高效审判和理性延伸服务结合起来，努力追求家事案件审判法律效果和社会效果相统一，力求案结事了人和，彻底化解矛盾纠纷。

二、转方式

转变审判方式是家事审判改革的重要内容。“转方式”包括十四个方面：

第一方面，要从单纯强调法律统一适用转变为同时注重家事案件的多重类型化。与其他民事案件相比，家事案件有自身的特点。同时，家事案件本身也可作类型化划分，比如根据案件性质，可分为财产性家事案件和人身性家事案件；根据案由，可分为婚姻关系案件、亲子关系案件、监护案件、扶养以及继承案件等等。不同类型的案件有其特殊的适用规则和审判方式，所以对家事案件要作类型化研究和处理。

第二方面，要从“诉外无审”“不诉不审”转变为尽量“一揽子”解决当事人的家事纠纷。比如人民法院审理离婚案件，应当对子女抚养、财产分割问题一并处理。当事人在离婚诉讼中未对子女抚养、财产分割问题提出诉讼请求的，人民法院应当向当事人释明，引导当事人明确诉讼请求。又如家事案件调解，可以不局限于当事人在一个案件中的诉讼请求，根据当事人的申请，可以一并调解有关亲属之间的其他民事纠纷，或者合并调解具有关联性的数个家事案件纠纷，力求从根本上化解矛盾。

第三方面，要从强化公开审判到有限制的公开审判、裁判文书公开。家事案件的审理及裁判文书上网，均要注重保护当事人的隐私。涉及个人隐私的家事案件，应当不公开审理。涉及未成年人的家事案件，如果公开审理不利于保护未成年人利益的，应当不公开审理。离婚案件，在开庭前应当询问当事人是否申请不公开审理，当事人申请不公开的，可以不公开审理。其他家事案件，当事人申请不公开审理的，经审查认为不宜公开审理的，可以不公开审理。需要上网的裁判文书，必要时要隐去当事人的相关信息。

第四方面，要从仅注重当事人本人到庭，转变为探索设立未成年人利益保护人（或利益代理人、程序监护人）制度。家事诉讼中构建子女利益保护人制度，主要是为了赋予离婚诉讼中未成年子女参加诉讼程序和表达自己意见的权利。德国、日本、美国等国家均建立了此制度，但是制度的具体内容和实施方面均存在较大差异。我们可以结合我国国情有选择地予以借鉴。有的法院已经引入了此项制度，下一步在改革工作中可以继续探索。

第五方面，要从“二次判离”的潜规则转变为离婚冷静期制度的设立。离婚案件中，不能将第一次判不离绝对化。同时为了防止冲动离婚，经双方当事人同意，离婚案件可以设置不超过 3 个月的冷静期。在冷静期内，可以根据案件情况开展调解、家事调查、心理疏导等工作。

第六方面，要从对当事人只发判决书或调解书，转变为同时向当事人增发离婚证明书。判决或者调解离婚的案件，根据当事人的申请，可以为当事人同时出具离婚证明书。

第七方面，要从单纯追求“案结事了”转变为推动延伸理性化的审判职能。要遵循家事审判规律，积极借助各方力量，注重调解、判前调查、判后跟踪和回访，努力追求家事案件审判法律效果和社会效果相统一。

第八方面，要从强调义正辞严的说理，转变为同时强调情理法的结合。要提高家事案件裁判文书的质量，提高法律适用的准确性和说理的逻辑性，同时要注意情理法相结合。有的法院作出的判决文书后附有“法官寄语”，是这方面的有益探索。

第九方面，要从单纯强调庭审为中心，转变为庭前、庭中、庭后同时着力。除庭审外，还应当注重全程调解、判前调查、判后跟踪和回访。案件审结后还可采取发布典型案例、以案说法等各种方式，积极宣传家事审判改革中的新理念、新制度、新模式、新方法，让社会各界充分认识并全面了解家事审判改革在家庭建设、社会建设和社会治理中的重要作用，为人民法院的工作争取更多的理解和支持。

第十方面，要从机械遵循辩论主义诉讼模式转变为适当强化法官的职权探知的诉讼模式。对于与未成年人利益保护相关的事实以及当事人确实难以举证的重要案件事实，要依职权进行举证责任转移告知或依职权调查取证。同时要完善家事调查程序，完善家事调查制度和规范。

第十一方面，要从完全尊重当事人的处分原则转变为对当事人处分权的适当干预。对于监护权纠纷、探望权纠纷、抚养纠纷等涉及未成年人的案件，要防止其父母作出不利于未成年子女的处分。

第十二方面，要从主观判断感情是否破裂，转变为客观判断婚姻关系能否维系。处理家事案件特别是离婚案件，要将认定感情破裂的标准由法官的感性认识转化为采用客观标准，通过法官依职权调查、委托家事调查员调查、委托心理咨询师疏导评估等方式，逐步建立起判断婚姻家庭状况的客观科学标准。

第十三方面，要从单独依赖法庭调查，转变为更多地依靠大数据和客观证据，甚至“模拟实验”等技术手段的应用。要积极结合智慧法院建设，主动拥抱现代科技，推动家事审判的信息化。按照网络化、阳光化、智能化要求，凸显家事审判方式改革的先进性和时代感，同时借助现代化科技手段，丰富调查取证的手段和方式，充分利用调查报告和综合信息平台获取的大数据，将之作为裁判结果作出的客观依据。

第十四方面，要从单纯关注案件纠纷的解决，转变为同时关注家庭暴力的预防和完善极端事件的防控。对于申请人身安全保护令的案件，经审查认为存在家庭暴力风险的，应当及时发出人身安全保护令。要高度重视家事案件的潜在风险，防止民事案件转化成刑事案件。对家事法官要加强安全保障措施，对于特殊敏感案件要加大安全保障及警力支持，尽量避免极端事件的发生；有条件的法院可以给予家事法官及司法辅助人员特殊工作的特殊津贴，切实加强家事法官的职业保障和安全保障。

三、转机制

转机制是家事审判改革的核心部分。“转机制”主要包括以下七个方面：

第一方面，要从法院的“单打独斗”，转变为构建社会化工作格局。要按照党的十九大报告提出的打造共建共治共享社会治理格局的要求，在依法审理好家事案件的基础上，积极争取各级党委的领导和政府的支持，动员和激励社会各界力量协同参与这项系统工程。要争取多机关的支持、多部门的配合、多主体的参与、多资源的利用，通过联席会议制度等具体方式，进一步建立与司法行政、妇联、共青团、民政、公安、检察等多部门协同联动机制，实现信息资源共享，创新有效预防和化解家庭矛盾的机制。

第二方面，要从单纯依靠法官的法庭教育疏导，转变为引入心理专家和社会各方参与的疏导和干预。要切实加强家事案件审理中的心理疏导工作，特别注重建立和加强与当地政府有关机构、有关心理学组织机构以及心理学教育研究机构的协作机制建设，借助专业力量全面加强对家事案件当事人的心理疏导，促进家事审判工作与社会学心理学专业深度融合。

第三方面，要从法官的单独审判，转变为打造专业化的审判团队。要积极推进家事审判队伍正规化、专业化、职业化建设。一方面，审理家事案件，应当由熟悉婚姻家庭审判业务，掌握相关社会学、教育学和心理学知识，善于做群众工作的法官进行。另一方面，要探索通过引入社工、社会团体工作人员和政府向社会购买服务等方式，配备专门从事家事调查、家事调解、心理测试、心理辅导等辅助工作的人员，协助开展家事审判工作。

第四方面，要从事后处理转变为注重事前预防。家事纠纷多为日积月累产生，若能防患于未然或将纠纷解决于萌芽状态，将会收到事半功倍的效果。要以联席会议制度为依托，积极延伸家事审判的社会辐射功能，与社会治理、司法行政、民政、妇联、街道等部门建立长效协作机制，有效预防家事纠纷的产生。比如山东省武城县人民法院在民政局成立家事指导中心开展婚期辅导和离婚调解工作，就是这方面的有益探索。

第五方面，要从单纯依靠法院审判，转变为家事纠纷多元化解决。人民法院对争议解决的终局性特点，决定了民事诉讼不能也不应成为纠纷化解的唯一手段。多元化纠纷解决机制的建设中，家事领域的纠纷化解是重要组成部分。多元化纠纷解决机制建设的深度、广度以及科学性、有效性，直接影响家事审判方式和工作机制改革的全面推进。家事纠纷的预防和解决要依靠全社会力量，充分发挥调解、仲裁、和解、协商等多种机制的作用。

第六方面，要从关注结案后的执行，转变为关注审前财产申报和诉前保全。在审理案件时，要考虑到裁判后的执行情况。对于涉及财产分割问题的离婚纠纷案件，在向当事人送达受理案件通知书和应诉通知书时，应当同时送达《家事案件当事人财产申报表》，并明确告知当事人不如实申报财产应承担的法律后果。对于涉及未成年人、妇女和老年人合法权益保护的案件，根据当事人的申请，必要时予以诉前保全。

第七方面，要从普遍适用的法官准入机制和考核机制，转变为建立具有特色的家事法官准入机制和考核机制。要在司法体制改革的大背景下，充分考虑家事审判的特殊性，培养和组建具有专业知识和专业技能的家事审判团队。特别是在健全员额退出、交流、增补、选拔机制时，要综合考量家事审判法官的业务能力需求，探索符合家事审判工作特点的审判团队组建模式。要为家事审判“量身定制”考核评价标准，科学考评家事审判工作绩效，体现家事审判工作特殊性，鼓励和吸引更多优秀法官投身家事审判工作。

四、转作风

转作风是家事审判改革的重要保障。家事审判改革，必须建立一支强有力的队伍，尤其是要转变家事审判队伍的作风。从事家事审判仅靠坐堂问案是行不通的。“转作风”主要包括八个方面：

第一方面，要从因循守旧转变为改革创新。家事案件的自身特点决定了家事诉讼程序既要符合民事诉讼基本要求，又需要构建不同于其他民事诉讼的特别程序，以体现和尊重家事诉讼的个性化需要。改革需要创新，创新要守住三条底线：不能违反合法有效的强制性规范；不能侵犯国家、社会和他人利益；不能不适当扩大法院职权，不能不适当增加当事人义务。在此基础上，家事审判改革创新的空间很广。

第二方面，要从观望等待转变为主动作为。当前家事审判方式和工作机制改革在取得成绩的同时，也面临很多问题和不足。比如有的法院为了改革而改革，作秀的成分多，真正实用的措施少，试点改革要求做的规定动作没有落实。要积极转变理念，勇于探索，主动作为。

第三方面，要从抽象回应转变为落细落小。搞家事审判不能抽象赞成，具体落空；不能“雷声大，雨点小”；不能只做表面文章，不真抓实干；更不能阳奉阴违。必须将改革理念转化硬化为制度和机制；将改革的热情见之于实际行动；将改革的理想转化为实际效果。

第四方面，要从形式外观转变为实质推进。有的法院硬件建设很好，但是按照改革目的审理的案件数量不多。家事审判改革，一方面要不断完善符合家事审判特点的硬件设施，另一方面，要在工作理念、审判方式、工作机制等“软件”方面充分体现家事审判的人文关怀和司法温情。

第五方面，要从典型个案转变为普遍实操。家事审判改革可以从个案开始，但是不能停留在个案。改革试点的目的是为了形成经验，由点到面，在全国范围内推广，把“亮点”变成“风景线”。所以，家事审判改革的创新举措要充分考虑是否可复制、可推广。

第六方面，要从主观臆断转变为客观综合分析。比如判断感情是否完全破裂、父母哪一方更适合直接抚养未成年子女，如果缺乏法理的、社会的、人文的准确判断，作出的判断是比较主观的，至少依据是不充分的。所以要通过法官依职权调查、委托家事调查员调查、委托心理咨询师疏导评估等方式，逐步建立起判断婚姻家庭状况的客观科学标准。

第七方面，要从坐堂问案转变为大量的调研访谈。法律实施要靠推理来完成，但是家事案件的处理不能仅靠推理判断。家事案件的处理更需要生活经验。家长里短就是案件事实，日常生活也是案件事实。所以对于案件事实的把握，需要深入民间，进行充分的调查。

第八方面，要从消极司法转变为能动司法。无论是特邀调解、依职权调查、委托家事调查还是委托心理疏导，都需要人民法院主导进行，所以家事法官需要增强工作的主动性和积极性。

五、转思路

转思路是家事审判改革的重要条件。主要有六个方面：

第一方面，要坚持问题导向与目的导向相结合。改革首先是要解决问题，需要坚持问题导向，但是同时也需要有目的导向，有系统思维，二者不能偏废。如果仅有问题导向，解决了这个问题，那个问题又冒出来了，容易从一个极端走向另一个极端。所以要用系统思维，要同时坚持目的导向。这次有很多文章把问题讲得很透彻，但是如何看待、研究、解决这些问题，需要准确认清改革的目的。

第二方面，坚持重点突破与配套制度相结合。重点突破是指改革要抓住主要内容，但同时要有配套制度。比如要全面推行家事调查程序，从调查员选任、调查事项范围、调查开展方式、调查报告形成、调查报告的定位等多方面都要跟上，家事调查制度才能更加规范和完善。

第三方面，要坚持破旧立新与反向预设相结合。改革就是要破旧立新，但是“立新”以后，要思考会不会产生新的问题，如果有新的问题，如何预防和解决，这叫作“反向预设”。也就是说，建立了新的制度以后，不能仅仅考虑它的优势和长处，一定要考虑到它可能带来的弊端，并且要预设防止其弊端的制度和机制。老实说，我们的家事改革也是有弊端的，比如说面对如此高的工作要求，一年能审多少案子、“案多人少”的矛盾怎么解决，这就是新的问题。这个问题怎么解决？要有出路和出口，这是我们下一步需要着重思考的问题。

第四方面，坚持科学公正客观与效率价值相结合。我们讲科学性，讲公正客观，都是需要成本的，那么怎么提高效率？必须做到二者的统一。一方面要加强对家事法官的培训，另一方面，需要为家事审判量身定制考核评价标准，结案数量和结案率不能成为唯一的考核标准。

第五方面，坚持个案效益与制度效益相结合。个案要做好，但关键还是要以点带面。“点”能不能带动“面”，能不能形成制度效益，需要坚持有制度正义和制度理性。

第六方面，坚持实践推进与规范形成相结合。在实践中大胆探索，最终要形成司法解释等规范，并推动相关的立法。只有这样，家事审判改革的成果才能固化和持久。要积极探索和推动中国特色家事诉讼特别程序的构建，以此推动家事特别程序法的立法进度。

以上观点不一定正确、全面，仅供大家参考，欢迎大家批评指正。

预祝本次论坛取得圆满成功。谢谢大家！

【司法政策理解与适用专题】

《最高人民法院关于进一步深化家事审判方式和工作机制改革的意见（试行）》的理解与适用

程新文* 刘 敏** 方 芳*** 于 蒙****

2018年7月18日，最高人民法院发布《最高人民法院关于进一步深化家事审判方式和工作机制改革的意见（试行）》（法发〔2018〕12号，以下简称《意见》（试行））。《意见》（试行）的发布，对于发挥家事审判职能作用，进一步深化家事审判方式和工作机制改革，将发挥重要的指导作用。为便于司法实践中正确理解与适用，现就《意见》（试行）的制定背景与经过、起草中坚持的基本原则和主要内容等介绍如下。

一、《意见》（试行）制定的背景与经过

婚姻是家庭的基础，家庭是社会的细胞。新中国成立以来，随着我国经济的发展和婚姻家庭领域立法的完善，我国的婚姻家庭建设取得了不小的成就，近年来，随着我国经济社会发展进入新常态，我国城乡居民的家庭结构、广大人民群众的婚姻家庭观念以及家庭的财产规模和理财模式等都发生了巨大变化。根据统计数据显示，近十年来，我国的离婚率持续攀升，人民法院审理的婚姻家庭抚养继承等家事纠纷案件数量也持续上升，同时案件类型趋于复杂多样，矛盾化解难度不断加大。与此同时，伴随着离婚数量的不断增长，诸如未成年人抚养教育、妇女权益维护、老年人赡

* 最高人民法院民一庭庭长。
** 最高人民法院民一庭副庭长。
*** 最高人民法院民一庭主审法官。
**** 最高人民法院民一庭法官。

养等社会问题频发，对婚姻家庭和谐稳定提出了新的巨大挑战，也对社会经济、政治、文化、管理等带来不同程度的影响和冲击。家事纠纷的矛盾化解难度不断加大，暴露出传统家事审判方式方法与经济社会发展需求和人民群众多元化司法需求的不相适应，不同地区间家事审判工作的创新、改革和发展也显现出不平衡不充分等突出矛盾。

为适应我国社会主要矛盾转化，全面改进家事审判工作，维护婚姻家庭和谐和社会稳定，2016 年 5 月 11 日，最高人民法院召开部分法院家事审判方式和工作机制改革试点工作视频会议，在全国选择 118 个中基层人民法院，自 2016 年 6 月 1 日起，开展为期两年的家事审判方式和工作机制改革试点工作。视频会上，最高人民法院下发了《最高人民法院关于开展家事审判方式和工作机制改革试点工作的意见》及六个参阅件，以指导改革试点工作。其中，六个参阅件是在部分地方法院经实践探索形成的做法和经验的基础上形成，由最高人民法院起草，分别以北京高院、广东高院、江苏高院、福建高院、广西高院、河南高院的名义下发，名称为《家事审判工作试点法院队伍建设有关工作的意见（试行）》《家事案件审理规程（试行）》《家事案件调解工作规则（试行）》《家事调解员管理办法（试行）》《家事案件调查工作规则（试行）》和《家事案件心理疏导工作指引（试行）》。

经过两年的试点工作，试点法院积累了很多新的经验和做法，家事审判方式和工作机制改革取得了很好的成效。为进一步深化开展改革工作，2018 年 5 月，最高人民法院在吸收试点法院经验和做法的基础上，以上述六个参阅件为基础，进行了整合、分析、补充、删除和提炼，形成了《家事案件审理规程（试行）（征求意见稿）》，并向本院各部门、各地方高院、全国妇联、司法部和国家卫生健康委征求意见。2018 年 7 月，在吸收各方反馈意见的基础上，最高人民法院对《家事案件审理规程（试行）（征求意见稿）》又数次讨论、修改、精简、合并，形成了《意见》（试行），并在家事审判方式和工作机制改革试点工作总结大会暨家事审判方式和工作机制改革联席会议第二次全体会议上作为会议文件之一下发。《意见》（试行）在全国范围内推行，目的是进一步提高家事案件审判质量和水平，全面推动家事审判改革工作向纵深发展，为新时代家庭文明建设提供更加有力的司法服务和保障。

二、《意见》（试行）坚持的基本原则

在《意见》（试行）的起草过程中，主要坚持了以下基本原则：

一是在现有规范基础上适当探索原则。我国目前虽然没有家事程序特别法，但是程序上，有适用于所有民事案件的民事诉讼法；实体上，有婚姻法、收养法、继承法、反家庭暴力法等法律及相应的司法解释。《意见》（试行）起草时，在既有法律框架内和现行司法解释基础上，根据家事案件的特点，吸收试点法院比较成熟的经验和做法，在司法辅助人员队伍建设、注重对当事人的人文关怀和隐私保护、加强法官的职权探知、保护弱者的利益等方面做了适当的探索。《意见》（试行）作为指导性文件，在内容上具有原则性，一方面根据已有的规定对下指导，另一方面，也鼓励各级法院在规定的具体实施及尚未作出规定的内容作出自己的探索。

二是始终贯穿保护未成年人利益理念原则。在家事案件中，对保护未成年人利益加以规定是很多国家民事诉讼法的共同规定。我国未成年人保护法第五十条虽然规定了“公安机关、人民检察院、人民法院以及司法行政部门，应当依法履行职责，在司法活动中保护未成年人的合法权益”，但目前我国有关在司法程序中保护未成年人利益的规定主要体现于民法总则、婚姻法等实体法中，民事诉讼法尚无专门规定。《意见》（试行）从改革的方向目标、家事调查的事项和方式、心理疏导的情形和对象、抚养权确定前的询问、子女抚养应和离婚事项一并处理、依职权调查取证等方面对家事审判中如何保护未成年人利益作了具体规定。

三是一般性与特殊性相结合原则。家事案件是民事案件的类型之一，但与其他民事案件相比，又有自己的特点。《意见》（试行）在遵循一般民事案件基本诉讼规则的基础上，针对家事案件的特殊性，作了一些特别规定。比如审判理念方面，在保护当事人的身份利益、财产利益的同时，要延伸到人格利益、安全利益和情感利益的保护；审判职能方面，在追求案结事了的同时，要注重人和，要发挥家事审判对婚姻关系的诊断、修复和治疗作用；工作方式方面，在尊重当事人的处分权和遵循辩论主义模式的同时，在特定情形下要强化法官的职权探知、自由裁量和对当事人处分权的适当干预等。

三、《意见》（试行）的主要内容

《意见》（试行）共分六个部分，分别为总体要求、家事调解、家事调

查、心理疏导、审理规程和队伍建设，共计49个条文。本文择其中的几个问题重点介绍：

（一）区分婚姻危机和婚姻死亡

《意见》（试行）在总体要求部分第3条中提出要“注意区分婚姻危机和婚姻死亡，正确处理保护婚姻自由与维护家庭稳定的关系”。所谓危机婚姻，是指虽然存在危机和风险，但尚可以调和、可以挽救的婚姻。所谓死亡婚姻，是指破裂已成必然，无法挽救或者没有挽救价值的婚姻。对于危机婚姻和死亡婚姻应分别适用不同的处理方式。对于危机婚姻，要尽力挽救；对于死亡婚姻，如果一方要求离婚的，应考虑支持其诉讼请求。

区分婚姻危机和婚姻死亡，有利于减少冲动离婚，同时可帮助当事人提高婚姻质量。通过梳理2014－2017年四年来全国法院审结的一审家事案件可发现，离婚案件在家事案件中占比最高，且数量在逐年增长。2014年，全国法院共审结一审离婚纠纷案件111.2万件，占家事案件的68.68%；2015年，全国法院共审结一审离婚纠纷案件118.4万件，占家事案件的68.32%；2016年，全国法院共审结一审离婚纠纷案件140.1万件，占家事案件的79.97%；2017年，全国法院共审结一审离婚纠纷案件143.3万件，占家事案件的78.3%。与此同时，根据民政部发布的数据显示，民政部门离婚登记对数和粗离婚率亦在逐年递增，我国夫妻离婚数量和离婚率已经连续15年增长。总体来看，离婚数递增，有着复杂的经济、社会原因，如社会包容性增加、价值观和生活方式的开放和多元、当事人注重婚姻自由、夫妻双方对婚姻质量的要求提高、女性经济独立和地位提高、婚姻契约精神的淡化、婚姻家庭道德责任的弱化、离婚手续的简化、社交网络的普及化、职业和地域流动频繁致使两地分居、独生子女的个人特征和为人处事方式、畸形婚恋事件的媒体效应等。从离婚类型来看，大致分为感情破裂型离婚、规避政策型离婚和冲动型离婚三类。感情破裂型离婚，离婚当事人大多经过了慎重考虑，离婚意愿往往不易改变。规避政策型离婚，离婚当事人趋利性明显，是为了规避有关分房、分地、买房、申请低保、获取更多拆迁补偿等政策而提出的离婚。冲动型离婚，离婚当事人多是因为草率结婚或缺乏有关婚姻方面的知识，以致夫妻反目。其中诉至法院的，多为感情破裂型离婚和冲动型离婚。区分危机婚姻和死亡婚姻，就是要查明当事人诉请离婚的具体原因，在此基础上，甄别出是否属于冲动型离婚或者感情尚未完全破裂的离婚，询问当事人是否全面了解了婚姻方面的知识，是否知晓离婚的法律后果，是否存在化解矛盾的可能等，在此前提下再有针对性地开展调解、调查、心理疏导等工作。另一方面，如果经过查明发现，一方离婚意愿强烈，或者存在家庭暴力等行为使得婚姻难以维系的，则应当及时调离或判离，保障当事人的婚姻自由。

（二）调解前置制度

家事案件应注重调解，是由家事纠纷的特点决定的。与其他民事纠纷相比，家事纠纷具有复合性，表面上看，家事纠纷涉及财产分割、抚养费、赡养费等支付金钱的请求，其根本则是夫妻间、亲子间、亲属间情感上和心理上的纠葛。其基于身份关系产生，关乎感情、亲情和道德，具有浓厚的人伦、情感与习俗色彩，同时又具有私密性和隐匿性。这些特点决定了对于解决家事纠纷，调解具有重要性和特殊性。传统的民事审判模式追求非此即彼的审判结果，比较刚性。但家事纠纷很多时候并没有明显的争议点，往往是生活中的矛盾积累而成，无法简单地分辨是非对错。而调解，一方面可以更为柔和、灵活和隐蔽，可以减少双方当事人之间的对立，有利于促使当事人在平和状态下达成协议；另一方面，调解的范围更广，调解时如果发现调解的家事纠纷与其他民事纠纷存在关联的，只要双方当事人同意，可以进行合并调解，实现一揽子解决，从而实现更好的社会效果。

家事案件调解前置制度，是指家事案件在立案后进入审判程序之前，必须经过调解。此制度在许多国家和地区都被作为家事案件的审判原则。比如我国台湾将家事事件分为甲乙丙丁戊这五类，并规定对于甲乙丙戊类事件，在法院裁判前应当经法院调解；丁类事件因为通常不具有诉争性，不是强制调解，但当事人之间如果存在一定的争执时，可自愿申请法院调解①。我国大陆对于一般民事案件，则没有规定调解前置②，有关强制调解的规定主要见于离婚案件和简易程序案件。根据婚姻法第三十二条第二款规定，“人民法院审理离婚案件，应当进行调解……”；根据《最高人民法

① 见我国台湾地区“家事事件法”第三条、第二十三条规定。

② 根据我国民事诉讼法第九十三条规定，人民法院审理民事案件，应当根据当事人自愿的原则进行调解。

院关于适用简易程序审理民事案件的若干规定》第十四条规定，“下列民事案件，人民法院在开庭审理时应当先行调解：（一）婚姻家庭纠纷和继承纠纷；……”。因家事案件在司法实践中大多数是通过简易程序审理，故家事案件适用先行调解的比例还是很高的。

基于家事案件的特点，综合现有的法律规范，《意见》（试行）在第二部分规定了人民法院审理家事案件，应当将调解贯穿案件审判全过程，同时规定了对于适宜调解的纠纷，登记立案前，经当事人同意或者人民法院依职权，可以委派调解。在理解和适用上述规定时，应当注意以下几点：

1. 审理家事案件应当进行调解，这是原则性规定，但不能绝对化理解和机械化适用

根据案件的性质和当事人的实际情况不能调解或者显然没有调解必要的，不需要调解前置。比如诉请确认婚姻无效的案件、请求确认或否认亲子关系的案件、申请人身保护令的案件等不适用调解；存在公告送达等情形的，因无法联系上一方当事人，自然无法调解；存在家庭暴力的离婚案件，如果受害方坚决要求离婚的，为了保护受害方的人身权益，一般不得调解和好。在调解过程中，如果一方当事人明确表示不愿继续调解的，应当终止调解。在其他情形下，家事法官还是应当增强调解意识，拓展调解方式，创新调解机制，提高调解能力。

2. 依托特邀调解，充分利用现有调解力量

人民法院对争议解决的终局性特点，决定了民事诉讼不能也不应成为纠纷化解的唯一手段。家事纠纷的解决不能靠法院一家单打独斗，要依托多元化纠纷解决机制，做好家事领域的纠纷化解工作。家事案件的调解，不能只靠法院调解，要充分利用人民调解、行政调解、商事调解、行业调解等现有的调解力量。特邀调解，正是人民法院与这些调解力量之间的一种衔接方式①，对健全多元化纠纷解决机制，加强诉讼与非诉讼纠纷解决方式的有效衔接有着重要意义。家事案件的处理，要充分利用这一制度。有关特邀调解的相关具体规定，适用《最高人民法院关于人民法院特邀调解的规定》。应当注意的是，为了适应家事案件的特点，人民法院可以设

① 《最高人民法院关于人民法院特邀调解的规定》第一条：特邀调解，是指人民法院吸纳符合条件的人民调解、行政调解、商事调解、行业调解等调解组织或者个人成为特邀调解组织或者特邀调解员，接受人民法院立案前委派或者立案后委托依法进行调解，促使当事人在平等协商基础上达成调解协议、解决纠纷的一种调解活动。

立家事调解委员会，设定专业调解委员会的入册条件，规范专业领域特邀调解程序。对于家事案件的处理而言，无论是特邀调解还是法院内设调解机构，形式不是重点，重点是调解员的资质和能力，以及能否根据家事案件的特点设置相应的调解程序。

（三）加强法官职权探知

家事案件不但涉及双方当事人的利益，还可能涉及多数关系人的利益，甚至影响社会秩序和国家公益。因此，家事审判不仅需要形式上的公正，更需要实质公正的实现。为达到实质公正的要求，家事审判要求法官加强职权探知。

加强法官职权探知，在普通民事诉讼中适用的处分原则和辩论主义应受到一定限制，以保证裁判的公平、正义及妥当，实现当事人之间实质的公平，维护诉讼中弱势群体的利益。比如我国台湾地区规定，除了离婚、终止收养关系、分割遗产或其他当事人可以处分的事项以外，法院审理家事事件，认为有必要时，可以斟酌当事人没有提出的事实，并依职权调查证据[①]。即便对于前述几种案件，如果有涉及家庭暴力或有危害未成年人子女利益之危险的、当事人自认以及没有争执的事实显然与事实不符等情形的，法院依然可以依职权调查证据。

我国大陆仅在司法解释与司法文件中对涉及身份关系的案件、婚姻无效的案件与涉及夫妻债务的案件有适用职权探知主义的规定，[②] 但民事诉讼法作为适用于所有民事案件的程序法，仍遵循了以当事人辩论主义为主的诉讼模式，比如当事人对自己提出的主张有责任提供证据、尊重当事人对自己诉讼权利和实体权利的处分等。若在家事案件中完全遵循这一模

---

① 见我国台湾地区“家事事件法”第十条规定。

② 《最高人民法院关于民事诉讼证据的若干规定》第八条第一款规定“诉讼过程中，一方当事人对另一方当事人陈述的案件事实明确表示承认的，另一方当事人无需举证。但涉及身份关系的案件除外。”

《最高人人民法院关于适用〈中华人民共和国婚姻法〉若干问题的解释（二）》第二条规定“人民法院受理申请宣告婚姻无效案件后，经审查确属无效婚姻的，应当依法作出宣告婚姻无效的判决。原告申请撤诉的，不予准许”、第三条规定“人民法院受理离婚案件后，经审查确属无效婚姻的，应当将婚姻无效的情形告知当事人，并依法作出宣告婚姻无效的判决。”

《最高人民法院关于依法妥善审理涉及夫妻债务案件有关问题的通知》第二条规定“……未具名举债一方不能提供证据，但能够提供证据线索的，人民法院应当根据当事人的申请进行调查取证……”。

式，则可能与家事案件的价值取向不相一致，不利于家事纠纷的妥善解决。但目前，我国大陆对家事纠纷并未设立独立的审判程序。在这种情形下，我们应在现有规定的基础上，结合个案情形进行妥善处理。比如民事诉讼法第六十四条第二款规定“当事人及其诉讼代理人因客观原因不能自行收集的证据，或者人民法院认为审理案件需要的证据，人民法院应当调查收集”，在具体个案中，如何认定“审理案件需要”，对于家事案件，应着重考虑是否存在保护弱势群体或者保护社会公益的需要。基于此，《意见》（试行）第42条规定，监护权纠纷、探望权纠纷、抚养纠纷等涉及未成年人的案件，对于与未成年人利益保护相关的事实，人民法院应当根据当事人的申请或者依职权进行调查取证。第43条第2款规定，当事人自认的涉及身份关系确认或社会公共利益的事实，在没有其他证据证明的情形下，一般不能单独作为定案依据。如亲子关系案件中，假如女方作出其婚生子女与男方不具有血缘关系的自认，因关系到子女的利益，法院不能仅因女方自认作出相关事实认定，必须有其他证据支持。

加强法官的职权探知，应充分利用家事调查制度。家事审判改革中，家事调查员是司法辅助人员中的重要一员，《意见》（试行）对家事调查员的任职条件和选任程序都作了规定。实践中，如果同一人兼具调解员和调查员的任职条件，可以兼任。是否委托家事调查员调查，由人民法院根据案件审理需要决定，比如涉及未成年人的抚养纠纷，父母哪一方更适合直接抚养子女，除当事人自己的举证之外，人民法院可委托家事调查员就双方当事人的个人经历、性格、教育程度、身心状况、家庭情况、夫妻关系、居住环境、工作情况以及各方对子女的抚养情况、与子女的相处模式、子女的心理状况、学习状况等进行调查。

应当注意的是，加强法官的职权探知，并非适用于所有的案件。加强法官职权探知，主要是为了防止当事人的诉讼行为侵害弱势群体的利益或社会公益，对于公益性较弱且不涉及弱势群体权益保障的家事案件，还是应当遵循一般民事案件审理应遵循的当事人意思自治理念，适用辩论主义。我国台湾地区有明确规定，对于离婚、终止收养关系、分割遗产或其他当事人可以处分的案件，除非存在家庭暴力等情形，否则法院判决不可基于当事人未提出的事实，对于离婚或撤销婚姻的诉讼事件，就不利于维持婚姻之事实，法院不得斟酌当事人所未提出之事实。[1] 即当家事案件公益性较弱或不涉及弱势群体利益时，除法定特殊情形外，法院不主动干预，严格在当事人主张范围内认定事实。这体现了对家事案件应区分不同类型进行不同处理的理念。我们在处理家事案件时，也应秉持这一理念。在《意见》（试行）起草过程中，对于法院依职权调查取证的范围，删除了草稿中“一方与第三方同居、重婚”等情形，就是因为我们考虑到在离婚案件中，除了家庭暴力情形之外的其他法定离婚情形是否存在，涉及当事人之间的隐私，影响的主要是双方当事人的利益，故而法院不宜过多干预，相关事实应由当事人自行举证证明。

（四）离婚冷静期制度

离婚冷静期制度，是指在离婚案件作出裁判之前，经征得双方当事人同意，人民法院设置一定的暂缓裁判的期间，便于双方当事人冷静下来，在充分地考虑相互未来的关系、离婚的利弊权衡、子女的抚养方式、家庭财产的分割等离婚相关的问题后，再作出离婚与否的决定。

目前，我国婚姻法及相关的司法解释中未对离婚冷静期制度作出规定。1994 发布的《婚姻登记管理条例》第十六条规定婚姻登记管理机关对当事人的离婚申请进行审查有一个月的审查期，自受理申请之日起一个月内，对符合离婚条件的，应当予以登记；2003 年发布的《婚姻登记条例》废止了《婚姻登记管理条例》，上述规定也没有延续下来，而是改为了《婚姻登记条例》第十三条“婚姻登记机关应当对离婚登记当事人出具的证件、证明材料进行审查并询问相关情况。对当事人确属自愿离婚，并已对子女抚养、财产、债务等问题达成一致处理意见的，应当当场予以登记，发给离婚证”。实践证明，离婚程序的进一步简化，带来了离婚率的大幅增加。根据民政部数据统计，自 2003 年以来，我国夫妻离婚数量和离婚率已经连续 15 年增长。人民法院受理的离婚案件数量亦在逐年上升。伴随着离婚数量的不断增长，单亲家庭中未成年人的抚养教育、离婚后妇女的权益维护、老年人的赡养等社会问题也逐渐凸显，对家庭和谐和社会稳定提出了巨大挑战。面对现状，各地法院开始针对如何减少冲动离婚作出了自己的探索：有的地方法院结合现实情况增设“6 个月感情冷静期”，有

① 见我国台湾地区“家事事件审理细则”第十五条规定。

的地方法院给诉讼离婚的夫妻一定期限的思考期，都发挥了很好的现实效果。《意见》（试行）结合各地的做法，归纳总结为离婚冷静期制度，故该制度的产生实际上源于实践。

我国设立离婚冷静期制度有着重大意义：第一，设立冷静期制度能够减少冲动型离婚。在离婚率持续增长的情形下，如何正确处理保护婚姻自由与维护家庭稳定的关系，成为全社会都要面对的一个难题。设立离婚冷静期制度正是人民法院应对这一问题所作出的探索之一。分析离婚的原因，离婚大致分为感情破裂型离婚、规避政策型离婚和冲动型离婚三类。对于冲动型离婚，离婚当事人多是因为草率结婚或缺乏有关婚姻方面的知识，以致夫妻反目。如果给予双方一定的婚恋辅导和冷静期间，使得双方都充分了解离婚的法律后果，双方解开心结、化解矛盾，从而实现和解的可能性是很大的，因此，设立冷静期制度对于减少冲动型离婚无疑有着重要的意义。第二，设立冷静期制度能够减少双方当事人之间的对抗，消除因离婚引发的社会隐患。冷静期内，人民法院虽然暂缓裁判，但并非将案件置之不理。《意见》（试行）第40条规定，在冷静期内，人民法院可以根据案件情况开展调解、家事调查、心理疏导等工作。通过调解和心理疏导，无论是调和还是调离，都可以减少当事人之间的情绪对抗，让双方当事人预知离婚后的法律后果，减少当事人因法院判决离婚后产生的负面情绪。第三，设立冷静期制度有利于人民法院对案件更准确地作出裁判。通过在冷静期内进行家事调查，可以对相关事实了解得更加清楚，比如是属于婚姻危机还是婚姻死亡、婚姻危机产生的原因及能否化解、子女归谁抚养更有利于保护子女的利益等，在此基础上，即使没有调解成功，人民法院在作出裁判时依据也能更加充分。

冷静期制度并非我国独创。由于冲动离婚是当下很多国家都会面临的社会现象，很多国家虽然具体规定不同，但都会在离婚程序中增设一个期间。比如韩国，离婚方式有协议离婚与判决离婚两种，但其协议离婚也是由法院通过审判程序办理。近年来由于离婚率的上升，韩国对协议离婚增加了“熟虑期间”。其民法第836条规定，如果双方当事人有合意，向法院申请确认离婚意旨，在法院提供关于离婚的说明后，应经过一个“熟虑期间”，上述期间过后如果仍坚持离婚，可以得到法院离婚意思确认证，持有此确认证才可以进行离婚申请。有子女的夫妻离婚，熟虑期间为3个月，无子女的则为 1 个月。[①] 对于判决离婚，韩国则采用了过错原则，单纯感情破裂或者分居不能成为离婚理由。再如英国，其离婚法的改革经历了一个由追求离婚自由到支持婚姻家庭的回归，由追求离婚程序简化到程序逐渐严谨化的过程。1969 年制定的离婚改革法以破裂主义原则作为离婚判决的唯一依据，但规定了限定条件即结婚之日起 3 年内不准提交离婚申请（1984 年将此期间修改为 1 年），防止轻率离婚；1996 年离婚法规定法院收到当事人提交的离婚破裂声明 14 天起，进入为期 9 个月或 15 个月的反省和考虑期，促使当事人考虑婚姻是否可以挽救以及不能挽救的话如何对将来作出安排。虽然后来 1996 年婚姻法没有实施，但其体现出来的价值追求值得借鉴。[②]

离婚冷静期制度在适用时要注意以下几点：首先，离婚冷静期制度的适用要尊重当事人的意愿，要以双方当事人同意为前提。如果一方不同意设置冷静期的，不能强制适用；在冷静期内，如果一方要求终止的，应当及时终止。其次，离婚冷静期的期间长短可根据实际需要设置，但最长不得超过 3 个月。这主要是为了防止久拖不决的现象。再次，冷静期内暂缓裁判，不等于完全不作为。人民法院可利用此期间进行调解、必要的家事调查和心理疏导，以便进一步查明相关事实。最后，应当认识到，设置离婚冷静期的意义不仅体现于劝和，如果双方离婚意愿坚决，但是通过冷静期的工作，使得双方能够对子女抚养、财产处理妥善处理，最终和平分手，也是该制度设置的重大意义体现。

① 参见刘红梅：《浅析韩国婚姻家事法律发展方向》，载《山东女子学院学报》2011 年 12 月期；许建苏：《中韩婚姻制度比较》，载《河北法学》2009 年 12 月期。

② 参见李喜蕊：《论英国离婚法的改革》，载《聊城大学学报》（社会科学版）2006 年第 1 期。

《最高人民法院关于依法妥善审理民间借贷案件的通知》的理解与适用

程新文* 刘 敏** 王林清***

日前，最高人民法院发布《关于依法妥善审理民间借贷案件的通知》（以下简称《通知》）。《通知》针对当前民间借贷案件中出现的“套路贷”诈骗等新行为、变相突破法定利率上限等新情况，从加大对借贷事实和证据的审查力度、严格区分民间借贷行为与诈骗等犯罪行为、依法严守法定利率红线、建立民间借贷纠纷防范和解决机制等四个层面对人民法院审判工作给予指导。为便于司法实践中正确理解与适用，现就《通知》的制定背景与意义，坚持的基本原则和主要内容等介绍如下。

一、《通知》制定的背景和意义

民间借贷，是指除金融监管部门批准设立的从事贷款业务的金融机构以外的自然人、法人、其他组织之间及其相互之间进行资金融通的行为，在我国拥有深厚的社会基础和历史渊源，与百姓的生活、生产经营息息相关，是经济社会发展的晴雨表。近年来，民间借贷与互联网+深度融合，以其手续简便、门槛较低、放款灵活、收益可观等优势而日趋活跃，在一定程度上满足了社会多元化融资需求，客观上拓宽了个人和中小企业的融资渠道，缓解了融资难问题，有效促进了我国多层次信贷市场的形成和发展。

最高人民法院历来高度重视民间借贷案件的审判工作。早在1991年，

* 最高人民法院民一庭庭长。
** 最高人民法院民一庭副庭长。
*** 最高人民法院民一庭法官助理。

最高人民法院就颁布了《关于人民法院审理借贷案件的若干意见》，后又陆续出台了多份批复等司法文件，为各地法院正确审理民间借贷案件，妥善化解矛盾纠纷，提供了具有可操作性的裁判指引。2008年，国际金融危机爆发，其后逐步波及国内市场。针对一段时间内民间债务不能及时清偿、债务人出逃、中小企业倒闭等社会经济问题，最高人民法院主动践行能动司法理念，于2011年出台《关于依法妥善审理民间借贷纠纷案件 促进经济发展 维护社会稳定的通知》，从高度重视民间借贷案件的立审执工作、依法惩治与民间借贷相关的刑事犯罪、加大对民间借贷案件的调解力度、妥善适用有关司法措施等十个方面予以具体指引，有效解决了矛盾冲突，维护了社会和谐稳定。2015年，最高人民法院依据我国现行相关法律规定，总结长期以来的审判实践经验，经过精心酝酿和调研论证，制定发布了《最高人民法院关于审理民间借贷案件适用法律若干问题的规定》（以下简称《民间借贷司法解释》），该司法解释充分吸收了司法实践中的有益经验，从民间借贷的界定、民刑交叉处理、合同效力、互联网金融借贷平台的责任、借贷的利率与利息等方面对民间借贷涉及的主要问题进行了系统性规制，及时回应了司法实践的迫切需求，彰显了时代特色。

近年来，随着市场活力不断增强，交易模式创新日新月异，民间借贷市场中又衍生出新情况、新问题。一方面大量交易平台、交易对手、交易模式以“创新”为名，变相突破法定利率上限，不断加重融资成本，行高利贷之实。另一方面，以民间借贷为表象，通过“签订虚假借款协议”“伪造证据”“恶意制造违约”“收取高额费用”“转单平账”等方式的“套路贷”诈骗等新型犯罪行为屡见不鲜，伴随着欺骗、胁迫、滋扰、纠缠、非法拘禁、敲诈勒索、虚假诉讼等手段，已经超出了民事纠纷的范畴，不断挑战法律权威。这些新型犯罪手段隐蔽，具备知识型犯罪特征，善于通过虚增债权债务、制造银行流水痕迹等形成证据链条闭环，并借助民事诉讼程序实现非法目的。通过现有的案例看，该种犯罪行为组织化程度较高，与黑恶势力密切关联，且假借公权力之手，社会危害性极大，严重损害了人民群众财产安全。

针对“套路贷”诈骗等犯罪之新情况，变相突破法定利率上限之新问题，最高人民法院高度重视，深入调研，在广泛征求意见的基础上，及时出台了本《通知》，力求指导各级人民法院有效甄别合法借贷与非法犯罪，妥善审理民间借贷纠纷案件，防范化解各类风险，保护人民群众的合法权益，护航经济社会发展大局。

二、《通知》起草的原则

在本《通知》的起草过程中，主要坚持了以下基本原则：

一是严格依据现有法律规定。民间借贷纠纷案件涉及律法规众多，关系复杂。《通知》的起草严格按照《中华人民共和国民法总则》《中华人民共和国合同法》《中华人民共和国民事诉讼法》《最高人民法院关于适用〈中华人民共和国民事诉讼法〉的解释》（以下简称《民诉法司法解释》）《民间借贷司法解释》等法律及司法解释的原则和精神，确保《通知》内容符合国家立法目的和原则，并以此对各级人民法院在当前形势下积极稳妥处理好民间借贷纠纷案件提出政策性指导。

二是坚持问题导向。当前，“套路贷”、高利贷等违法犯罪行为多样，涉及面广，严重损害司法权威，人民群众反映强烈。《通知》聚焦当前民间借贷审判中需要迫切需要解决的现实问题，本着密织法网、查缺堵漏的原则，从加大对借贷事实和证据的审查力度、严格区分民间借贷行为与诈骗等犯罪行为、依法严守法定利率红线、建立民间借贷纠纷防范和解决机制四个层面，对人民法院审理民间借贷案件进行裁判指引，充分回应现实问题，解决现实问题。

三是贯彻司法为民理念。民间借贷中出现的套路贷、高利贷等种种乱象，严重侵害了人民群众的合法权益，扰乱了金融市场秩序，影响社会和谐稳定。《通知》积极回应社会关切，服务党和国家工作大局，以保护人民群众的合法权益为出发点和落脚点，力求严守法律红线，打击违法犯罪行为，引导民间资本服务实体经济，妥善处理矛盾纠纷，满足广大人民群众的司法需求。

三、《通知》的主要内容

《通知》结合当前人民法院审理民间借贷案件面临的新问题、新挑战，依据《中华人民共和国民法总则》《中华人民共和国合同法》《中华人民共和国民事诉讼法》等法律规定，对如何依法妥善审理民间借贷案件进行了四方面的总结和强调。

（一）强调加大对借贷事实和证据的审查力度

民间借贷案件的基本事实，包括借贷合意、借款用途、款项交付、借款数额、利率、期限、还款方式等多个方面，其中借贷合意是否达成、款项交付是否实际发生是认定民间借贷案件的基本事实，也是案件处理的基本依据，尤为关键。法律事实的认定，是法官依据证据认定规则，通过对证据材料的真实性、关联性、合法性、证明力大小的审查，依据民事诉讼“高度盖然性”的证明标准，认定法律事实之发生。司法实践追求法律事实与客观真实的高度一致，但“往事不可追”，基于各种因素限制，大部分情况下客观真实的求索只可能尽量还原而无法绝对复制，在某些情况下两者亦可能南辕北辙。通过现有的典型案例来看，涉及“套路贷”的民间借贷案件具有三个典型特点：一是具有民间借贷表象，虚假证据链条完整。民间借贷的核心事实要素在于借款合意及款项交付。“套路贷”正是围绕这两点来做文章。首先签订虚高的借款合同或阴阳合同，约定高额利息，实现非法目的包装；其次制造款项交付的证据（如银行流水），形成证据闭合；最终利用借款人的迫切心理，通过虚假承诺、谎称交易惯例（如承诺虚高的部分不需要偿还、需要现金交纳保证金）等方式，使借款人实际收到的金额远小于表面“证据”上显示的金额，以此形成虚假的证据链条。二是恶意制造逾期陷阱，巧立名目垒高债务。与一般民间借贷不同，“套路贷”往往通过设置各种陷阱阻止借款人提前或按期还款，通过电话故障、系统维护等搞临时失联，以此获取高额的违约金、延期手续费等。与此同时，犯罪分子诱骗被害人，通过所谓提供借新还旧服务，虚假债权转让等方式“层层平账”，使被害人进入新一轮的“套路贷”圈套，周而复始，使债务数额越积越多，成倍增长。三是软硬兼施暴力讨债，虚假诉讼骗取文书。款项到达一定数额后，犯罪分子会通过电话骚扰、上门纠缠、聚众威胁、暴力殴打、非法拘禁等软暴力或硬暴力手段，进行非法催收。不少案件还会以民间借贷纠纷的名义，进入到审判、公证、仲裁领域，以虚假的证据链条，骗取生效法律文书以此来借公权力之手强制执行。

套路贷案件的上述特点，充分利用了民事诉讼的天然不足，使的既往裁判民间借贷纠纷的审理方式面临挑战，人民群众的人身和财产安全面临威胁。正因如此，《通知》指出“套路贷诈骗等犯罪设局者具备知识型犯罪特征”。所谓的知识型特征即体现在熟悉民事诉讼规则，善于通过虚增债权债务、制造银行流水痕迹、故意失联制造违约等方式，形成证据链条闭环，并借助司法程序实现非法目的。为克服通过举证责任裁判带来的不足，《通知》从三方面入手来加强对合法民间借贷与非法套路贷的识别、确认：

第一，综合判断借贷的真实情况。最高人民法院于2015年9月1日实施的《民间借贷司法解释》第十五条对因其他法律关系产生的借贷如何处理作出了规定，确立了以基础法律关系处理为原则，调解和解清算协议为例外的处理思路；第十六条则进一步明确了当事人的举证责任和事实审查标准，明确表示被告抗辩借贷行为尚未实际发生并能作出合理说明，人民法院应当结合借贷金额、款项交付、当事人的经济能力、当地或者当事人之间的交易方式、交易习惯、当事人财产变动情况以及证人证言等事实和因素，综合判断查证借贷事实是否发生。一般来讲，在证据认定中由于书证具有确定性，具有较高的证明效力，而当事人陈述等则证明力相对较弱。通常情况下，债权凭证和款项交付凭证可以直接作为双方存在借贷法律关系的证据，进而据此认定借贷关系真实存在。但由于套路贷具有故意制造表面证据的特点，在证据的认定中更需要综合考虑。因此，《通知》坚持了《民间借贷司法解释》第十五条、十六条的精神，强调除对借条借据等债权凭证及银行流水等款项交付凭证进行审查外，还应结合款项来源、交易习惯、经济能力、财产变化情况、当事人关系以及当事人陈述等因素综合判断借贷的真实情况。目的在于通过各类证据的比对审查，各类事实的相互印证，各种因素的综合考量，以求去伪存真，使法官形成内心确信，作出最终认定。

第二，要求当事人本人出庭。民事诉讼法授权当事人可以委托代理人出庭，实为扩展了当事人的时空活动范围及认知能力，具有重要意义。但必须指出的是，由于当事人是事实经过的亲历者，某种程度上具有不可替代性，从查明案件事实的角度看，当事人当然具有本人到庭并就有关案件事实接受询问之义务。《民诉法司法解释》第一百一十条明确规定，人民法院认为有必要的，可以要求当事人本人到庭，就案件有关事实接受询问。近年来，民间借贷虚假诉讼呈现高发态势，不少案件虽具有民间借贷的表象，如形式上有书面借条或款项交付凭证，但各证据之间、当事人陈述之间相互矛盾冲突。由于代理人对案件细节经过难以说清或故意剪裁，导致案件事实查明难度大，无法进行有效交叉询问。因此，《通知》坚持《民诉法司法解释》第一百一十条的精神，针对民间借贷案件审判的具体情况，进一步明确指出“有违法犯罪等合理怀疑，代理人对案件事实无法说明的，应当传唤当事人本人到庭，就有关案件事实接受询问”。目的在于通过对当事人本人的直接询问，减少代理人转述之不足，通过有效的交叉询问等技巧及生活经验法则，充分还原客观事实。

第三，适当加大调查取证力度。举证之所在，胜负之所系。随着经济社会的发展和司法观念变迁，我国已经基本确立了当事人主义的诉讼模式，由双方当事人负责提举证据，法院居中裁判。同时，对于当事人及其代理人因客观原因不能自行收集的证据，或者法院认为审理案件需要的证据，由人民法院补充调查收集。《中华人民共和国民事诉讼法》第六十四条、《民诉法司法解释》第九十四条、第九十五条，《最高人民法院关于民事诉讼证据的若干规定》第二条、第三条等均对此作出明确规定。由于涉及套路贷等违法犯罪行为的民间借贷案件具有知识性犯罪特征，要想取得能够推翻表面书证的证据形式更为不易。双方当事人在交往中形成的短信微信记录、通话记录，款项交付及软硬暴力威胁形成视频监控等，对还原客观事实具有重要意义。而该类证据的取得，某些情况下需要法院的介入，因此，《通知》强调，“要适当加大调查取证力度，查明事实真相。”

（二）强调严格区分民间借贷行为与诈骗等犯罪行为

民间借贷纠纷属于平等主体之间的财产纠纷，通过民事诉讼程序予以解决。诈骗罪以非法占有为目的，通过虚构事实或隐瞒真相骗钱财务，属于财产型犯罪行为。当民事诉讼中涉嫌刑事犯罪的，就会产生民刑交叉的问题。关于民刑交叉的处理问题，《最高人民法院关于在审理经济纠纷案件中涉及经济犯罪嫌疑若干问题的规定》第十条至十二条和《民间借贷司法解释》第五条至第七条，均进行了回应。《通知》在重申上述精神的基础上，从两个维度作出强调。

一是未决案件的处理。针对未结案件，《通知》指出，人民法院在审理民间借贷纠纷案件中，发现涉嫌违法犯罪线索、材料的，要及时按照《最高人民法院关于在审理经济纠纷案件中涉及经济犯罪嫌疑若干问题的规定》和《民间借贷司法解释》依法处理。依据《最高人民法院关于在审理经济纠纷案件中涉及经济犯罪嫌疑若干问题的规定》第十条、第十一条，人民法院在审理经济纠纷案件中，发现与本案有牵连，但与本案不是同一法律关系的经济犯罪嫌疑线索、材料，应将犯罪嫌疑线索、材料移送有关公安机关或检察机关查处，经济纠纷案件继续审理；作为经济纠纷受理的案件，经审理认为不属经济纠纷案件而有经济犯罪嫌疑的，应当裁定驳回起诉，将有关材料移送公安机关或检察机关。具体到民间借贷纠纷案件，依据《民间借贷司法解释》第五条、第六条，人民法院立案后，发现民间借贷行为本身涉嫌非法集资犯罪的，应当裁定驳回起诉，并将涉嫌非法集资犯罪的线索、材料移送公安或者检察机关；发现与民间借贷纠纷案件虽有关联但不是同一事实的涉嫌非法集资等犯罪的线索、材料的，人民法院应当继续审理民间借贷纠纷案件，并将涉嫌非法集资等犯罪的线索、材料移送公安或者检察机关。因此，针对套路贷等行为，《通知》明确，要切实提高对套路贷诈骗等犯罪行为的警觉，民间借贷行为本身涉及违法犯罪的，应当裁定驳回起诉，并将涉嫌犯罪的线索、材料移送公安机关或检察机关，切实加强对民间借贷行为与诈骗等犯罪行为的甄别，防范误判。

二是已决案件的处理。部分涉及“套路贷”诈骗等犯罪的案件，可能会因为当事人的出庭情况、举证质证、虚假诉讼等种种原因，导致本应作为刑事案件处理的纠纷通过民事诉讼途径获得生效裁判文书。对于这部分案件，《中华人民共和国民事诉讼法》提供了救济途径。《中华人民共和国民事诉讼法》第一百九十八条规定了最高人民法院及地方各级人民法院对已经发生法律效力的法律文书，有权提审或者再审。第二百条列举了当事人可以申请再审的情形。第二百零八条赋予最高人民检察院及地方各级人民检察院的检察建议权及抗诉权。因此，《通知》明确强调，刑事判决认定出借人构成“套路贷”诈骗等犯罪的，人民法院对已按普通民间借贷纠纷作出的生效判决，应当及时通过审判监督程序予以纠正。目的在于通过人民法院的审判监督程序，对已决案件加强梳理与甄别，防范犯罪分子将非法行为合法化，利用民事判决堂而皇之侵占被害人财产。

（三）强调依法严守法定利率红线

利率规制是民间借贷的核心问题。早在1991最高人民法院《关于人民法院审理借贷案件的若干意见》中，便确立了“最高不得超过银行同类贷款利率四倍”的标准。2015年《民间借贷司法解释》第二十五条到第三十二条均涉及利率问题，确立了“两线三区”的标准。两线指的是24%和36%，三区是依据两线而划分的司法保护区、自然债务区、无效区。24%以下是司法绝对保护的区间，借贷双方约定的利率未超过年利率24%，出借人请求借款人按照约定的利率支付利息的，应予支持。24%到

36%之间是司法相对保护的区间，贷款方要求借款方支付利息超过24%的部分，不予支持，但借款方自愿履行的，法院不予干预。借款方履行后反悔并要求返还超过24%部分的，法院不予支持。36%以上是法律不予保护的区间，借贷双方约定的利率超过年利率36%，超过部分的利息约定无效。借款人请求出借人返还已支付的超过年利率36%部分的利息的，应予支持。年利率24%司法保护上限的确定，是对我国现有实践的总结，有利于实现国家强制与私人自治的协调，为民间借贷资本市场的健康发展提供了有效指引。但近年来，不断出现通过各种突破或变相突破法定利率的情形，使利率上限形同虚设，造成大量民间资本脱实向虚、自我循环、虚假繁荣，一定程度上影响了国家宏观政策调控及金融秩序稳定。因此，《通知》针对三种司法实践常见情形强调，强调应当依法从严把握法定利率的司法红线。

一是针对以“利息”“违约金”“服务费”“中介费”“保证金”“延期费”等突破或变相突破法定利率红线的，应当依法不予支持。《民间借贷司法解释》第三条规定，出借人与借款人既约定了逾期利率，又约定了违约金或者其他费用，出借人可以选择主张逾期利息、违约金或者其他费用，也可以一并主张，但总计超过年利率24%的部分，人民法院不予支持。在其他费用的解释上，我们认为，实践中出借人和借款人可能会在借款合同中约定借款人应当向出借人支付服务费、咨询费、管理费、中介费、保证金、延期费等各种费用，这些费用虽然名目不同，但其实质上仍然属于借款人为获得借款所负担的成本。在借款合同中，借款成本应当主要体现为利息，因此不论费用名目如何，借款人向出借人支付的总成本不能超过24%的红线，对于超过的部分，人民法院不予支持。

二是要加强对砍头息等情形的审查，依法认定借贷本金数额和高额利息扣收事实。砍头息即利息在本金中预先扣除，是套路贷、高利贷等常用的手法之一。司法实践中，不少出借人主张款项系以现金方式支付，借款人则抗辩所谓现金支付本金系出借人预先扣除的高额利息，给事实查明带来困难。我们认为，为还原事实，应当加强对出借人主张的现金支付款项来源、交付情况、交易习惯等证据的审查，综合审慎判断。对于借据载明的款项，如果绝大部分金额通过银行转账方式支付，出借人主张小部分系现金交付的，应提供证据证明，尤其是在出借人为专业放贷机构、放贷人的情况下，为避免高额利息预先扣除后仍计入本金的情况，更应仔细审查，依法认定借贷本金数额。

三是发现交易平台、交易对手、交易模式等以“创新”为名行高利贷之实的，应当及时通过发送司法建议函等有效方式，坚决予以遏制。近年来，以P2P为代表的互联网金融平台蓬勃发展，也产生了一系列的问题。不少平台违反监管规定，打擦边球，通过所谓的各种交易模式创新，收取高额利率、综合管理费、服务费等，而所谓的服务与对价严重不符，实为变相突破法定利息限制。我们认为，在司法实践中，应当充分领会《关于促进互联网金融健康发展的指导意见》以及《网络借贷信息中介机构业务活动管理暂行办法》的精神，充分把握“鼓励创新、防范风险、趋利避害、健康发展”的总体要求，与各监管部门紧密配合，通过司法实践的个案检验，依托发送司法建议函等有效方式，充分实现“依法监管、适度监管、分类监管、协同监管、创新监管”的总体原则，服务经济社会发展大局。

（四）强调建立民间借贷纠纷防范和解决机制

民间资本是我国多层次资本市场的重要组成部分，与百姓生活、生产经营息息相关。但由于其粗放、盲目、自发的固有弊端，一直游离于国家金融监管体系的边缘，问题日积月累叠加凸显，成为影响国家金融安全，削弱国家调控治理能力的重要因素。不少成为“影子银行”“地下钱庄”，构建起规模可观的资金池，通过民间借贷、资金拆借等，对整个金融体系造成冲击。党的十九大报告指出，要深化金融体制改革，促进多层次资本市场健康发展，健全金融监管体系，守住不发生系统性金融风险的底线。自由不等于无序，民间资本作为金融风险的“灰犀牛”，也需要被纳入监管。因此，《通知》结合人民法院司法工作实际，明确提出在防范和化解民间借贷各类风险中，要紧密结合党和国家工作大局，紧紧依靠党委领导和政府支持，探索审判机制创新，加强联动效应，探索建立跨部门综合治理机制，积极将民间借贷纠纷的处理融入国家治理体系，充分发挥审判职能。尤其针对P2P网络借贷易引发的大规模诉讼、非法集资犯罪等，不断加强与政府部门、行业组织、社会团体的协作，形成化解矛盾的合力，防范局部系统性风险。与此同时，要加大法制宣传力度，引导社会良好风气，认真总结审判经验，加强调查研究，共同维护国家金融安全和社会的和谐稳定。

【反家庭暴力法实施专题】

人民法院贯彻施行反家庭暴力法的总体情况

程新文* 方 芳**

家庭是社会的基本细胞，家庭和谐是社会和谐的基础。发生在家庭成员之间的暴力行为，不仅直接危害受害人的身心健康和生命安全，而且极易引发恶性刑事案件，危害社会的安全和稳定。第十二届全国人大常委会第十八次会议通过的自 2016 年 3 月 1 日起施行的《中华人民共和国反家庭暴力法》（以下简称反家庭暴力法），深入贯彻宪法所确立的尊重和保护人权原则，表明国家禁止任何形式家庭暴力的鲜明态度，是多年来我国反家庭暴力理论和实践的科学总结，是弘扬家庭美德、保障弱势家庭成员合法权益、形成平等和睦文明家庭关系的重要体现，进一步体现了我国法治文明和社会进步，具有重大意义。反家庭暴力法颁布实施两年多来，人民法院充分发挥审判职能，贯彻实施法律取得了显著进展，在有效保护家庭成员权益方面作出了积极贡献。

一、人民法院贯彻施行反家庭暴力法的经验成效

反家庭暴力法涉及民事审判的主要有三类案件，一是人身安全保护令案件；二是家事案件中对家庭暴力的认定；三是撤销监护人资格案件。

1. 关于人身安全保护令案件。人身安全保护令制度是反家庭暴力法创设的重要内容，也是该法的核心内容。人民法院根据反家庭暴力法规定依法签发人身安全保护令，就是在施暴者和受害者之间设立的法律保护伞，

* 最高人民法院民事审判第一庭庭长、员额法官。

** 最高人民法院民事审判第一庭员额法官。

是在施暴者和受害者之间筑起的“隔离墙”，能够在很大程度上预防家庭暴力的发生或者再次发生。截至2018年6月，全国法院共发出3563份人身安全保护令。通过及时发出人身安全保护令，有效遏制了家庭暴力的发生，维护了家庭暴力受害人特别是妇女、儿童、老年人、残疾人的人身安全和人格尊严。各级法院在审理涉家庭暴力案件过程中，逐步探索与政府、妇联、关工委、居委会、村委会、学校、律师、社工、志愿者等相关部门和社会力量通力合作，积极构建多元化、多角度的立体维权网络，建立反家庭暴力网络和联动机制，保证人身安全保护令得到切实履行，共同构筑全社会合力参与的反家庭暴力宏观格局。

2017年7月，最高人民法院牵头召开家事审判方式和工作机制改革联席会议第一次全体会议，建立了包括中央政法委机关、教育部、公安部、司法部、民政部、国务院妇儿工委和全国妇联在内的15个部门共同参与的联席会议制度，明确了各部门职责任务，落实反家庭暴力法就是其中一项重要职责。2018年8月，家事审判方式和工作机制改革联席会议第二次全体会议，全面总结了包括人民法院、公安机关、妇联组织、妇儿工委等单位贯彻施行反家庭暴力法取得的成绩，并进一步明确了各部门下一步工作任务。

上海市法院系统依托“诉调对接中心”，构建和完善以政府为主导、以诉调对接为中心载体的多元化纠纷解决机制，与公安、司法、民政、妇联等部门建立了反家庭暴力协作机制，多元化解涉家庭暴力案件，确保人身安全保护令有效执行，积极推动反家庭暴力网络建设。云南高院与云南省妇联联合发布《云南省家庭暴力人身安全保护令制度实施办法》，为全省法院贯彻实施反家庭暴力法提供制度依据和实施细则。甘肃高院联合省委政法委、省市区公、检、法、司等24家单位开展集中宣传；组织三级法院干警在扶贫点对农民农户开展宣传活动；在平面媒体、网络媒体上进行条文解读，营造全社会反家庭暴力的良好氛围。湖南高院牵头与公安、妇联、民政等部门制定《人身安全保护令实施办法》，解决了人身安全保护令实施过程中的程序性、规范性问题。

北京市西城区人民法院积极探索建立人身安全保护令案件的立案绿色通道，实现快速立案、迅速调查、及时处理的应对机制；在证据方面，不再简单按照一般规则认定是否存在家庭暴力行为，而是积极协助调取证据并适当减轻受害方对家庭暴力的举证责任。安徽省马鞍山市雨山区人民法院对已经形成控制关系的家庭暴力案件不再做调解工作，做到快速结案，减轻对受害者的伤害；并要求家事法官对家庭暴力有相当的了解和识别能力，具有相关的心理学知识。安徽省界首市人民法院审理人身安全保护令案件坚持“五必须”原则，即要求每起人身安全保护令必须在规定时间发出、必须联合当地妇联、公安、社区三个部门协同送达、现场送达时必须对当事人进行心理疏导和法制教育、必须以案说法、必须及时进行跟踪回访。福建省莆田市城厢区人民法院探索创建“五环维权”工作法，即“人身保护、亲情援助、心理咨询、特殊支持、跟踪回访”工作法；在审查人身安全保护令申请时，适当降低申请人的举证责任，申请人只需提供可能存在家庭暴力现实危险的证据，报警记录、伤情鉴定等都不是必须证据；法官审查案件，可以根据第一次、最严重一次、最近一次家暴的起因、过程、结果、事后反应等进行综合评判，只要法官有理由相信可能存在家庭暴力危险的现实可能，即可发出保护令。广东省珠海香洲区人民法院建章立制，规范人身安全保护令的审查程序；设立专门窗口，为申请人提供法律辅导；对案件快审快结，保障申请人人身安全。江苏省徐州市贾汪区人民法院坚持第一时间启动司法干预程序；对符合条件的申请及时发出人身安全保护令；向当事人释明适用人身安全保护令的目的仅在于预防和制止家庭暴力，加强疏导教育、消除双方疑虑；弱化申请人举证责任；多方督促履行，将人身安全保护令的送达、跟踪回访及违反保护令的处罚措施均列为执行的内容；对发出人身安全保护令的案件一律进行回访。贵州省三都县法院与县公安局、县妇联联合印发《“家庭暴力”案件证据固定制度》《人身安全保护实施细则（试行）》，与民政部门、妇联、司法局、公安局联合设立了“反家暴临时庇护所”，为预防和制止家庭暴力提供制度和设施保障。

2. 关于家事案件中家庭暴力的认定。反家庭暴力法第二条规定：“本法所称家庭暴力，是指家庭成员之间以殴打、捆绑、残害、限制人身自由以及经常性谩骂、恐吓等方式实施的身体、精神等侵害行为。”首次以立法形式明确了家庭暴力的概念和内容。此前，婚姻法司法解释（一）第一条对家庭暴力也有规定，即指行为人以殴打、捆绑、残害、强行限制人身自由或者其他手段，给其家庭成员的身体、精神等方面造成一定伤害后果的行为。两者比较，反家庭暴力法对家庭暴力的界定明显较司法解释的界定宽泛，并没有将“造成一定伤害后果”作为认定家庭暴力的条件，体现了立法对家庭暴力的零容忍态度。我们认为，婚姻法司法解释（一）对家庭暴力的规定与反家庭暴力法不尽一致，已经被反家庭暴力法的规定所取代，因此在离婚、解除同居关系以及监护权等案件中对家庭暴力的认定，均应当以反家庭暴力法的规定为依据。

据统计，2015至2017年，在已审结的427.9万件离婚和同居纠纷案件中，涉家庭暴力因素的案件占比分别为15.47%、15.78%、16.03%，呈逐渐上升趋势。这说明反家庭暴力法施行以来，家庭暴力受害人特别是妇女在面对家庭暴力问题时维权意识也在不断提升。

3. 关于撤销监护人资格案件。撤销监护人资格制度，目的是及时终止家庭伤害，为被监护人提供安全庇护和妥善监护照料。反家庭暴力法第十二条明确，未成年人的监护人应当以文明的方式进行家庭教育，不得实施家庭暴力；第二十一条进一步规定："监护人实施家庭暴力严重侵害被监护人合法权益的，人民法院可以根据被监护人的近亲属、居民委员会、村民委员会、县级人民政府民政部门等有关人员或者单位的申请，依法撤销其监护人资格，另行指定监护人。"民法总则第三十六条对撤销监护人资格再次进行了强调，并且内容更加丰富具体。与反家庭暴力法和民法总则相配套适用的是，2014年两高、公安部、民政部联合出台了《关于依法处理监护人侵害未成年人合法权益行为若干问题的意见》，对提出撤销申请的主体、管辖法院、审理程序、可能撤销的情形、判决以后安置等，有非常详细的规定。两年多来，人民法院审理了一批撤销监护人资格案件，数量虽然不多，但社会关注度非常高，影响面很大。通过撤销监护人资格案件的审理，展示了国家对未成年人以及其他无民事行为能力人和限制民事行为能力人权益的特殊保护。

二、人民法院贯彻施行反家庭暴力法面临的问题困难

虽然人民法院贯彻施行反家庭暴力法取得了显著的成效，发出人身安全保护令的数量不断增加，对家庭暴力的认定标准逐渐统一，对法律的落实越来越到位，但还是存在许多不足和问题，相关工作与人民群众的需求还有一定差距，主要体现在以下几个方面：

1. 反家庭暴力的理念没有深入人心。少数法官存在"清官难断家务事"的思想，对申请人身安全保护令的案件重视程度不够，同时因担心人身安全保护令的执行难度大，签发人身安全保护令积极性不高。

2. 发出人身安全保护令的标准过于严格。有的法官对家庭暴力和人身安全保护令的内容了解不深，在审理案件中未能准确认定家庭暴力和家庭暴力现实危险，导致对家庭暴力事实认定标准不统一，签发人身安全保护令的标准过于严格。

3. 人身安全保护令的执行工作有待提高。有的法院与公安机关、相关基层组织在人身安全保护令的送达、执行以及对违反人身安全保护令的处罚等方面配合还不够紧密，各联动部门之间工作衔接还不够顺畅。

4. 法官的人身安全受到威胁。由于当事人对人身安全保护令的目的、后果不理解，不少被申请人内心对人身安全保护令非常抵触，不少法官签发人身安全保护令后，经常受到被申请人的威胁、骚扰。

5. 家事案件中认定家庭暴力的证明标准偏高。北京市三中院《关于家事案件审理中反家庭暴力问题的调研报告》（载《民事审判指导与参考》总第70辑）显示，法院在审查家庭暴力证据时，采取的是比较严格的证明标准。司法实践中，由于家庭暴力的隐蔽性，受害人往往只能提供伤情照片、身体伤痕、医疗诊断书以及投诉报警记录等证据，对于受伤原因以及伤害行为往往只是自述，如果对方当事人矢口否认，法院往往以证据不足为由对关于家庭暴力的主张不予采信，因而最终认定存在家庭暴力的案件仅占10%。应该说，北京市三中院的调研也反映了全国的情况，家事案件中认定家庭暴力的证明标准偏高。

三、人民法院贯彻施行反家庭暴力法的对策建议

1. 针对少数法官理念不到位、家庭暴力相关理论知识不足的问题，我们认为，各级法院特别是最高人民法院、各高级人民法院应当加大法律宣传和业务培训力度，面向一线法官开展审理家庭暴力案件相关培训，提高法官对家庭暴力危害性的认知和对法院落实反家庭暴力法的职责认知，提升法官审理家庭暴力案件的技能。依托家事审判方式和工作机制改革工作，探索建立专业家事审判队伍，提高反家庭暴力工作的专业化水平。

2. 针对发出人身安全保护令把握标准的问题，我们认为，最高人民法院应当通过培训、会议纪要、发布典型案例等形式，进一步明确人身安全保护令的主要作用在于预防和及时制止家庭暴力，本质上是一种行为保全，对申请人的证明责任不能等同于离婚判决中认定家庭暴力的证据标准。法官审查申请人的证据材料，只要认为存在家庭暴力或者很可能再发

生家庭暴力，就要及时签发人身安全保护令，同时也要向被申请人说明，对他（她）发出人身安全保护令并不意味着他（她）就是施暴者。各地法院还要联合当地妇联组织和有关部门做好宣传工作，以解除被申请人的思想顾虑，便于更及时、更准确地发出人身安全保护令。

3. 针对人身安全保护令执行环节存在部门之间衔接不畅的问题，我们认为，最高人民法院应当与公安部、全国妇联、民政部等相关部门做好沟通协调，争取进一步明确公安机关、基层组织等协助执行的具体职责。各地法院应当积极与相关部门建立更紧密的联动机制，在作出人身安全保护令后，要向街道、居委会、派出所等基层组织和单位发出协助执行通知书，共同做好人身安全保护领的执行工作。各级法院还应当充分利用信息化的优势，通过推送典型案例、答疑解惑，让群众了解家庭暴力的危害以及维权途径，主动协调、联系相关部门和组织，让反家庭暴力工作得到社会各界的支持。

4. 针对法官人身安全受到威胁的问题，我们认为，各级法院应当加大法庭安全保障措施，加大法官及其家人身份住址信息保密工作，依法严格处置威胁、伤害法官及其家人的违法犯罪行为，加强民事审判、司法处罚和刑事审判的紧密衔接。依托或者联合相关部门积极开展反家庭暴力宣传、教育活动，充分发挥法律的威慑、教育和指引功能。

5. 针对家事案件中认定家庭暴力的证明标准偏高的问题，我们认为，最高人民法院应当加强调研，指导各地法院严格按照反家庭暴力法规定，准确界定家庭暴力的概念。考虑到家庭暴力受害人举证存在的现实困难，必要时依职权调查取证，并适当放宽家庭暴力认定的标准。在家事案件判决中，特别是涉及是否离婚、如何分割财产以及子女抚养权确定等方面，充分考虑家庭暴力因素，将反家庭暴力法的各项规定落到实处。

【域外考察】

河南法院赴美培训团
关于美国家事审判及家事审判中的
未成年人权利保护的报告

河南省高级人民法院

（2018 年 8 月 15 日）

根据河南省高级人民法院党组的安排，2018 年 7 月 8 日至 21 日，河南法院赴美培训团一行 17 人，在河南省高级人民法院副院长史小红同志的带领下，先后赴美国纽约、华盛顿等地进行了为期两周的“美国家事审判及家事审判中的未成年人权利保护”专题培训。通过学习培训，达到了增长知识、开阔视野、促进交流、借鉴提高的预期目的。现将学习培训情况报告如下：

一、培训的概况

此次培训，主要分为课堂教学和实地考察两个阶段。在美期间，通过课堂教学、实地考察走访、与美国法学院相关专家教授及家事法院法官进行座谈交流、观摩庭审等形式，培训团成员对美国的司法体系、家事审判制度及其未成年人权利保护等有了比较全面、系统的了解与掌握。

（一）课堂教学

7 月 9 日至 11 日，培训团成员在纽约本杰明·卡多佐法学院进行了为期三天的课堂教学，主讲人鲍勃·科林教授获耶鲁大学法学学士、宾夕法尼亚大学法学博士学位，是大纽约地区家庭和婚姻调解委员会的创始人，兼任纽约州家庭调解委员会道德委员会主席，其就美国的司法体系、美国家事法院的设置、家事审判中的离婚、子女抚养、财产分配等制度进行了系统讲解。

7月18日至19日，培训团成员在华盛顿乔治·梅森大学沙尔政策与政府学院进行了为期两天的课堂教学，主讲人劳若·沃克博士系沙尔政策与政府学院教授、资深律师，拥有丰富的家事诉讼经验，其结合具体案例，就美国少年审判与家事审判的关系定位，美国少年司法制度的历史及美国家事纠纷解决机制的目标、作用、实践及改革发展，对未成年人权利的特殊保护等制度进行了系统讲解。

（二）实地考察

为了配合课堂教学，进一步深化对美国家事审判制度及未成年人权利保护的理解，7月11日下午至17日，培训团先后到纽约布鲁克林家事法院、纽约郡法院、纽约皇后区家事法院、纽约曼哈顿儿童法院、纽约郡地检署以及华盛顿哥伦比亚特区法院、阿灵顿地区少年和家庭关系法院、全美法院管理中心、乔治王子郡法院等七家法院和两家相关机构进行了实地考察走访，培训团成员深入美国法庭，多次观摩民事案件、刑事案件庭审，并与当地法官就美国司法体系、家事法院的设置、家事法官及司法辅助人员的任命方式、家事审判诉讼程序与调解制度、家事审判中的未成年人权利保护等专题进行了深入座谈交流。

实地考察期间，当地法官及法院行政官员对河南法官的到访予以高度重视并热情迎接，均安排专人迎候，由资深法官主持座谈交流并耐心、翔实地回答各位团员的提问。特别是在全美法院管理中心考察交流时，美国国务院司法联络官约翰·加斯克先生、美国司法部法律专员栾姗女士等出席座谈交流，表达了对史院长一行的热烈欢迎和美好祝愿，并表示希望能够有机会到中国河南法院进行参访交流。

在美期间，培训团成员还分别参观了纽约大学、哥伦比亚大学、美国国会及美国联邦最高法院等。

二、培训的具体内容

通过学习走访、考察交流、座谈讨论，大家较为清晰地了解了美国的司法体系、家事审判及其对未成年人的权利保护制度，概括如下：

（一）关于美国的司法制度

美国系英美法系国家，其司法制度受其经济基础、政治体制、文化传统、社会需求等特定历史条件的制约而形成。美国独立前，原13个殖民地基本沿袭英国的法律传统，又根据各自需要颁布法令，自成司法体系。独立后，1787年美国宪法对司法权作了原则性规定，1789年美国国会颁布的《司法条例》规定了联邦法院的组织、管辖权和诉讼程序，逐步形成了现有的司法制度。其主要特点是贯彻三权分立的原则，实行司法独立。

作为联邦制国家，美国法院组织体系复杂，分为美国联邦法院和州法院两大系统，并拥有和适用各自的宪法和法律，管辖不同的地域和案件。联邦法院系统由联邦地区法院、联邦上诉法院和联邦最高法院组成。联邦地区法院是审理联邦管辖的普通民事、刑事案件的初审法院，每州根据本州人口多少和具体案件数量而设置。联邦上诉法院分设在全国十一个司法巡回区，受理本巡回区内对联邦地区法院判决不服的上诉案件以及对联邦系统所属专门法院的判决不服的上诉案件。颇具盛名的联邦最高法院是联邦法院系统中的最高审级，由一位首席法官和八位法官组成，其判决为终审判决，并享有特殊的司法审查权。州法院系统并不统一，一般由州初审法院、州上诉法院和州最高法院组成。州初审法院是审理属州管辖的一般民事、刑事案件的一审法院。州上诉法院审理不服州初审法院判决的上诉案件。州最高法院是州的最高审级。此外，还有国会根据需要通过有关法令建立的特别法院，如联邦权利申诉法院等。

美国法官的任职资格极为严格，其初任法官的平均年龄为五十岁左右，“向法官席的攀登是一个漫长而规律的进程，四十岁以前被任命为法官是极少见的事情。”美国宪法第三条规定，联邦最高法院、上诉法院和地区法院的法官由美国总统提名，并经参议院批准后任命。美国宪法第三条规定的法官都是终身任职，只能通过弹劾程序才能被解职。担任联邦法院的法官必须取得法律硕士学位，通过严格的司法考试取得律师资格，且从事律师工作至少十年以上。正规的法学教育、丰富的法律实践经验和良好的职业道德被公认为是成为一名职业法官的先决条件，被提名者一般是非常杰出的律师、州法院的法官或是法学教授。美国州法院法官的遴选制度有任命制和选举制等不同程序，取决于各州宪法或法律的规定，其法官任命一般也应当具备上述条件。正如伯利曼的那句名言，“一旦被任命或选举为法官，常被看成是一生当中姗姗来迟的辉煌成就，也是对其尊敬和威望在形式上的承认。”

美国检察机关与司法行政机构不分，联邦总检察长即司法部长，为总统和政府的法律顾问，监督司法行政管理，在联邦最高法院审理重大案件时，代表政府出庭，参加诉讼。检察官受司法部领导，配属于各级法院。

（二）关于美国的家事审判制度

近二十年来，随着经济社会的发展及家庭结构的变迁，美国家事审判模式经历了理念与制度层面的重大转变，不仅对传统的对抗制诉讼体制进行了深刻地检讨和反思，并且对家事纠纷解决机制的目的以及法院在其间的职能定位有了重新认识。其通过创设统一的家事法院，配备专业的家事法官，适用专门的家事诉讼规则，在具体的审判实践中不断发展完善，形成了一套适合于家事纠纷特点的专业化审判制度。基于对家事纠纷特点和纠纷解决目的的深刻认识，美国的家事审判及其未成年人司法制度以修复家庭情感、稳定家庭关系、强调对未成年人权益的最大化保护为主要目标，是一种带有强烈福利色彩的“恢复”和“矫治”制度。特别是在涉未成年人的家事审判中，美国家事法院关注的重点不是如何确定各方的过错和责任，而是如何帮助他们解决困难和问题，通过提供各种法律服务而达到修复家庭情感、稳定家庭关系、促进社会回归、最大化保护未成年人合法权益的目标。美国家事法院通过对司法人员安排、诉讼规则、非诉讼纠纷解决机制和多元化协作机制等方面进行不断发展完善，通过建立制度化、法律化、协同化的机制来保障家事纠纷的有效解决，并在实践中取得较为理想的法律效果和社会效果。

——美国家事法院的设置与管辖。以我们重点考察的纽约州为例，其专门的家事法院最早成立于1962年，是州法院系统中处理家事纠纷的初审法院。纽约州六十二个县均设有相对独立的家事法院。根据纽约州《家事法院法》第115条的规定，家事法院对收养案件、子女抚养与配偶赡养、子女监护与探视、监护案件、寄养许可与审查、父权认定案件、儿童虐待与疏忽照管、家庭暴力、未成年人犯罪等十类家事纠纷案件享有初审管辖权。值得注意的是，纽约州最高法院的民事审判庭享有对离婚案件排他的初审管辖权，即只有州最高法院有权作出离婚、婚姻撤销或无效的判决，家事法院仅对婚姻关系解除后新产生的家事纠纷以及所有非婚家事纠纷享有管辖权。

——美国家事法院的法官与审判辅助人员。家事法院的法官由各县任命或选举产生。以纽约市为例，纽约市家事法院的法官由市长进行任命，任期为十年，任期届满后可以多次续任。要求法官候选人必须在本州从事法律工作十年以上，具备丰富的实践经验和较高的专业水平，并接受包括离婚对未成年子女影响、反家庭暴力和保护未成年人权利等内容的专项培训。除了专业法官之外，家事法院通常配有一个或多个辅助裁判官，辅佐法官审理部分家事纠纷案件。一般而言，辅助裁判官由法院的首席行政官员任命，初始任期为三年，续任期为五年。根据《家事法院法》第 439 条第 5 款的规定，辅助裁判官必须具备三年以上在纽约州从事法律工作的经验，了解并能熟练运用与家事纠纷有关的联邦、州法律及各项辅助性或替代性争议解决方案。与专业法官相比，辅助裁判官的审判权范围相对有限，其负责独立审理子女抚养和配偶赡养案件及有争议的父权认定案件，并有权作出除了实施处罚之外的一系列可被执行的临时辅助令，包括适时公开、财务信息披露、血型和基因测试等。此外，部分家事法院还配备专职调解员和司法听证官，这两类司法辅助人员在取得案件当事人同意的前提下可以独立审理部分家事纠纷案件并作出相应裁判。若无法取得案件当事人同意，专职调解员和司法听证官仍可以协助审理案件，但必须将审理情况报告给法官并由法官作出最终判决。专职调解员和司法听证官通常从本州经验丰富的执业律师和退休法官中选任，具备专业法律知识和家事审判的实践经验，协助法官及时高效地化解纠纷。

——美国家事审判的诉讼程序。传统的民事诉讼程序更侧重于分配双方当事人的责任和确定其相应的权利义务，但从纽约州对家事纠纷诉讼程序的规定来看，其程序设计的主要目的并不在于认定当事双方的过错和责任，法官的任务也不仅仅局限于在法律层面上定分止争，而且还广泛涉及冲突管理、家庭关系修复和提供法律服务等方面的内容。与传统的民事诉讼程序相比，家事纠纷领域的诉讼程序赋予法官更大的裁量权，鼓励法官在司法救济之外采取适当的综合性救济手段化解纠纷，以期达到较好的修复家庭关系、维护家庭稳定的社会效果。

尽管家事法院的日常审理活动对公众开放，但其程序更注重庭审和判决的保密性。法官或辅助裁判官有权基于对个案的考量作出不公开审理的决定。对于未成年人犯罪等特定类型的家事案件，所有的审理过程则需要严格保密。判决结果作出后，只有案件当事人及其代理律师有权查看或获取案件判决书，公众对家事法院的判决并无查阅权。

在过去的二十年间，考虑到家事纠纷特殊的社会属性及其修复性目的，美国家事法院探索发明了一套专门适用于家事诉讼程序的特殊法律术语，例如，将家事诉讼程序中的“原告”改称为“诉请者”，而“被告”改称为“应答者”；审理过程中并不存在“开庭审判”而是“查明事实听证会”；未成年人犯罪案件中的应答者可以“承认指控”但不存在“认罪”。这些法律术语的变化体现了家事诉讼程序的灵活性和包容性，并充分考虑了未成年人对家事诉讼的接受程度和相关心理影响等因素，也敦促法官在审判活动中更注重听取未成年子女的意见，并尽可能平衡子女和父母之间的利益。

——美国家事审判的突出特点。在具体的学习培训和实地考察中，大家一致认为美国的家事审判制度具有以下显著特点：

一是未成年人权益保护最大化原则。具体而言就是将未成年人的权益保护作为裁判的核心价值取向，法院在审理涉未成年人家事案件时充分考虑未成年人的身心特点，具体包括未成年子女的年龄和理解力、未成年子女的知情权和自身意愿、未成年子女与父母及其他人员的关系、家庭关系改变对未成年子女产生的影响、未成年子女的生理和心理发育情况、父母及其他抚养人的实际能力等，并从保护其权益最大化原则作出裁判。此外，《家事法院法》在父母共同抚养责任、子女抚养计划制定、反家庭暴力等诸多问题上都体现了对未成年人权益最大化原则的贯彻。

二是法院附设调解制度的运用。近年来，美国家事法院对处理家事纠纷案件所采取的对抗制诉讼模式进行了重大转型，引入了包括法院附设调解、诉讼和解、早期诉讼评估等在内的一系列非对抗性纠纷解决机制，以尽量避免将裁判作为司法救济的唯一形式。调解作为替代性纠纷解决机制的一种主要方式，以其独特的非对抗性特点在家事纠纷解决中发挥重要作用，已成为迅速高效解决家事纠纷的重要途径。即便对那些没能达成正式调解协议的案件而言，调解的运用也在很大程度上缓解了家庭矛盾的激化，并在其后的诉讼过程中协助法院将案件争议由对抗转向协同解决。当前，纽约州家事法院主要针对子女监护与探视案件、儿童保护及终止父母抚养权等案件为当事人提供免费的法院附设调解。值得注意的是，其附设调解并不由审理案件的法官主持，而是由法官委派符合资质要求的调解员启动调解程序。多数案件的调解员是由具备丰富调解经验的律师全职担任，需定期接受法院的专项培训。在少数情况下，法院也会聘请社会学、心理学、婚姻家庭关系等领域的专家担任兼职调解员。

三是家事纠纷解决中的多元协作机制。除致力于对诉讼程序及替代性纠纷解决机制进行不断完善之外，美国家事法院也有效利用其他社会资源，积极探索推行一套针对家事纠纷的预防性和修复性法律服务，体现出了鲜明的多元协作特征。如《家事法院法》第255条规定，在特定情形下，法官有权发出指令，要求任何州、县、市级别的行政机构及教育部门的相关人员提供特定服务，包括在其职权范围内改善服务、披露特定信息、协同与配合法院的调查工作等。比如有效利用其他社会资源推行预防性法律服务，其主要针对父母双方展开，旨在培养和提高父母应对、解决自身纠纷的能力，并在一定程度上降低未来引发家事纠纷的法律风险。又如修复性法律服务，系分别针对父母、子女以及家庭整体展开，目的在于在家庭关系发生不可逆转的变动后利用各种社会资源为当事各方提供必要的心理和法律咨询、辅导和帮助，并协助其处理新产生的争议事项。针对冲突程度较高的子女监护和探视案件，法官有权判令当事人在诉讼活动终结后的一段时期内寻求监护协调服务机构的帮助。在监护协调人（多为经验丰富的社会工作者和心理学家）的协助下，当事人更容易对日常监护事务和探视中的分歧达成一致，以便能更好地完成对子女的共同监护。又如青少年监管和治疗服务计划，作为纽约州少年司法制度的重要组成部分，其宗旨在于为未成年人犯罪案件中的少年犯及需要监管的未成年人案件中的被监管人提供包括基础教育、社会实践、心理咨询等在内的一系列具有针对性的修复性服务，以使他们能在强制措施最小化的环境中获得身心修复和重新发展的机会。

三、反思我国家事审判工作中存在的主要问题

早在2010年，我国的广东、江苏等省份的部分法院已陆续开展了对家事审判工作的有益探索。2016年6月1日开始，全国100多家法院正式启动为期两年的家事审判试点工作，我省商丘市中级人民法院、新乡市中级人民法院、新郑市人民法院、襄城县人民法院四家法院入选全国家事审判改革试点，标志着家事审判工作进入一个新的发展阶段。

根据《最高人民法院关于开展家事审判方式和工作机制改革试点工作

的意见》，家事案件已明确为专指确定身份关系的案件及基于身份关系而产生的家庭纠纷，主要案件类型有婚姻案件及其附带案件，包括离婚、婚姻无效、婚姻撤销等，附带案件包括监护权、子女抚养费、离婚后财产分割等；抚养、扶养及赡养纠纷案件；亲子关系案件，包括确认、否认亲子关系；收养关系纠纷案件；同居关系纠纷案件，包括同居期间的财产分割、非婚生子女抚养等；继承和分家析产纠纷案件等。关于家事实体法，我国目前尚没有制定统一的民法典，以《中华人民共和国民法总则》为基本，以《中华人民共和国婚姻法》《中华人民共和国继承法》《中华人民共和国收养法》《中华人民共和国反家庭暴力法》《中华人民共和国未成年人保护法》等单行法律为主要内容，已形成较为完备的家事法体系。另外，我国先后加入了《联合国儿童权利公约》《消除对妇女一切歧视公约》等国际条约，并制定相应的国内法保障其精神的贯彻落实。对于家事诉讼程序，我国也没有形成独立的程序法，家事诉讼有关规定散见于民事诉讼法以及相关的实体法律中。

尽管已具备上述有利条件，但在家事审判的改革推进过程中，我们仍不同程度地存在以下不容忽视的问题：

一是缺乏专门的家事审判组织。我国目前没有设置家事法院，绝大部分法院缺乏专门的家事审判机构。除了试点法院设立家事审判合议庭或者家事审判庭外，大部分法院没有专门的家事审判组织。

二是家事审判法官职业化程度不高。家事案件因情感、财产纠纷易导致当事人双方矛盾激化。部分家事案件的当事人情绪激动，存在自杀、互殴、自残、威胁法官以及缠访、闹访等过激行为。承办法官因责任重、压力大、易受影响、害怕担责等因素的影响不愿承办家事案件。加之部分法官对家事审判改革试点工作的重要意义认识不够，担心改革试点工作的调解、冷静期、心理疏导、判后回访等将带来额外的工作负担而心存顾虑，在推进改革中缺少积极性、主动性。

三是审判理念转变不到位。部分法官没有及时转变审判理念，如没有充分考虑到家事案件的私密性特点，对不公开审理为原则，公开审理为例外把握不够到位。在处理财产分割案件时，机械适用一般民事案件的举证责任分配，不依职权调查。在审理婚姻家庭纠纷时，多套用财产类案件的审判模式，偏重对财产的分割，而对婚姻是否死亡、能否修复以及未成年子女利益等问题审查较少。对待离婚问题，较少甄别是婚姻危机还是婚姻死亡，一判了事。

四是家事调解制度不规范。法院调解与诉讼外调解之间的衔接不畅。法院内部“调审不分”也造成诸多负面影响多。家事法官既是调解者又是裁决者，调解人员素质参差不齐，实务中存在“以判压调”等强制调解的现象，常常让调解流于形式。调解机制的建立健全也缺乏必要的资金、技术、人才、调解场所、专业知识等资源的综合支持。

五是未建立专门的适应家事审判需要的诉讼证据制度。我国目前尚未建立专门的家事案件证据制度，家事审判机械照搬普通民事诉讼证据规则，导致家事审判的效果不尽如人意。法院调查取证难度大。当事人的调查取证需求与审判资源的有限供给形成矛盾。审限制度决定了法院不可能耗尽司法资源调查。试点法院尝试委托第三方社会组织进行家事调查，但未能普遍化，效果也有待进一步验证。

六是改革创新与现行法规冲突待解决。经过近年来的实践探索，试点法院对于离婚财产申报、情感冷静期、法官职权干预、不公开审理原则等家事诉讼特别程序出台了相应的规范性文件，但要在遵循现行法律框架下进行家事诉讼特别程序的创新，仍存在诸多法律上的障碍，并亟待解决。如离婚案件不如实申报财产是否构成妨碍民事诉讼的法定事由，设置情感冷静期是否违反法定审限，法官职权干预是否与现行证据规则之间存在冲突，不公开审理原则是否与民诉法规定的公开审理原则相冲突等。

四、对美国家事审判制度的具体思考与借鉴

“他山之石，可以攻玉”，在培训过程中，大家一致认为，虽然中美两国的国情、司法制度不同，但美国家事审判制度中的一些理念与具体制度，对于推动国内的家事审判的进一步改革发展、强化未成年人权利保护仍具有积极的借鉴意义。具体包括：

一是树立未成年人权益保护最大化的原则，突出对弱势群体的司法保护。在家事审判理念上，我们要从偏重财产分割、注重财产利益保护的审判理念转变为更加重视保护身份利益和人格利益的审判理念，以未成年子女权益为考虑核心，突出对未成年人利益保护最大化原则。在审理涉及未成年人案件时，应当依据其年龄及识别能力等身心状况，以适当的方式和时间让其表达意愿，必要时应通知相关社会工作人员陪同在场，并注意保护其隐私及安全。父母的行为与未成年子女的利益相反、依法不得代理

时，法院可依相关人员申请或依职权为子女选任特别代理人。在具体案件的裁判过程中，应充分考虑裁判结果对未成年人的影响，以未成年人权益保护最大化为指导作出裁判。同时，在家事审判中应进一步加大对老年人权益、家庭中的残疾人权益等弱势群体的保护，进一步倡导文明进步的婚姻家庭伦理道德观念，维护健康向上的婚姻家庭关系，积极培育和践行社会主义核心价值观，弘扬中华民族传统家庭美德，维护公序良俗，助力和谐社会建设。

二是重视家事审判机构建设，推动家事审判队伍专业化。家庭是社会的细胞，牵一发而动全身。我国目前对于家事审判法官的选任没有体现家事审判的特殊需要。应进一步端正对家事审判的定位，提高对家事审判特殊性和重要性的认识，紧密结合法院人员分类管理制度、法官员额制、主审法官责任制等司法体制改革措施，推动家事审判队伍专业化建设。家事案件的审理涉及心理学、社会学等多方面专业知识，对家事案件较多的法院应设立独立的家事审判庭，加大投入，注重对家事法官进行心理学和社会学等知识的专项培训，有效提高家事审判法官的职业化、专业化素质，提升对家事法官的职业保障。

三是注重家事审判特别程序的探索。基于婚姻家庭的伦理性、身份关系的特定性、情感纠葛的复杂性及其表现形式的私密性等特质，家事纠纷有别于普通民事纠纷，家事诉讼也具有与其他民事诉讼程序不同的特征，包括案件范围、案件管辖的专属性，适用证据规则及非诉程序的特殊性。应进一步加大家事审判特别程序的探索，对各地在审判实践中推出的婚姻冷静期制度、财产申报制度、家事回访制度、心理咨询制度以及特殊用语制等应进一步大胆探索、积累经验，并在时机成熟时由最高人民法院制定统一的家事审判程序规则或司法解释，并积极推进我国的家事诉讼特别程序立法。其立法模式大致有两种，第一种可在民事诉讼法中增加一章规定家事诉讼程序；第二种是制定家事诉讼特别程序法，通过单行法律来规范家事诉讼程序。

四是重整我国的家事调解制度。应将调解作为家事诉讼的法定前置程序，施行“先调后诉”。建立健全“调审分离”的家事调解模式。经相关社会组织调解达成调解协议的家事纠纷，法院可应当事人要求制作调解书。可尝试在法院内设置专门的家事调解机构，借鉴纽约州家事法院从本州经验丰富的执业律师和退休法官中选任专职调解员和司法听证官的成功经验，吸纳具备法律知识和调解经验的人员作为家事调解员，建设专业化、现代化、职业化的家事调解队伍。同时进一步完善庭前、庭审和庭后调解模式，规范调解内容，加强调解工作的灵活性，创设多种调解模式，以充分发挥其在家事案件审理中的特殊作用。政府亦应在在资金、专业培训、机构与人员编制、政策制定与配套措施等方面给予家事调解大力扶持。

五是进一步完善多元化纠纷解决机制。要把家事审判改革与多元化纠纷解决机制改革结合起来，推动建立司法力量、行政力量和社会力量相结合的新型家事纠纷综合协调解决机制，进一步发挥多元化纠纷解决机制在家事审判中的重要作用，借助于包括妇联、社区、公安、民政等社会、行政力量，建立统一的长效协作机制，形成有效社会合力，妥善化解家事纠纷。探索引入家事调查员、社工陪护及儿童心理专家等相关公益性服务机构及人员配合法院调查审理家事案件，及时为当事人提供心理疏导，不断提高家事审判的司法服务和保障水平。在有条件的地方可建设家事调解室、心理评估室、单面镜调查室等设施，并且将其规范化、制度化，实现家事审判司法功能与社会功能的有机结合，全面保护当事人的身份利益、财产利益、人格利益、安全利益和情感利益，充分发挥家事审判的诊断、修复、治疗作用，切实满足人民群众的司法需求。

六是适时组建具有中国特色的家事法院。法院的审判工作应以专业化为方向，专业化法院的组建在我国亦是方兴未艾，我国现在已经设立了诸如军事法院、知识产权法院、金融法院、互联网法院等专业化的法院，借鉴美国家事法院的成功实践，从中国特色社会主义司法制度和经济社会发展的实际出发，应积极推动组建具有中国特色的家事法院。我国设立家事法院不仅有法律依据、实践基础，而且还有理论准备和美国等域外资源可资借鉴，不仅必要，而且可行。在家事审判试点的基础上，可先在大中城市进行家事法院试点，远期目标则是建立我国统一的家事法院，以促进我国家事审判工作不断实现新的历史性跨越。

市场大体情况是清楚的，不需要专业培训就很清楚。再比如，审理土地出让、土地开发、房屋租赁和存量房转让合同等纠纷案件，涵盖房地产一、二、三级市场，即房地产三级市场情况，对此，法官也是十分清楚的。法官审理民商事案件中的借款担保案件、货物买卖合同、运输合同、仓储合同、承揽合同等等纠纷案件，都不会出现大的偏差。原因是，我们对相关的市场行情、交易模式、交易价格等有一个感性的认识，根据生活常识和一般法律知识储备，我们就可以掌握，无需专门培训或者行业专家辅助。比如，民间借贷利率上限是多少？在民间借贷司法解释修订颁布之前大家都很清楚，以不超过银行基准利率的四倍（包括基准利率在内）为限；如果不含本数，不得超过三倍。大家知道，银行基准年利率大概就在百分之五左右，所以大家可以把握好裁判分寸和尺度。对于施工合同纠纷案件，比如工程款构成，分为直接费、间接费、利润和税金四个部分，直接费为施工中耗费的构成工程实体的各类费用，包括人工、材料、施工机械费；间接费是指规费、企业管理费；利润为承包建设工程获取的利润；税金是指建筑业一般纳税人执行一般计税法的增值税税率为11%，执行简易计税法和小规模纳税人增值税税率为3%等。上述内容为工程价款构成的一般概念，实际上构成工程价款的因素属于动态变化中。2000年北京人工费定额占工程造价的不足10%，随着劳动力成本上涨、劳动力素质提高，目前人工费成本可以占到整个工程款的30%，在异形工程、装修工程中的占比甚至更高。像施工机械费用和其他的一些费用在工程款里面占比有多大？对于这些内容，大部分法官缺乏一个整体上的概念，这是正常的，因为这些问题已经很专业了。一般说，施工材料费在工程造价中占比为60%~70%，施工机械费占比为4%~5%。还有对工期、索赔、保修等，也缺乏一个基础性认识。所以，对建筑市场、造价成本行情缺乏基本认识，也是审理施工合同纠纷案件的不足，难以从整体上把握审理施工合同纠纷案件的分寸和尺度。具体报告如下：

一、建筑市场基本情况

先介绍一下建筑市场基本情况，建筑行业的特征主要包括哪些：

第一，建筑市场在国民经济中的地位非常重要。国家排行前三位的市场分别是工业、农业和商业，排行第四的就是建筑业。从产值看，1978年建筑行业产值仅有100多亿元，大概138个亿，到2010年建筑行业产值是

26000多亿元，目前已经超过了4万亿。建筑行业在国民生产总值中所占的份额大概是多大呢？大致在5%到6%之间。去年建筑业在整个国民经济的盘子中占比6.6%。

第二，建筑行业是一个劳动密集型的产业。一般我们看哪个行业最赚钱，无非就是两个行业：一个是技术创新的行业，比如说生物技术、IT行业、高端环保行业、通讯技术等，因为技术创新形成了某些领域或者某一领域的关键部位形成垄断而形成了高额利润。技术垄断形成的高额利润，有多高呢？比如像美国的微软公司，一年所赚的利润多达60亿~80亿美元。还有相对垄断行业，像自来水，供暖、供气、供热，公交、烟草、石油、天然气、电信、铁路运输等，这些企业都赚钱，承担的风险相对较小。建筑业在整个国民经济盘子占比很大，但属于低端产业。如前所说，建筑业在国民经济中排第四，为第二产业，占国民经济大盘的6.6%，从业人员多达3000万~4000万人，加上短期或者长期在建筑业做工或者关联产业的从业人员，加起来是8000万~9000万人。清欠农民工劳动报酬的专项活动显示，建筑业拖欠农民工工资占所有行业拖欠比例的60%~70%，就是说建筑业是拖欠农民工工资最多的行业。这说明什么呢？说明农民工在建筑行业就业的比例最高。农民工进城务工30%到50%的比例在建筑业从业。造价方面，在计划经济体制之下设立的基本建设投资体系，核算建造成本，从估算、概算、预算到结算，同时建立了与之配套的计算依据和定额标准。定额和标底为合理低价的招投标程序确定的工程造价，即建筑物定价，并未从技术创新、优质高价、节能环保等考虑。建筑设计本身是知识产权密集产业，技术含量高，建筑物节能、环保、绿色、便捷等属性都应当是建筑物定价因素，但定额标准似尚未考虑创新因素，也未对异形工程定价作出安排。定价体系与鼓励企业创新隔离开来，容易形成“劣币驱除良币”的不良生态。建筑产品定价体系不合理，是导致建筑业难以升级换代的原因之一。目前的定价体系也没有考虑建筑产品本身的个性特征。比如说，设计理念特别先进，特别实用，就应该按照比例增加工程款，或者单独支付一笔设计费用。如果在高寒地区，建筑工程的保暖效果特别好，民族地区突出民族特色，因质量高而延长建筑物合理使用寿命等，都应当体现优质高价，凸显建筑物个性特征。凡低端产业，竞争都激烈，建筑业也是如此。建筑业严重供大于求，属买方市场，施工企业竞相压价，甚至低于成本承揽工程施工，甚至包含有无序、恶性竞争的不良行业竞争状态。

第三，建筑行业发展需要外部投资刺激，是一个外延型行业。什么是外延型？比如高铁、光伏产业和生物技术、通讯设备等，知识产权密集，技术含量高，并不是依靠外来投资刺激来发展本产业，属于朝阳产业。这种产业，可以延伸，也可以复制，通过技术升级和管理水平提升来实现产品的升级换代。但是建筑行业不同，美国次贷危机发生以后，中国政府为了避免发生金融风险，国家有4万亿元资金投向基础设施建设领域，比如高铁、公路、码头港口建设等，直接造成建筑业产业规模迅速增大，瞬间激活建筑业。所谓的外延型，就是靠外部投资刺激本行业发展。

第四，建筑行业技术含量相对较低。法院审理的建设工程施工合同，也叫建安合同，即建筑和安装合同，统称为建设工程施工合同。在发达国家，安装工程所占比例较大，但在我国建筑市场，安装工程的比例大约在8%左右，去年安装工程比例为10%，达到最高点。就工程建造行为本身来说，前期是工程设计，然后施工阶段，包括地质勘探、挖坑、打桩、护坡，通过高支模（建设工程高大模板支撑系统）的方式，逐层加高把工程建起来。后期是外立面装修和大堂和室内专业安装，安装消防、煤气管线、供水排水系统、强（弱）电设备和电梯等，施工过程也是一个人工组合添附的过程，有一定的技术含量，但含量不高。建筑行业属于第二产业，2016年建筑业产值利润率（利润总额与总产值之比）3.48%。近十年来，建筑业行业平均利润率在3.5%左右。据国家统计局公布数据，2017年全国建筑业总产值为213954亿元，同比增长10.5%。

第五，建筑行业属于微利行业。大家都知道，远期投资项目年均收益率达5%，就算很不错了。就整个建筑行业而言，近十年行业平均利润率在3.5%左右，尚属于微利行业。在建筑业不同性质的工程项目中，路桥、码头港口、高铁、高速公路、园林绿化，装修工程，智能化建筑，异形工程（鸟巢、水立方等）等，施工利润高于行业平均利润，甚至施工利润超过10%以上。这就意味着，民用房屋、城市基础设施的土建施工利润远低于3.5%的建筑业平均利润，甚至在1%以下。按照地区说，苏浙两省在建筑市场份额中的占比在四分之一到三分之一之间，利润率也比中西部高，高于行业平均利润率。认清这一点对我们审理施工合同纠纷案件很有意义，比如，如果按照当事人在施工合同中约定计付违约金或者赔偿损失，工程竣工验收合格，计算结果为施工企业一分钱收益都没有，还要从自己兜里面掏出一大笔钱给对方，用于支付违约金或者赔偿损失。比如，整个工程造价在4000万元到5000万元，行业利润为2%～3%，按照合同标的额的日万分之三或日万分之五计付违约金或者损失赔偿额；认定工程拖期100天，违约金该是多少？200余万元。像造价1亿元工程项目，是个中小建设项目，每天支付违约金万分之五，即5万元；违约100天，违约金为500万元；一年以上的，为1500万元以上违约金。违约金通常分为两类，结合合同的对应条款，分为通用违约金和专项违约金，两项违约金加起来累算，数额、比例都很大。很多情况下，当事人不但一分钱赚不到，还要从兜里面掏出两三千万给对方，这样的结果，多数情况下并不合适。合同法第一百一十四条第二款规定，约定的违约金低于造成的损失的，当事人可以请求人民法院或者仲裁机构予以增加；约定的违约金过分高于造成的损失的，当事人可以请求人民法院或者仲裁机构予以适当减少。《最高人民法院关于适用〈中华人民共和国合同法〉若干问题的解释（二）》第二十九条规定，当事人主张约定的违约金过高，请求予以适当减少的，人民法院应当以实际损失为基础，兼顾合同的履行情况、当事人的过错程度以及预期利益等综合因素，根据公平原则和诚实信用原则予以衡量，并作出判决。当事人约定的违约金超过造成损失的百分之三十的，一般可以认定为合同法第一百一十四条第二款规定的“过分高于造成的损失”。履行施工合同与履行其他民商事合同相比较而言有很大区别，因建筑市场竞争无序，违规行为普遍存在，按照现行法律制度安排，从签约到履行全流程合法合规履行施工合同的情形几乎就不存在。多数情形是，施工合同存在效力瑕疵或者施工合同无效，缔约双方均存在缔约过失；即使施工合同有效，但存在效力上的瑕疵，双方也均存在着缔约过错；履行合同中，一方或者双方均存在违约行为，履行合同博弈中承发包双方又签有若干份补充协议、存在大量的施工现场经济洽商记录，在缠斗博弈中艰难履行合同，一直到验收交工。这些情形下，双方均有过错，应当根据双方过错程度承担民事责任。施工合同履行，是工程业主与施工人相互交错咬合履行的过程，像工程拖期，如业主方责任，工期顺延，施工人有权向业主方提出停（窝）工索赔请求；如施工人责任，业主方有权主张拖期违约金及赔偿违约造成的损失，也有权提出工期反索赔。施工合同履行中，转包、违法分包、肢解发包，施工材料以次充好，设计变更导致施工顺序、工程量、造价等变化等，也是普遍存在的。施工合同履行中，能够认定单方违约的情形是少数情况，多数情况下是双方都存在违约，只不过双方违约程度及缔约过错责任大小存在差别。合同法第六十一条至第六十三条规定，属于履行合同中认定价款、履行期限、履行方式、履行地点等的弹性条款。适用原则是，双方有约定，依合同约定；没有约定，按照合同原则、履约目的、交易习惯，分别按照国家标准、行业标准、行业惯例。特别注意的是，第六十二条规定，“价款或者报酬不明确的，按照订立合同时履行地的市场价格履行”，此条文适用在施工合同纠纷案件上，即为：对工程价款没有约定或者约定不明的，按照签约时建筑工程所在地的市场价格信息结算工程款。此解读，符合建筑行业交易惯例。对于合同法中有关违约金过分高于损失的规定，《最高人民法院关于适用〈中华人民共和国合同法〉若干问题的解释（二）》已规定为，“过分高于”是指高于损失额的30%，适用诸如这些法律规定的弹性条款，就必须结合某个具体行业的具体特征把握执法的尺度。违约责任本身有两个职责，填平性和惩罚性，学理认为应以填平损失为主。基于建筑行业特征来说，我赞同施工合同纠纷案件的违约责任以填平损失为主，可以有小额惩罚，但不宜过重。建筑业是微利行业，房地产业就不属于微利行业。“房子是用来住的，不是用来炒的”。从文义内容看，房子具有居住使用和资本市场类似金融产品的两个属性；意味着恢复和扩大房屋居住使用功能，为城镇居民提供宜居房屋；同时，打击、抑制投机炒房行为，但不允许房价暴跌后连累商业银行而发生系统性金融风险。不因为施行了抑制炒房行为的房地产调控行政措施而否定房产本身的投资属性。房地产作为资本的属性，与期货、股票、基金等金融产品一样，受到金融政策、货币政策、宏观（微观）经济政策调整、进出口贸易、国际金融危机、财政政策等影响，它有很多特质与虚拟的资本市场的金融产品相通，包括高投入、高产出、高风险。但是，建筑业自出生就不具有这些特性，性质是承揽合同，赚取皮费，比如股市大涨大跌，对建筑业影响不大。所以，产业链条上，建筑业和房地产业是上下游的关联产业，建筑施工建好的房子很多是用于商品房开发的；大的方面，建筑、房地产同属于建筑房地产类。但两个行业是不同性质的行业，区分出它们的不同属性是必要的。房地产业利润率在20%以上十分正常，房价上涨时，房企利润在20%以上的比比皆是，甚至100%以上的也不属于绝无仅有。法院审理此类纠纷时，根据合同约定，裁判房地产开发合同当事人承担10%或者以上的违约金，也是正常合理的；但是，对于承建一般商品房的建筑企业利润率可能在0.5% ~1%左右，如果判决施工企业承担工程造价10%或者以上的违约金，是不合适的。因此，把握不同行业的不同特征，对我们准确把握裁判尺度是有好处的。

第六，建筑行业违法违规情况严重。其一，从履行施工合同角度看，存在转包、违法分包、肢解发包违法行为；其二，从违反市场准入的角度看，以挂靠、联营、内部承包等形式，违反国家建筑市场准入规定，没有施工资质或者超越本企业资质等级承揽建设工程。建筑施工企业有营业执照和资质等级，房屋建筑工程施工总承包分为特级、一、二、三，共四个等级。特级资质条件为，注册资本金3亿元以上，企业净资产3.6亿元以上，近三年平均工程结算收入15亿元以上，其他条件达到一级资质标准。全国有三百余家特级资质企业。合同法第二百七十二条第三款规定，禁止承包人将工程分包给不具有相应资质条件的单位；建筑法第十三条规定，建筑施工企业取得相应等级的资质证书后，方可在其资质等级许可范围内从事建筑活动。第二十六条规定，禁止建筑施工企业超越本企业资质等级许可的业务范围或者以任何形式用其他建筑施工企业名义承揽工程。招标投标法第十八条、第三十一条规定，投标人应当提供潜在投标人资质证明文件；联合投标的，联合体各方均应具备规定的相应资质条件等。《最高人民法院关于审理建设工程施工合同纠纷案件适用法律问题的解释》（以下简称《施工合同司法解释》）第一条规定，承包人未取得建筑施工企业资质或者超越资质等级的，没有资质的实际施工人借用有资质的建筑施工企业名义承揽工程的，施工合同无效。综上，合同法、招标投标法、建筑法和《建筑工程质量管理条例》《施工合同司法解释》等法律、法规、司法解释规定是明确的，承揽工程必须具有相应等级的施工资质，且不能超过其资质等级许可的业务范围承揽工程。之所以设置这么严格的市场准入条件，是因为建筑行业与公共利益、公共安全紧密相连。但是，就建筑市场的现实情况而言，违反施工企业质证管理规定，通过挂靠、联营、内部承包等违规形式借用有相应资质的建筑施工企业名义承揽建筑工程的情况很多。从建筑市场前期发展情况看，不乏一些大型施工企业将此类违规行为作为本企业快速发展的经验予以推广。因为建筑行业利薄，资质等级高的建筑企业以挂靠、联营、内部承包等形式吸纳很多没有资质的工头，准许他们借用本企业资质证书对外以被挂靠单位名义承揽工程，可以迅速扩充市场份额，同时收取大量管理费（出借施工企业资质费用），台账显示一定时期企业获取的利润高于行业平均利润。其三，违反招标投标法规定。应当招标不招标，招标人以不合理的条件限制或者排除潜在投标者，串标，围标，明招暗定，弄虚作假骗取中标，贿标，签订“黑白合同”等等。其四，除此以外，其他违法行为也很多，像压缩合理工期等违法行为；工程是有定额工期的，最低工期是国家强制性标准，按照国家标准化法规定，国家强制性标准必须执行。《建设工程质量管理条例》第十条规定，建设工程发包单位不得强迫承包方以低于成本的价格竞标，不得任意压缩合理工期。北京市住建委文件显示，合同工期少于定额工期的30%以上部分为“压缩的合理工期”。目前来看，造成建筑工程质量缺陷的主要原因中，包括：违反基建工作流程，转包、违法分包、超越质证施工等，地质勘查数据错误，设计缺陷，抢工，施工和施工管理缺陷，使用不当等。从法院审理案件情况看，抢工是造成工程质量缺陷的主要原因，建筑材料缺陷是第二位。对于这些违法行为，应当引起我们高度重视。

第七，建筑市场改革情况。目前建筑行业违法违规现象普遍存在，说明建筑行业现有的制度安排不能完全适应形势发展，需要改革不合理的制度安排，从根本上解决问题。一是，《国务院办公厅关于促进建筑业持续健康发展的意见》（国办发［2017］19号）（以下简称《意见》）提出的建筑业改革方案，概括说：一是，简政放权。优化资质管理。进一步简化工程建设企业资质类别和等级设置，减少不必要的资质认定。对信用良好、具有专业技术能力、提供足额担保的企业，在其资质类别内放宽承揽业务范围限制。有序发展个人执业事务所，强化个人执业资格管理，推动个人执业保险制度。二是，完善招标投标制度。加快修订《工程建设项目招标范围和规模标准规定》，缩小并严格界定必须进行招标的工程建设项目范围，放宽有关规模标准，防止工程建设项目实行招标“一刀切”。在民间投资的房屋建筑中，探索由建设单位自主决定发包方式。三是，加快推行工程总承包。装配式建筑原则采取工程总承包模式。四是，培育全过程工程咨询。在民用建筑项目中，充分发挥建筑师的主导作用，鼓励提供全过程工程咨询服务。五是，严格落实工程质量责任。加强安全生产管理。全面提高监管水平。重点加强对涉及公共安全的工程地基基础、主体结构等部位和竣工验收等环节的监督检查。政府可采取购买服务的方式，委托具备条件的社会力量进行工程质量监督检查。六是，建立统一开放市场。加强承包履约管理。规范工程价款结算。审计机关应当依法加强对以政府投资为主的公共工程建设项目的审计监督，建设单位不得将未完成审计作为延期工程结算、拖欠工程款的理由。未完成竣工结算的项目，有关部门不予办理产权登记。严格执行工程预付款制度，及时按照合同约定足额向承包单位支付预付款。《意见》将对深化建筑业改革带来巨大影响。新理念包括：淡化企业资质，强化个人执业资格；缩小招标范围，放宽有关规模标准；强化政府对工程质量的监管，加大抽查抽测力度，重点加强地基基础、主体结构、竣工验收三大环节监管力度；工程建设单位承担首要责任和终身负责制；推行工程总承包，碎片化管理向全过程管理转化；建筑市场统一开放，强化经济信用等市场手段；实行专业化、公司化，形成施工产业队伍；推广装配式建筑，建筑信息模型运用；“走出去”战略，加强国际市场竞争力。此份文件展示了建筑业未来发展方向，也是人民法院审理施工合同纠纷案件的裁判方向，应当认真学习。

二、建设施工合同的法律适用问题

法官审理建设工程施工合同纠纷案件，是有一定难度的。法律人讲法律思维和法律意识，我们讲，张三对案件的感觉好，讲的是张三对纠纷案件的第一感觉好，看过案情后，就知道乱如麻的纠纷案件的法律关系的线头在哪，就能顺线头将案件的法律关系捋顺，分清纠纷案件性质、效力；有效合同的违约、解除、索赔、损失赔偿；无效合同的缔约过错、损失名目、赔偿标准等，如庖丁解牛。第一感觉好的本质，是法律思维、法律意识强。

建设工程施工合同法理特征是什么？我觉得，应将施工合同从合同法分则规定的各类法律关系中拎出来，凸现出来，从多维角度来分析，才能将其共性和个性凸显出来，一目了然。

第一，承揽合同和建设工程合同的相同点和不同点。合同法第十六章第一条，第二百六十九条规定，建设工程合同包括工程勘察、设计、施工合同，共三类。第十六条章最后一条，即第二百八十七条规定，本章没有规定的，适用承揽合同的有关规定。第十五章是承揽合同。这意味着，建设工程是一种特殊的承揽合同，如果不具有特殊性，就没有必要单列一章。国外立法例看，建设工程合同多放在承揽合同中，单独写几条，比如《德国民法典》第 648 条建筑承揽人的担保抵押权，建筑承揽人有权要求定作人提供担保等条文。承揽合同的本质属性是什么？承揽合同包括修理、定作、改建、测试和维修。首先，承揽合同是诺成、不要式合同，是双务有偿合同，属于继续性合同。承揽合同具有人身属性，基于信任而签订，它隐含着承揽合同的根本属性，一是信赖，二是协作。承揽合同主体包括承揽人和定作人，比如说，订做一套西服，量体裁衣是必要的，属于承揽人应当按照定作人提出的服装设计要求制作成衣，定作人与承揽人之间基于信任订立合同，彼此协作才能完成承揽任务。履行建设工程合同中的转包、违法分包、肢解发包等违法行为，从根本上破坏了发包人对承包人的信赖，属于根本性违约；施工中存在着大量的设计变更，需要补充细化主合同才能履行合同，实现合同目的，业主方应当及时将设计变更方案通知施工人，“及时”很必要，拖延告知承包人会产生停（窝）工损失。还有，隐蔽工程在隐蔽前，承包人应该通知发包方检查。发包人没有及时检查的，承包人可以顺延工期，并有权要求赔偿停工、窝工损失。总之，在履行承揽合同过程中，存在着大量的协作义务；信赖和协作是承揽合同的本质属性，违反这两类合同义务，都构成根本性违约。在其他合同法分则中的合同类型并不存在此种情况。合同法第二百五十九条规定，承揽工作需要定作人协助的，定作人有协助的义务。定作人不履行协助义务致使承揽工作不能完成的，承揽人可以催告定作人在合理期限内履行义务，并可以顺延履行期限；定作人逾期不履行的，承揽人可以解除合同。此外，其他条款也有类似规定，像合同法第二百五十五条规定的定作人对承揽人供材的检验义务；第二百五十六条规定的承揽人通知定作人更换、补充及采取补救措施等义务；第二百五十七条规定的定作人提供的图纸、设计方案不合理时承揽人的通知协调义务；等等。合同法第十五章至第十六章条文中充满了定作人与承揽人协作完成承揽合同义务实现合同目的的规定内容，这是承揽合同和建设工程合同的本质属性。对此，两者是一致的，体现了承揽合同与建设工程合同具有共性的一面。但是，承揽合同和建设工程合同也有很大的差别。一般的承揽是针对动产，履约的方式包括加工、定作、修理、复制、测试、检验等；而建设工程施工合同约定的施工过程，是针对不动产，把材料、技术和企业管理支出的管理费用、人工费用等不间断地物化到建筑产品的一个过程，所以两者是有区别的，故合同法分则中分别将承揽合同与建设工程合同规定在第十五章和第十六章两章中。建设工程合同与承揽合同区别体现在，一是，对于承揽合同，支付报酬一般是后付原则，把事情做好以后再支付报酬。对于建设工程施工合同来讲，不体现后付原则，建设工程款的支付分为预付款、进度款和结算款。预付款在工程开工前支付，支付比例在15%到20%之间。住建部《建设工程价款结算暂行办法》第十二条规定，包工包料工程的预付款按照合同约定拨付，原则上预付比例不低于合同金额的10%，不高于合同金额的30%。对于重大工程项目，按照年度工程计划逐年预付。计价执行《建设工程清单计价规范》的工程，实体性消耗和非实体性消耗部分，应当在合同中分别约定预付款比例。发包人不支付工程预付款甚至部分进度款，由施工企业带资施工的情形，叫作垫资。二是，承揽合同是双务有偿、不要式合同，合同法第二百七十条规定，施工合同应当签订正式的施工合同文本。三是，承揽合同中的定作人享有任意解除权，合同法第二百六十八条规定，定作人可以随时解除合同，造成承揽人损失的，应当赔偿损失。此外，不定期租赁合同、委托合同中的合同双方均享有任意解除权，承揽合同中的定作人、货物运输合同中的托运人、保管合同中的寄存人、保险合同中的投保人、劳动合同（试用期内）中的劳动者、旅游合同中的旅游者等，均享有任意解除权。最常见的是委托律师代理诉讼，虽然已经签订了委托代理合同，但是如果委托人反悔，依单方意思表示就能解除委托代理合同。比如订做西服，我告诉裁缝这西服不做了，裁缝不能强制继续履行合同。但是如果裁缝已经做好衣服了，这时候需要支付制作费用和赔偿金，但合同仍然依单方意思表示解除。对于建筑工程来说，业主作为发包人能否依其单方意思表示解除施工合同呢？即施工合同发包人是否享有任意解除权呢？合同法第十六章以及《施工合同司法解释》等相关规定，建设工程施工合同中发包人不享有任意解除权，这一点与承揽合同不同。《施工合同司法解释》第八条、第九条规定的施工合同解除条件为法定解除条件，而非行使任意解除权。四是，在履行承揽合同中，如果承揽人交付的工作成果不符合约定的质量要求，定作人可以要求承揽人承担修理、重作、减少报酬、赔偿损失等违约责任，其中很重要一项就是减少报酬。合同法第二百六十二条规定，承揽人交付的工作成果不符合质量要求的，定作人可以要求承揽人承担修理、重作、减少报酬、赔偿损失等违约责任。在建筑工程施工中，工程存在质量瑕疵、缺陷、甚至不合格的情况都有，存在工程质量瑕疵有小毛病的情况下，能不能不去搞工程质量是否存在缺陷的司法鉴定？而是适当减少报酬（工程款）呢？从法律依据来讲，不管是从合同法规定，还是《施工合同司法解释》规定而言，法律依据都是十分充分的。《施工合同司法解释》第十一条规定，因承包人过错造成建设工程质量不符合约定，承包人拒绝修理、返工或者改建，发包人请求减少支付工程价款的，应予支持。但从司法实践来看，绝大部分案例中有关工程质量的争议部分都是去送工程质量鉴定机构作鉴定，关于工程质量缺陷是否存在？能不能修复？修复费用多少？不能修复的话，应当拆除重建；因工程质量缺陷争议导致合同解除后，发包人另找别的施工企业续建工程，基本都是采取这样一些了断合同履行的方式解决纠纷。我认为法官之所以不愿意采用直接减少支付工程费用的方式裁判，主要是因为，应该减少多少费用不好判断。工程验收时，很多工程是甩项验收的，甩的项目很多，有的是需要返工或者修补的，存在工程质量瑕疵。因为司法鉴定成本高、周期长，对于工程质量瑕疵来讲，采用司法鉴定方式认定瑕疵和修复费用，代价太大。有些人认为，法官为了图省事，将审判权交由鉴定机构来行使，裁判文书直接采信鉴定结论，将鉴定结论转化为判决书主文。客观讲，司法鉴定结论属于法定证据之一，人民法院委托司法鉴定期间应当保障当事人充分行使诉讼权利，体现程序公正，通过程序公开保障实体公正，不能剥夺当事人在司法鉴定期间享有的诉讼抗辩权利。司法改革以后，实行主审法官制度，主审法官的裁量权增大，责任、风险都随之加大，主审法官反而更加谨慎了，不愿意通过减少工程价款方式解决工程质量瑕疵纠纷。我个人认为，为减少法官顾虑和担心，法官可以通过工程造价咨询中介机构提供的咨询服务，由造价工程师提供一个瑕疵修复费用的区间或比例。比如，防水出现工程质量瑕疵，修复合格应该需要5万元到7万元之间。在这个区间内，法官行使自由裁量权，作出判断。2018年2月14日，住建部发布国家标准《建设工程造价鉴定规范》，2018年3月1日起施行。该份文件主要内容包括：总则、术语、基本规定（主体资格、鉴定项目委托、委托的接受与终止、鉴定组织、回避、鉴定准备、鉴定期限、出庭作证）、鉴定依据（鉴定人自备、委托人移交、当事人提交、证据的补充、鉴定事项调查、现场勘查、证据的采用）、鉴定（鉴定方法、鉴定步骤、合同争议的鉴定、证据欠缺的鉴定、计量争议的鉴定、工期争议的鉴定、索赔争议的鉴定、签证争议的鉴定、合同解除争议的鉴定、鉴定意见、补充鉴定、重新鉴定）、鉴定意见书、档案管理。强制性规范内容包括：工程造价鉴定应当遵循合法、独立、客观、公正原则。诉讼或者仲裁案件中，需要对工程造价进行鉴定的，必须执行本规范。这份文件很重要，与法院审理工程造价争议纠纷案件关系密切，涵盖了工程造价争议的主要争点，针对常见工程造价争点提出了规范性的指导意见，对于规范工程造价鉴定市场意义重大。《施工合同司法解释》第二十二条、第二十三条规定表明，尽量地缩减鉴定的范围、次数；能不鉴定的，就尽量不鉴定；能少鉴定的，就少鉴定；一审鉴定了，二审就不再鉴定。鉴定是拟制的法律真实，必然与实际情况存在差距，一、二审鉴定结果必然不一样，当事人矛盾很可能因此而加深或者激化，与人民法院化解纠纷的目标背道而驰。一些情况下，纠纷的解决需要法律事实模糊一点，特别是根本不可能查清案件事实的情况下，减少鉴定的次数、范围，对于法院独立行使审判权化解纠纷是有好处的。

第二，建筑工程和房地产是关联行业，房地产业开发的不动产，是通过履行建设工程合同中的勘察、设计、施工等行为将开发的标的物建造好的，建设工程合同与房地产开发合同之间法律上的异同是什么？就相同点而言，它们同属于经济法范畴，法律意义的侧重点在于规制经济市场秩序，营造公平竞争环境，维护社会公共利益。就差别来讲，法律上讲，施工合同是特殊的承揽合同，合同法第二百八十七条规定，本章（第十六章建设工程合同）没有规定的，适用承揽合同的有关规定。房地产开发，包括：一级市场的土地出让和土地储备；二级市场土地使用权转让（房地产项目转让）、合资合作开发房地产、商品房买卖（包销、零售、违规售后包租，预售，认购等）；三级市场的房屋租赁、房地产中介服务、房地产评估等。体现在合同关系上，涵盖了土地使用权出让合同、土地使用权转让合同、商品房预售合同、商品房售后包租合同（一般买房人与开发商另行单签租赁合同）、商品房包销（销售代理）合同、合资合作开发房地产合同（多数表现为公司法层面设立房地产项目公司，通过行使公司股东权益方式，体现共同出资、共担风险、共享利润）、商品房买卖合同、买房人与商业银行的按揭贷款合同、物业服务合同、装饰装修合同、房屋租赁合同、二手房（存量房）房地产买卖中介房屋合同、不动产抵押贷款合同等，属于复合法律关系。从经济学角度看，房地产具有虚拟经济资本市场上金融产品的某些属性，像中央强调“房子是用来住的、不是用来炒的”，意义在于抑制房地产的资本属性，恢复扩大房地产居住使用功能。比如，北京土地出让市场拍卖储备土地时，竞得土地的“地王”，出价10亿元、40亿元，土地楼面价接近拍卖地块周边商品房的市价，加上房屋建造成本和税费等，远远超出了同地段商品房的市场价格，表象看，拍得的土地已经没有任何开发价值，但开发商为什么还要花大价钱拍下这宗土地呢？明知是赔本买卖为何还有那么多顶级开发商冲在前面呢？目的是什么呢？我分析，作为上市企业的房地产公司，拿地意不仅在建房卖房，主要不是通过房地产开发获得利润，而是资本运作。通过高价拿地，推高房价，“没有最高，只有更高”，推高上市公司收益预期，同时吹大房价和上市公司收益两个气泡，形成滚雪球效应。推高股价后向社会资本套现，套现的利润往往比房地产开发的利润高很多，这样的案件很多。再比如，美联储持续加息，导致热钱、游资、短期套利的民间资本跨境涌向美国资本市场。长期以来，国内商业银行在房地产市场贷款比例过高，也集聚了一定的信贷风险。如果一线城市房地产价格暴跌，跌幅超过现价的30%以上，商业银行可能会出现大宗呆（死）账，此种情形下，金融风险集聚，与化解金融风险防控发生系统性金融风险的政策目标相悖。近期，全国各地特别是一线城市密集出台的房地产限购、限贷、限售、限价等短期调控政策，目标之一就是旨在改变房地产“去库存”政策，平抑轮番上涨的房价，稳控房价，避免房地产市场崩盘导致银行系统发生系统性金融风险。同时，党的十九大提出，加快建立多主体供给、多渠道保障、租购并举的住房长效制度。长效制度安排与短效调控机制相结合，构成了住房制度改革的重要内容。上述政策出台，直接导致北京、上海等一线城市的新售商品房、存量商品房销售价格稳中微降。就是说，房地产价格受政策因素影响也很大。上述一系列事例说明，房地产市场和资本市场紧密相连，房地产作为居住使用功能的商品兼有具有投机或者投资的虚拟经济市场的资本属性，或者说具有资本市场金融产品的属性，兼有高投入、高产出和高风险的特点。建筑业，利润低，属微利行业，房地产市场再火暴的时候，对建筑业的利润率影响不大，房价高，房地产业利润高，不意味着建筑业利润相应提高，建筑业利润相对固定，该拿多少钱拿多少钱。国家统计局数据显示，从1998年到2017年20年间，建筑业利润率从1.2%到3.6%左右，相当于工业全产业产值利润率的二分之一；建筑业以总产值计算出的劳动生产率仅为工业全产业的三分之一；如果以增加值计算劳动生产率，建筑业不足工业全产业的四分之一。从建筑市场供需关系来讲，僧多粥少，是一个买方市场，施工企业揽活很困难，承包方竞相压价恶性竞争。签约阶段施工企业相对弱势，进场施工后，特别是接近竣工阶段，个别施工企业违背诚信原则，往往变成强势，以停工、怠工、延期交工、不交付施工资料等要挟发包人增加工程款，开发项目此类情况更多。对于不少的工程项目而言，施工过程就是承发包双方在市场博弈的过程，建筑市场不是缺乏竞争，而是竞争过度，缺乏有效监管。建筑市场缺乏优胜劣汰淘汰机制，比如，街头饭馆，今开明关，很正常，菜品好不好，每天都在接受消费者检验；但施工企业很少听说哪家企业经营不下去破产的，因为改换门面加入到别的队伍里面依然能混得下去。

三、《施工合同司法解释》规定适用中的相关具体问题

施工合同涉及的法律问题和其他问题都比较多，但从诉讼的案由角度来看，诉由相当简单，施工方就是要钱，业主方依据两点抗辩，一个是工程质量存在问题，二是工程拖期。施工方要钱，业主抗辩工程存在质量问题或者拖期，对于这些诉讼请求来说，如果是一般性的抗辩，抗辩旨在承包人请求支付工程款的条件没有成就，这个性质上属于抗辩；如果认为工程质量有问题，承包人应该赔偿质量缺陷损失，明确工程质量缺陷是什么，赔偿款项数额清晰明确，性质上属于发包人针对承包人支付工程款的本诉请求提出的反诉，旨在抵消吞并本诉请求，属于与本诉请求有关联的独立的诉讼请求，属诉的客体为同一标的的诉的合并情形，这是有关抗辩和反诉的关系。

下面结合《施工合同司法解释》规定，就常见问题与大家探讨。《施工合同司法解释》共有 28 条，第一条到第七条讲的是合同效力，第八条到第十条讲的是合同解除，第十一条到第十七条讲的是工程质量，后面的部分讲的是工程价款，还有一部分讲的是民事诉讼的相关程序问题。概括来说，这个司法解释主要讲的是合同效力、合同解除、工程质量、工期、结算的相关问题，还有一部分是民事诉讼程序问题，大概就是这么一个结构。

第一部分合同效力问题。

一是，第一条，建设工程施工合同具有下列情形之一的，应当根据合同法第五十二条第五项的规定，认定无效：（1）承包人未取得建筑施工企业资质或者超越资质等级的；（2）没有资质的实际施工人借用有资质的建筑施工企业名义的；（3）建设工程必须进行招标而未招标或者中标无效的。二是，没有取得施工资质。没有取得施工资质，意味着实际施工人就

不是施工企业，是一个工头或者是一个经营其他业务的企业。超越资质等级签订的施工合同无效。大家知道，建筑业从业的市场准入规定最为严格，除了有营业执照外，还有资质证书，施工资质还划分为不同的等级，不允许超越资质等级许可的经营范围承揽建筑工程，实行最严格的市场准入。施工资质管理规定十分庞大复杂，分为施工总承包资质、专业承包资质和施工劳务三个序列。施工总承包序列资质标准，包括公路、铁路、电力、石化、通信等；专业承包序列资质标准，包括地基基础、起重设备安装工程、预拌混凝土专业、消防设施专业、防水防腐保温工程专业、桥梁工程专业、隧道工程专业等；施工劳务序列不分类别和等级。关于工程总承包合同。合同法第二百七十二条规定，发包人可以与总承包人订立建设工程合同，也可以分别与勘察人、设计人、施工人订立勘察、设计、施工承包合同。此条规定讲了几个层面内容，一是工程总承包，工程总承包概念就是勘察、设计、施工三类合同本是各自独立的合同，由总承包企业完成上述三项，或者其中的两项由一个施工企业完成，比如，“施工－设计一体化”，EPC工程总承包。住建部《住房城乡建设事业“十三五”规划纲要》第十五章第二条规定要求，“大力推行工程总承包，促进设计、采购、施工等各阶段的深度融合”。《意见》指出，加快推进工程总承包。装配式建筑原则上应采用工程总承包模式。政府投资工程应完善建设管理模式，带头推行工程总承包。加快完善工程总承包相关的招标投标、施工许可、竣工验收等制度规定。按照总承包负总则的原则，落实工程总承包单位在工程质量安全、进度控制、成本管理等方面的责任。除以暂估价形式包括在工程总承包范围内且依法必须进行招标的项目外，工程总承包单位可以直接发包总承包合同中涵盖的其他专业业务。此份文件为推行工程总承包模式指明了方向。此外，住建部等管理部门多次发文，支持发展工程总承包模式。二是，施工总承包和专业技术分包工程。一般指土建和安装工程。法律规定允许将施工总承包工程其中的消防工程、电梯工程、煤气管线、室内大堂装潢、室外玻璃幕墙、强弱电工程等专业工程分包给具有相应施工资质的分包企业去做，为专业分包。合同法第二百七十二条规定，禁止承包人将工程分包给不具备相应资质条件的单位。禁止分包单位将其承包的工程再分包。第三个概念是劳务分包合同。劳务分包合同是指施工总承包企业或者专业承包企业将其承包工程中的劳务作业发包给具有劳务作业法定资质的企业完成的活动。比如消防工程中，把其中所含劳务部分交给劳务企业去做，这叫劳务分包。施工劳务序列不分类别和等级。劳务作业分为13个类别，包括：木工、砌工、抹灰、油漆、钢筋、混凝土、脚手架、模板、焊接、水电暖等。《施工合同司法解释》第七条规定，具有劳务作业法定资质的承包人与总承包人、分包人签订的劳务分包合同，当事人以转包建设工程为由请求确认合同无效的，不予支持。劳务分包合同性质是施工合同，不是劳务合同或者劳动合同。本质是将施工劳动区分为复杂劳动和简单劳动，将其中的简单劳动剥离出来交由劳务分包企业承揽，不属于二次分包，属于合法分包行为。总而言之，工程施工合同分为工程总承包合同，施工总承包合同和专业技术分包合同和劳务分包合同。合同法第二百七十二条、建筑法第二十九条规定，禁止分包单位将其承包的工程再分包。施工总承包中的专业技术分包只能分包一次，就是说，分包商承包建设消防工程后禁止其再次分包给具有（或者不具有）消防施工资质的消防施工企业再次承接同一个消防工程项目，两次分包是违法行为。三是，施工总承包人必须自行独立完成工程的基础和结构建设。合同法第二百七十二条、建筑法第二十九条、《建设工程质量管理条例》等法律、法规对此均有明文规定。转包、违法分包、肢解发包。肢解发包是指建设单位将应当由一个承包单位完成建设工程分解成若干部分分包给不同的承包单位的行为。转包是指承包单位承包建设工程后，不履行合同约定的责任和义务，将其承包的全部建设工程转给他人或者将其承包的全部建设工程肢解以后以分包的名义分别转给其他单位承包的行为。转包不用加“违法”两个字，转包这个词，本身就意味着违法行为。违法分包是指总承包人将建设工程分包给不具有相应资质条件的单位的；建设工程总承包合同中未有约定，又未经建设单位认可，承包单位将其承包的部分建设工程交由其他单位完成的；施工总承包单位将建设工程主体结构的施工分包给其他单位的；分包单位将其承包的建设工程再分包的。对于转包、违法分包、肢解发包三种违法形态是有关规制建设施工行为的法律、行政法规、司法解释所明令禁止的，因此签订的施工合同应当认定为无效合同。四是，有关资质管理的相关问题。施工合同司法解释第一条规定，承包人未取得建筑施工企业资质或者超越资质等级的，应当认定合同无效。这也是合同法、建筑法、招标投标法、消防法、《建设工程质量管理条例》等法律、法规、司法解释明文规定的。如前所述，有关建筑行业资质管理的规定，十分庞大、非常复杂，《建筑业企业资质标准》对资质类别规定为，施工总承包、专业承包和施工劳务三个序列。施工总承包序列设有12个类别，一般分为4个等级（特级、一级、二级、三级）；专业承包序列设为36个类别，一般分为3个等级（一级、二级、三级）；施工劳务序列不区分类别和等级。监理行业、工程造价鉴定、工程质量鉴定、工程设计、工程勘察、装饰装修行业等都是按照资质等级设立的。《意见》明确指出，有序发展个人执业事务所，强化个人执业资格管理，推动个人执业保险制度。优化资质管理。进一步简化工程建设企业资质类别和等级设置，减少不必要的资质认定。对信用良好、具有专业技术能力、提供足额担保的企业，在其资质类别内放宽承揽业务范围限制。目前正在选择部分地区开展试点。同时，加快完善信用体系、工程担保及个人执业资格等相关配套制度，加强事中事后监管。强化个人执业资格管理，明晰注册执业人员的权利、义务和责任，加大执业责任追究力度。五是，FIDIC，国际咨询工程师联合会，土木工程合同文本。其一，FIDIC，土木工程合同文本，包括：《土木工程施工合同条件》（红皮书）、《电气和机械工程合同条件》（黄皮书）、《雇主/咨询工程师标准服务协议书》（白皮书）、《设计-建造与交钥匙工程合同条件》（橘皮书），以后又对上述合同文本作出多次修订。其二，建筑业改革中能够看见FIDIC的潜在影响，包括：EPC交钥匙工程合同条件，适用于工厂化建设的开发项目，包括有策划、可研、设计、建造、安装、试车等全过程承包；FIDIC合同为雇主与承包商之间订立的土木工程施工合同，属于单价合同，必须实行监理制度，雇主聘请并全权委托工程师施行施工管理。雇主一般不与承包人接触，不参与工程管理，工程师在施工中有很大权力，具有特殊的地位，工程师的信用、能力、公正性，是承包人投标报价必须考虑的重要因素。其三，目前，国务院有关建筑业改革政策推动有序发展个人执业事务所，强化个人执业资格管理，推动个人执业保险制度。FIDIC文本中的一般条款、特殊条款，质量缺陷责任期，索赔责任，保修制度等对施工合同格式文本有着潜移默化影响。目前建筑业在施工现场的管理单位叫项目经理部，项目经理与施工企业之间是工厂与车间的关系，不是独立法人或者非法人组织，行为受限；比如说，合作开发房地产，一般是通过成立房地产项目公司形式完成开发任务，转让房地产项目是通过变更房地产项目公司的股东股份形式来实现的，这就咱们所说的现代企业制度。与此相比，项目经理部和建筑施工公司本部之间是工厂和车间的关系，不是一个独立法人，显然不利于施工的决策和管理。项目经理部与FIDIC项下的土木工程合同文本中的工程师机制，与合资合作开发房地产中的房地产开发项目公司制度，比较而言，显然落后了，不能适应建筑业改革创新的发展趋势，据此，建立健全符合中国特色的工程管理体制十分必要。六是，不具备施工资质的实际施工人借用有资质的建筑施工企业名义承揽工程的。合同法、建筑法中对承建工程的一方表述为承包人、建筑施工企业、施工人，共三个概念。实际施工人，是施工合同司法解释创设的新概念，意在区分合法施工行为与违法的施工行为，所以在"施工人"前加了"实际"两个字，实际施工人专指无效施工合同中实际干活的人。七是，必须进行招标而未招标或者中标无效的。必须招标的情形，招投投标法第三条规定，在中华人民共和国境内进行下列工程建设项目包括项目的勘察、设计、施工、监理以及与工程建设有关的重要设备采购，必须进行招标：（1）大型基础设施、公用事业等关系社会公共利益、公众安全的项目；（2）全部或者部分使用国有资金投资或者国家融资的项目；（3）使用国际组织或者外国政府贷款、援助资金的项目。前款所列项目的具体范围和规模标准，由国务院发展计划部门会同国务院有关部门制定，报国务院批准。报国务院批准，意味着这份规范性文件性质属于准行政法规。2000年5月1日，原国家发展计划委员会颁布实施的《工程建设项目招标范围和规模标准规定》规定，关系社会公共利益、公众安全的公用事业项目的范围包括：……商品住宅，包括经济适用住房；项目的勘察、设计、施工、监理以及与工程建设有关的重要设备、材料的采购，达到下列标准之一的，必须进行招标：施工单项合同估算价在200万元以上的；施工单项合同估算价在200万元以下，但项目总投资额在3000万元人民币以上的。依此规定，意味着几乎所有的工程建设项目都要履行招标投标程序。国务院办公厅《意见》指出，完善招标投标制度。加快修订《工程建设项目招标范围和规模标准规定》，缩小并严格界定必须进行招标的工程建设项目范围，放宽有关规模标准，防止工程建设项目实行招标"一刀切"。在民间投资的房屋建筑中，探索由建设单位自主决定发包方式。并将依法必须招标的工程建设项目纳入统一的公共资源交易平台，遵循公平、公正、公开和诚信的原则，规范招标投标行为。进一步简化招标投标程序，尽快实现招标投标交易全过程电子化，推行网上异地评标。对依法通过竞争性谈判或单一来源采购方式确定供应商的政府采购工程建设项目，符合相应条件的应当颁发施工许可证。它这里面说的是什么意思呢？有简政放权的意思，应当与国务院推行的“放管服改革”结合起来，为改革服务。八是，《施工合同司法解释》第七条规定，具有劳务作业法定资质的承包人与总承包人、分包人签订的劳务分包合同，当事人以转包建设工程违反法律规定为由请求确认无效的，不予支持。司法解释颁布实施以后，建筑市场上很多转包和违法分包行为包装为劳务分包，明明是转包但所写的合同名称都是劳务分包合同，旨在规避法律禁止的转包行为。是不是转包？不应该根据合同名称来确定，应该根据合同约定的实质的权利义务内容来定性。转包最好辨别，将整个工程（包括基础工程和结构工程）转给别人施工；劳务分包是只允许做13个工种的劳务，民间称为“包清工”，不允许施工人携带大型施工机械设备进场施工。

第二部分工程质量问题。

一是，施工合同司法解释第十一条规定，因承包人的过错造成建设工程质量不符合约定，承包人拒绝修理、返工或者改建，发包人请求减少支付工程价款的，应予支持。如前所讲，还是要尽量缩减鉴定范围和鉴定次数，通过采取向工程质量鉴定机构专业咨询的方式合理确定裁量范围。如果仅靠专业咨询不能准确确定工程质量缺陷修复费用，也可以参照建筑市场价格信息，大中城市的建设行政主管部门定期公布构成工程造价的核心元素的市场价格信息，参照（辅助）价格信息评判工程质量修复费用，也是参考标准之一。二是，《施工合同司法解释》第十二条规定，发包人具有下列情形之一，造成建设工程质量缺陷，应当承担过错责任：（1）提供的设计有缺陷；（2）提供或者指定购买的建筑材料、建筑构配件、设备不符合强制性标准；（3）直接指定分包人分包专业工程。发包人提供或者指定购买的建筑材料、建筑构配件、设备，指的是甲供材和甲指定供材，除此外还有甲限材。从法律规定角度讲，业主直接供材、业主指定供材或者业主限材都是合法的，但是业主直接指定分包是违法行为。《建设工程质量管理条例》第二十七条规定，总承包单位依法将建设工程分包给其他单位的，分包单位应当按照分包合同约定对其分包工程的质量向总承包单位负责，总承包单位与分包单位对分包工程的质量承担连带责任。所产生的后果是什么呢？合同法、建筑法等法律也作出规定，总承包单位和分包单位就分包工程对建设单位承担连带责任。但如果是业主指定分包，业主对指定分包存在过错，因此造成的分包工程质量缺陷，承发包双方应当按照过错承担工程质量缺陷责任。三是，保修问题。《建设工程质量管理条例》第三十九条规定，建设工程实行质量保修制度。建设工程承包单位在向建设单位提交竣工验收报告时，应当向建设单位出具质量保修书。质量保修书中应当明确建设工程的保修范围、保修期限和保修责任等。第四十条规定，正常使用条件下，建设工程的最低保修期限为：地基基础工程和主体结构工程，为设计文件规定的该工程的合理使用年限；防水工程为 5 年；供热供冷系统为 2 个采暖期、供冷期；电气管线、给排水管道、设备安装和装修工程为 2 年。其他项目的保修期限由发包人与承包人约定。建设工程保修期，自竣工验收合格之日计算。审判实践中，争议较多的问题是多长时间返还保修金？原理上说，保修期届满应当返还保修金，但按照上述法规规定，地基基础工程和主体结构工程最低保修期限为设计文件规定的该工程的合理使用年限，一般为 50 年 -70 年，是否 50 年以后再返还保修金？实践中承发包双方当事人常常争议此问题。如果需要 50 年以后返还保修金，保修金比例为工程款 3% ~5%，意味着施工行业利润都存放在业主处，可能还包括一部分成本。为此，住建部施工合同范本从 FIDIC（国际咨询工程师联合会）土木工程合同文本等引进了缺陷责任期概念。缺陷责任期是指承包单位对所完成的工程产品发生质量缺陷后的修补预留的金额的期限，通常为 6 个月、12 个月、24 个月。针对保修金的保留期限而言，缺陷责任期届满，保修金返还；质量缺陷发生在责任期限内，承包人没有进行维修，发包人有权从质保金中扣款。2017 年 6 月 20 日，住房城乡建设部、财政部《建设工程质量保修金管理办法》第二条规定，本办法所称建设工程质量保修金是指发包人与承包人在建设工程承包合同中约定，从应付的工程款中预留，用以保证承包人在缺陷责任期内对建设工程出现的缺陷进行维修的资金。缺陷是指建设工程质量不符合工程建设强制性标准、设计文件以及承包合同的约定。缺陷责任期一般为一年，最长不超过两年，由承发包双方在合同中约定。第十一条规定，缺陷责任期届满，发包人向承包人返还保证金。此前，国务院以国办发〔2016〕49 号《国务院办公厅关于清理规范工程建设领域保证金的通知》、修订后的《建设工程施工合同范本》，也均有类似内容。工程保修责任的法理性质？瑕疵担保责任。违约责任是过错责任，以合同当事人一方或者双方违反合同约定为适用的前提条件；瑕疵担保责任为无过错责任，是特别的法定责任。合同法第二百六十二条规定，承揽人交付的工作成果不符合合同约定的，定作人可以要求承揽人承担修理、重作、减少报酬、赔偿损失等违约责任。有人认为此条规定为瑕疵担保责任，我个人观点似不完全是瑕疵担保责任法律规定，主要是法条规定有“不符合合同约定”为责任条件。《建设工程质量管理条例》第四十条规定的保修责任；《FIDIC 施工合同文本（1999年第一版）》通用条款第11章对缺陷责任作出规定；我国《建设工程质量保修金管理办法》《标准施工招标文件》《建设工程施工合同（示范文本）》等均是在借鉴《FIDIC 施工合同文本（1999 年第一版）》基础上制定，上述规定的质量保修责任和质量缺陷责任似为瑕疵担保责任。承担瑕疵担保责任的主要方式，包括瑕疵修补、重作、减少报酬、解除合同、损害赔偿等；域外法域一般认为，瑕疵权利行使受到除斥期间限制，分为瑕疵发现期间和瑕疵权利行使期间，按照层次规定有在适当期限内催告承揽人去除瑕疵（修补优先适用）→自行去除瑕疵后请求义务人赔偿→期限届满后请求减少报酬、解除合同。施工合同纠纷案件中，保修责任也是争点之一，法律规定过于简单粗放，有待进一步精细化，以期保护施工合同业主和住户利益，减少纠纷。

第三部分工程造价问题

一是，工程造价的基本问题。《施工合同司法解释》第十六条规定，当事人对建设工程的计价标准或者计价方法有约定的，按照约定结算工程价款。什么是计价标准？什么是计价方法呢？原建设部《建筑工程施工发包与承包计价管理办法》（已失效）规定，工程发承包计价包括编制施工图预算、招标标底、投标报价、工程结算和签订合同等。施工图预算、招标标底和投标报价由成本（直接费、间接费）、利润和税金构成。其编制可以采用以下计价方法：（1）工料单价法。分部分项工程量的单价为直接费。直接费以人工、材料、机械的消耗量及其相应的价格确定。间接费、利润、税金按照有关规定另行计算。（2）综合单价法。分部分项工程量的单价为全费用单价。全费用单价综合计算完成分部分项工程所发生的直接费、间接费、利润、税金。什么是分部工程？是指建筑和安装工程的各个组成部分，按照建筑工程的主要部位或者工种、安装工程种类划分；像土方工程、地基和基础工程、砌体工程、地面工程、装饰工程、管道工程、通风工程、通用设备安装工程、容器工程、自动化仪表安装工程等。像路桥工程，单位工程（分部工程）包括路基工程分为每 10 公里或者每标段（路基土石方工程、桥涵工程）、路面工程分为每 10 公里或者每标段（路面工程)、桥梁工程（基础和下部结构、上部构造预制和安装、上部构造现场浇筑）等。什么是分项工程？是指施工图预算中最基本的计量单位，也是工程概预算定额的基本计量单位，也称为工程细目。分项工程为分部工程以下的子单位，像土方路基、石方路基等。招标标底编制的依据为：(1) 国务院和省自治区直辖市人民政府建设行政主管部门制定的工程造价计价方法及其他有关规定。(2) 市场价格信息。合同价可以采用以下方式：(1) 固定价。合同总价或者单价在合同约定的风险范围内不可调整。(2) 可调价。合同总价或者单价在合同实施期内，根据合同约定的办法调整。(3) 成本加酬金。二是，定额。定额是指社会平均生产条件下，生产质量合格的单位工程产品所必需的人工、材料、机具的数量标准，称为工程建设定额。定额分类很复杂，与审判业务有关的有两点。第一点是，对概预算定额调整考虑的因素，包括概预算定额附表中列出的不同类型工程工料表和工程所在地相应的工资标准和材料预算价格计算价差的系数；工程项目的主要材料、人工费、机械使用费的分析表和工程所在地的工资标准、材料预算价格计算价差调整系数；其他方法。第二点是，定额适用的原则是，干什么工程适用什么定额；间接费与直接费配套使用，执行什么直接费定额就采用相应的间接费定额；各专业部结合专业特点补充制定预算定额，仍应按照间接费的管理分工，采用相应的间接费定额。定额是政府指导价，定额是各省市行使部分公权力的定额管理部门根据构成工程造价款核心元素的变化编制的定额。法律上来讲，定额属任意性规范，或者说，是选择性规范，并不是不得违背不能突破的强制性规范，法官裁判个案和当事人签约时可以选择适用前一年（或者几年前）定额标准，也可以选择不适用定额标准结算。从实务情况看，当事人签订的施工合同一般适用相对取费标准较低的前期定额标准，而非当期定额，随行就市，这是建筑市场供需关系决定的。三是，市场价格信息。《意见》明确，完善工程量清单计价体系和工程造价信息发布机制，形成统一的工程造价计价规则，合理确定和有效控制工程造价。建筑市场价格信息是建设行政主管部门根据构成工程价款的主要元素的市值变化定期公布的市场价格信息，像郑州市建委定期发布人工费中的焊工、混凝土、漆工等工费，建筑主材钢筋、水泥市价等。市场价格信息相对客观，如实反映建筑成本的市场价格和工程造价的市场行情，故施工合同被认定为无效以后，原则上应当参照签约时的市场价格信息结算工程价款；但《施工合同司法解释》没有采用这个方案，主要是因为按照价格信息核算工程造价法官难以算出工程款来，意味着相当多的施工合同纠纷案件要交由鉴定机关通过司法鉴定形式鉴定出工程造价，这是我们不愿意看到的，也为人大代表和各界诟病。所以，《施工合同司法解释》第二条规定，建设工程施工合同无效，但建设工程经竣工验收合格，承包人请求参照合同约定支付工程价款的，应予支持。此条意义在于，施工合同被认定为无效后，因不能返还和没有必要返还而应当折价补偿，折价补偿标准为合同有关工程造价结算的约定；如果约定不明，设计变更导致约定不明等不得已情形下，可以选择专业咨询、工程造价专项调解、专家听证后法官作出判断、工程造价鉴定等；不能将工程造价鉴定作为认定工程款的唯一裁判依据或者主要裁判依据，应当根据个案实际情况选择不同造价认定方式。四是，工程量清单计价。住建部《建设工程工程量清单计价规范》规定，本规范适用于建设工程发承包及实施阶段的计价活动。工程造价应由分部分项工程费、措施项目费、其他项目费、规费和税金组成。招标工程量清单、招标控制价、投标报价、工程计量、合同价调整、合同价款结算、与支付以及工程造价鉴定等工程造价文件的编制与核对，应由具有专业资格的工程造价人员承担。工程量清单为建设工程的分部分项工程项目、措施项目、其他项目、规费项目和税金项目的名称和相应数量等的明细清单。综合单价。完成一个规定计量单位的分部分项工程量清单项目或者措施清单项目所需的人工费、材料费、施工机械使用费和企业管理费与利润，以及一定范围的风险费用。措施项目。为完成工程项目施工，发生于该工程准备和施工过程的技术、生活、安全、环境保护等方面的非工程实体项目。清单计价的主要依据，包括：工程量清单计价规范规定的计价规则；政府统一发布的消耗量定额；企业自主报价时参照的企业定额；由市场供需关系影响的工、料、机市场价格及企业自行确定利润、管理费标准。清单计价适用于国有资金投资建设的项目，其他非国有投资建设项目，也可以参照执行。清单计价优点在于，详细反映出工程的实物消耗和有关费用，与预算定额的静态计价模式比较而言将风险、单价、误差等各种因素考虑在内动态计价方法。五是，对工程造价产生影响的其他因素。第一点，审计。《意见》中指出，审计机关应当依法加强对以政府投资为主的公共工程建设项目的审计监督，建设单位不得将未完成审计作为延期结算、拖欠工程款的理由。此前，在施工合同中未约定以审计机关作出的审计结论作为工程价款结算依据的，法院认为（最高人民法院〔2001〕民一他字第2号请示案件电话答复意见），“审计是国家对建设单位的行政监督，不影响建设单位与承建单位签订的施工合同效力。建设工程承包合同案件应以当事人约定作为法院裁判依据。只有在合同明确约定以审计结论作为接受依据或者约定不明、合同约定无效的情况下，才能将审计结论作为判决的依据”。近几年审判实践情况看，多数国有资金投资建设的公共工程建设项目在施工合同中约定有工程结算价款以国家审计机关作出的审计结论为准。故依照审计法、审计条例、最高人民法院答复意见等规范性文件规定，合同未约定以审计结论作为结算依据的，遵从合同约定；合同约定以审计结论作为工程结算依据的，还是遵从合同约定，以审计结论作为工程结算依据。第二点，一定时期内建筑市场材料价格（建筑主材）、人工费等异常波动，为合理确定工程造价，保证工程顺利实施，各地政府出台了调整结算款的指导性文件。指导性文件要点大同小异，主要包括：某地因钢材、有色金属、材料等、人工费大幅波动，超出了承发包双方当事人签约时所能够预见的范围。施工合同对构成工程价款要素价格的风险范围、幅度有明确约定的，从约定；没有约定的，本着风险分担原则处理。例如，浙江省建设厅《关于加强建设工程人工材料要素价格风险控制的指导意见》（调价文件）规定，结算期人工市场价格或者合同前80%工期月份的人工信息价平均值与投标报价文件编制期对应的市场价或者信息价之比上涨或者下降幅度在15%以上的，投标报价文件编制期采用的人工单价，与对应的市场价或者信息价比较，取大值参与调整条件的判别计算。还包括：材料费调整范围、调整方法（计算公式）、要求承发包双方签订补充协议、价差只计取税金不计取其他费用、时间适用的时间段等等。民法法理上，适用调价文件是否属于民法上的情势变更，有不同看法；能否适用民法通则、民法总则公平原则、诚信原则也有不同看法。一般认为，诚信原则为民法“帝王条款”，不能作为裁判个案的准据法，裁判案件应当适用合同法分则的法律条文，分则没有规定的，适用买卖合同。个人观点，建筑业与高投入、高产出、高风险的房地产业不同，性质是承揽合同，赚的是皮费，能否适用调价文件？应当与行业性质相关，资本市场上的风险投资行业亏多少钱都不能调价；材料费、人工费等市场价格异常波动造成施工人亏本施工，某一地区或者建筑业整体亏损，意味着这一地区或者整个建筑业均在施工成本以下承揽工程，赔本干活，施工人低于施工成本施工是违法的，对此，招标投标法有规定；

有观点认为，施工人也有权通过行使合同法规定的撤销权，撤销或者变更合同约定的工程价款；对于采取固定价结算施工合同，符合政府调价文件约定的调价条件的，应当参照政府调价文件内容，根据个案情况，依据自由裁量权，予以适当调价；否则，因建筑业为微利行业，不予调价，可能造成建筑业整体亏损，涉及公共利益，国家也是不能承受的。法律适用上，许多施工合同有关工程价款的约定内容是不明确的；或者原来合同约定明确，施工中，因设计变更影响工程量变化、施工工序变化、停窝工损失等原因，导致原约定内容不能适用，变为约定不明了。此类情况下，按照合同法第六十一条、第六十二条、第六十三条规定，工程结算约定不明的；或者约定明确，履行中，因设计变更等原因导致原合同约定不能履行，合同当事人又未及时签订补充协议的，应当执行政府定价或者政府指导价，应当包括地方政府调价文件内容等规定，将地方政府调价文件作为上述法条中的“政府定价或者政府指导价”予以适用。招标投标法第三十三条规定，投标人不得低于成本的报价竞标。《施工合同司法解释》第十六条也规定，因设计变更导致建设工程的工程量或者质量标准发生变化，当事人对该部分工程价款不能协商一致的，可以参照签订建设工程施工合同时当地建设行政主管部门发布的计价方法或者计价标准结算工程价款。

总结一下，主要介绍了以下几个方面：建筑市场基本情况，建设工程施工合同法律适用问题，审理建设工程施工合同纠纷案件应当注意的相关问题，穿插介绍了建筑行业动态。施工合同实务中问题还很多，有待我们进一步研究研讨。

公平交易论下的内幕交易受害投资者司法救济

王林清*

内容提要：内幕交易受害投资者司法救济制度构建的前提，是对内幕交易与投资者损害之间法律关系的合理阐释。内幕交易既未侵害投资者知情权，也没有对其投资决策造成误导，因此不属于欺诈行为，反欺诈理论的事实基础并不准确。就危害实质而言，内幕交易属于使用非法信息优势的不公平交易行为，侵害了交易对手依据平等决策基础和相同成败机会进行公平交易的合法权益。依据公平交易理论，内幕交易损害赔偿请求权人应当界定为，内幕交易时间完全一致的善意反向交易者，其有权获得的赔偿数额为实际买入和卖出相关证券的价格差额，同时应以内幕交易人的违法所得数额为限。

关键词：内幕交易　投资者　救济　公平交易理论

引言

内幕交易违背了资本市场“三公原则”，严重破坏市场诚信基础，影响了市场功能发挥，直接损害投资者合法权益，被视为资本市场的毒瘤，因此，防治内幕交易始终是我国证券监管的重点，对其的打击力度也呈现出不断加大的趋势。[①] 与此形成明显对比的却是，证券投资者因内幕交易遭受的损害未能得到有效救济，迄今为止，只有2015年9月30日上海市

* 法学博士，最高人民法院民一庭法官助理。

① 就此，国务院办公厅于2010年11月16日专门转发证监会等五部门制定的《关于依法打击和防控资本市场内幕交易的意见》，明确提出对于内幕交易要高度重视，形成综合防治体系和强大打击合力。

第二中级人民法院审理的秦某等诉上海光大证券公司内幕交易损害赔偿案获得一审胜诉。[①] 导致这一困境的直接原因似乎是立法规定过于原则，[②] 使得内幕交易受害人的认定，其所受损失范围及计算方法等均成为审判实践中的疑难问题。[③] 但更深层次的根源则在于，理论界对于内幕交易与投资者损害之间关系的认知尚存在着巨大分歧：有观点认为内幕交易不会造成投资者的损害，投资者在证券交易中的亏损来自正常的市场信息不对称风险，而非为投资者所不知的内幕交易行为；[④] 与此针锋相对的是肯定内幕交易造成投资者损害的观点，但在侵害投资者具体权益方面却认识不一，有观点主张侵害公众投资者平等获得资讯的权利、[⑤] 对于内幕信息的平等知情权，[⑥] 还有观点主张侵害了投资者的公平交易权。[⑦]

为平息理论争议并破解实践困惑，2015 年 4 月 20 日全国人大常委会审议的《证券法（修订草案）》增加了一个新的条款，即第九十二条："内幕交易行为人应当对内幕交易期间从事相反证券交易的投资者，就其证券买入或者卖出价格与内幕信息公开后十个交易日平均价格之间的差价损失，在内幕交易违法所得三倍限额内承担赔偿责任。"但本文认为，这一条款的内容难以实现其预设目标，因为其系以将内幕交易定性为欺诈行为的"反欺诈理论"（antifraudtheory）为构建基础，主张内幕交易侵害了公众投资者对于内幕信息的知情权，因此受害投资者有权要求内幕交易人赔偿其实际交易价格与吸收内幕信息后的市场价格的差额。此种理论实际上是将内幕交易简单等同于虚假陈述等典型证券欺诈行为，而忽视了二者内在结构的根本差异，可能并不符合内幕交易的行为本质，依此构建的内幕交易损害赔偿规则的合理性必然大打折扣。

因此，如何从理论上准确阐释内幕交易与投资者损害之间法律关系，亦即，内幕交易行为是否会侵害投资者权益、侵害何种具体权益，不仅直

---

① 因上海光大证券公司已申请二审，尚待最终审理结果。

② 我国现行证券法第七十六条第三款仅规定："内幕交易行为给投资者造成损失的，行为人应当依法承担赔偿责任。"

③ 参见宋晓明等：《民商事审判若干疑难问题——证券法》，载《人民法院报》2006 年 10 月 11 日。

④ 参见耿利航：《证券内幕交易民事责任功能质疑》，载《法学研究》2010 年第 6 期。

⑤ 冯果：《内幕交易与私权救济》，载《法学研究》2000 年第 2 期。

⑥ 胡光志：《内幕交易及其法律控制研究》，法律出版社 2002 年版，第 54 页。

⑦ 赵万一主编：《证券市场投资者利益保护法律制度研究》，法律出版社 2013 年版，第 147 页以下；曾洋：《内幕交易侵权责任的因果关系》，载《法学研究》2014 年第 6 期。

接关系到内幕交易受害人认定、损害赔偿范围和计算方法等具体规则的构建，更直接决定内幕交易受害投资者救济制度本身的正当性。为试图实现这一目标，本文首先对反欺诈理论进行全面检视，深入剖析其内在缺陷，论证其与内幕交易行为的不适应性；其次，立足内幕交易行为的结构特征，证成其不公平交易行为的危害实质及对交易对手公平交易权的侵害，进而提出更为契合内幕交易行为本质的公平交易理论；最后，依据公平交易理论构建出以请求权人界定和赔偿数额计算为核心的内幕交易损害赔偿规则，以期为我国内幕交易受害投资者司法救济制度的完善提供一个较为合理的理论解释。

一、反欺诈理论之缺失

反欺诈理论最早起源于美国，并成为目前影响力最大的内幕交易规制基础理论，其构建前提是将内幕交易行为的危害实质界定为证券欺诈，此即内幕交易受到法律禁止的根源所在。早在 1947 年的 Kardon v. National Gypsum Co. 案中，美国法院即指出："因特定身份而获知内幕信息之人，在买进或者卖出证券时，如果未将信息披露，对于不知道该项信息的交易相对人即构成欺诈。"[①] 关于内幕交易的证券欺诈行为定性亦为我国所借鉴，国务院于 1993 年颁布的《禁止证券欺诈行为暂行办法》第二条即规定，"本办法所称证券欺诈行为包括证券发行、交易及相关活动中的内幕交易、操纵市场、欺诈客户、虚假陈述等行为"；最高人民法院于 2011 年颁布《民事案件案由规定》亦将"内幕交易责任纠纷"列入"证券欺诈责任纠纷"的范畴；[②] 学者也认为，"内幕交易是一种典型的证券欺诈行为"。[③] 至于内幕交易为何属于欺诈，我国既有研究成果尚未给出具有说服力的答案，一种观点认为，"内幕人在不告知其交易相对人真相的情况下与之进行证券交易，完全符合欺诈的特征，是一种典型的消极欺诈行为"。[④] 然而，内幕人为何须向交易相对人披露其所获知的内幕信息？对于这一关键问题，理论学说鲜有探究。以下将结合美国反欺诈理论的核心内

---

① 83 F. Supp. 613，614（E. D. Pa. 1947）.

② 王林清：《证券法理论与司法适用：新〈证券法〉实施以来热点问题研究》，法律出版社 2008 年版，第 280 页。

③ 冯果：《内幕交易与私权救济》，载《法学研究》2000 年第 2 期。

④ 胡光志：《内幕交易及其法律控制研究》，法律出版社 2002 年版，第 48 页。

容，剖析其在内幕交易规制方面的效果，以及对受害投资者救济的影响。

美国证券立法起初并无涉及内幕交易的内容，是联邦最高法院和证券交易委员会通过创设先例和制定规则的方式将其纳入由1934年《证券交易法》第10b条及其10b-5规则所组成的反欺诈一般条款的规制之下。该条款的精髓在于：禁止任何人在从事与证券交易有关（in connection with the purchase or sale of securities）的活动时，使用任何方法、计划或者技巧进行欺诈。但是该条款亦未提及内幕交易，为了使反欺诈一般条款能够适用于内幕交易领域，联邦最高法院和证券交易委员会遂对该条款中的“欺诈”一词运用了普通法的解释方法，以认定内幕交易属于欺诈范畴。正如联邦最高法院在Chiarella v. United States[①]一案所指出：在普通法上，为了诱使他人信赖而作出的虚假陈述，属于欺诈行为。而当事人在完成交易前未披露重大信息是否构成欺诈，则取决于其是否负有披露的义务。并且此种披露义务产生于当事人一方拥有另一方基于二者间的信义（fiduciary）或者其他的信赖或信任关系而有权知道的信息。依照此种逻辑，内幕交易构成证券欺诈的根本原因在于，内幕人违反了基于在交易之前既已存在的信义关系（preexisting fiduciary relationship）而产生的信息披露义务；反之，如果不存在此种信息披露义务，则持有内幕信息进行的证券交易并未违反反欺诈一般条款，即不构成内幕交易。于是，证明内幕交易属于证券欺诈的关键也就随之转换为认定此种信义关系的存在，就此美国判例法建立起两种具体认定内幕交易的反欺诈理论。

第一，传统理论（traditional theory）。此种理论适用于对公司内部人（corporate insider）内幕交易的认定，根据联邦最高法院的解释，如果公司内部人依据重大未公开信息交易其所在公司的证券，则违反了反欺诈一般条款，因为基于公司职位而获得保密信息的内部人与公司股东之间存在着一种信任或信赖的关系。该种关系引发了披露信息（或者戒绝交易）的义务，以确保有义务将股东福祉置于其个人之上的公司内部人，不得通过欺诈性使用重大未公开信息谋取私利。[②] 根据传统理论，下列主体基于未披露的内幕信息进行证券交易构成欺诈：（1）高管、董事和控制股东等固有内部人（permanent insiders），由于管理或者控制公司事务而对公司及其股东负有信义义务。（2）基于业务关系得以合法接触内幕信息的承销商、律

---

① 445 U. S. 222 (1980).

② Chiarella v. United States, 445 U. S. 222 (1980).

师、会计师、顾问等临时内部人（temporary insiders），因受委托而与发行公司及其股东产生了信义关系。（3）从为获私益而泄露内幕信息的公司内部人处接受信息之人，由于其参与了公司内部人的违反信义义务的行为，故此派生出对发行公司及其股东所负有的披露信息否则戒绝交易义务（duty to disclose or abstain from trading on that information）。[①] 究其实质，传统反欺诈理论系通过发行公司的内部人对股东所负有的信义义务来证明内幕交易属于欺诈行为：公司内部人作为受信人（fiduciary）在使用因职务而获得的内幕信息与作为委托人或受益人（principal or beneficiary）的股东进行证券交易之前，应当向对方作出完全的披露，未披露而进行证券交易则构成对该股东的欺诈。[②] 暂且不论传统理论对于公司外部人实施的内幕交易无能为力，其教义学方面的缺陷亦十分显著：其一，无视公司作为独立法律主体（separate legal entity）这一基本观念，在公司法中董事、高管等是对公司负有信义义务，而与股东之间并无信义关系存在。[③] 将内幕交易构成欺诈的根源归结为违反了对股东的信义义务，缺乏准确的教义学支撑。其二，即使认为内部人对股东负有信义义务，传统理论也无法解释内部人向不属于发行公司股东的投资者出售证券时未披露相关内幕信息如何构成欺诈，因为此时二者之间显然并不存在信义关系。其三，无法为债券持有人（debenture－holder）提供保护。由于公司内部人并不对公司债权人——如债券持有人等负有信义义务，因此内部人基于内幕信息交易相关债券，并不产生“披露否则戒绝交易”的义务，其交易相对人也就不能主张遭受欺诈。将同属于“证券”的股票和债券作出区别对待，并无合理依据，反而会导致债券持有人陷入难以获得救济的不利境地。[④] 总之，传统反欺诈理论对于内幕交易属于欺诈行为的解释力显得非常薄弱。

第二，盗用理论（missappropriation theory）。针对传统理论无法规制公司外部人内幕交易行为的缺陷，美国法又逐渐发展出盗用理论作为补充。

---

① Dirks v. SEC, 463U. S. 646 (1983).

② See Donald C. Langevoort, Insider Trading Regulation, Enforcement, and Prevention, Thomson Reuters, 2012, § 2: 2.

③ 参见赵旭东主编：《公司法学》，高等教育出版社 2015 年版，第 312 页。另外，我国《公司法》第一百四十七条规定：董事、监事、高级管理人员应当遵守法律、行政法规和公司章程，对公司负有忠实义务和勤勉义务。

④ See Alan Strudler, Eric W. Orts, Moral Principle in the Law of Insider Trading, 78 Texas Law Review 375, 408 (1999).

该理论的要义是，基于委托人的信任而获知重大未公开信息的受托人，未经披露而为私利目的使用信息，违反了对委托人的忠实和保密义务，因此对委托人构成欺诈。而此种盗用信息又被用于证券的买卖活动，此时盗用人即违反了《证券交易法》第10b条及其10b－5规则所禁止的“与证券交易有关的欺诈”。[①] 盗用理论认定内幕交易构成欺诈的核心要素，依然是内幕交易人对信义义务的违反，但其与传统理论的不同之处在于，信义义务的对象不再局限于发行公司的股东，而是扩展到内幕信息的来源（the source of information）。概言之，如果内幕人未向授权其获知信息的委托人即信息来源披露而据此进行证券交易，同样构成内幕交易。根据盗用理论，美国证券交易委员会于2000年专门制定了10b5－2规则，明确将能够导致“披露否则戒绝交易”义务的信义关系延伸至以下情形：（1）某人同意对信息保密；（2）信息授予者与信息接受者之间具有相互保密的历史、模式和实践，使得后者知道或应当合理知道前者期待其保密；（3）某人从其配偶、父母、子女或者兄弟姐妹处接收或获得内幕信息，除非其能够证明与信息来源之间并不存在相互保密的历史、模式和实践，也无对信息保密的协议或者理解，因而不知道或不应当合理知道信息来源期待其保密。而司法判决已认定的符合盗用理论的信义关系则包括：雇主与雇员，政府与职员，医生与病人，律师与客户，合同当事人、家庭成员、合伙人、封闭公司股东之间，等等。[②]

尽管盗用理论在规制对象的范围上比传统理论有较大拓展，得以有效应对典型的发行公司外部人内幕交易行为，但其结构性缺陷却远甚于传统理论。其一，由于盗用理论依然坚持信义关系的违反是构成内幕交易的前提，因而对于与信息来源不存在任何信义关系之人，如通过偷盗、窃听、黑客入侵等非法手段，或者偶然听得等意外途径而获悉内幕信息并据此交易的行为，难免束手无策。其二，依照盗用理论的逻辑，只有在内幕人未披露而进行交易才对信息来源构成欺诈；反之，如果其在交易前已对信息来源完全披露其交易意图，即使未获后者同意，其交易行为也不构成《证

① See United States v. O’Hagan, 521 U.S. 624 (1997).

② William Wang and Marc Steinberg, Insider Trading, 3rd ed., Oxford University Press, 2011, pp. 432－469.

券交易法》第10b条所禁止的证券欺诈。[①] 这种结论显然与一般的公平观念严重不符，也与禁止内幕交易的证券市场监管目标背道而驰。其三，更为严重的是，盗用理论混淆了内幕交易行为的真正受害人。在盗用理论下，内幕信息所有人即所谓的信息来源被认为是盗用人欺诈的对象，其对内幕信息的财产权受到了侵害，而盗用人的交易相对人即投资者由于与前者并无信义关系，因而未受到欺诈，不属于内幕交易的受害人。这种见解无疑背离了证券法的目标，正是为了维护证券市场的诚信及投资者信心，美国法才将内幕交易纳入反欺诈一般条款的规制范畴，而非单纯应对盗用信息等违反信义义务的行为，对于后者完全可以通过已有的普通法规则予以解决。[②] 盗用理论导致了如下的尴尬局面：内幕信息所有人被认定为内幕交易的受害人，但其并未参与任何证券交易，而与内幕人进行交易的投资者却被剥夺了内幕交易受害人地位，因此盗用理论对于解释投资者与内幕交易的关系问题毫无助益。

综上，反欺诈理论以内幕人未披露内幕信息作为内幕交易的危害实质，并以特定信义关系的存在为披露义务产生的前提，但在内幕交易的欺诈对象上却陷入内部分裂：传统理论下的欺诈对象是与内幕人进行交易的投资者，而盗用理论则将欺诈对象界定为内幕信息所有人，置投资者遭受内幕交易损害的事实于不顾。即使就传统反欺诈理论而言，也未能对内幕交易损害投资者权益的根据，提供合乎逻辑且具有说服力的解释。该理论主张内幕人在与投资者进行证券交易时违反了对后者的信息披露义务，因而构成证券欺诈，这里就存在一个根本性的问题，即内幕交易是否真的属于欺诈行为，或者符合欺诈行为的结构特征？根据我国民法，欺诈是指“一方当事人故意告知对方虚假情况，或者故意隐瞒真实情况，诱使对方当事人作出错误意思表示。”[③] 英美普通法则认为，欺诈须具备以下要件：(1) 存在不真实陈述（misrepresentation）；(2) 该陈述涉及的事实具有重大性；(3) 陈述人明知陈述不真实而引诱受陈述人信赖其陈述；(4) 受陈

① 此种情形下，交易人可能要承担违反州法中的忠实义务的责任。See United States v. O'Hagan, 521 U.S. 624 (1997).

② See Alan Strudler, Eric W. Orts, Moral Principle in the Law of Insider Trading, 78 Texas Law Review 375, 408 (1999).

③ 参见《最高人民法院关于贯彻执行〈中华人民共和国民法通则〉若干问题的意见（试行）》第68条。

述人信赖陈述并因此遭受损失。[①] 在证券的发行和交易过程中，行为人通过欺诈的手段，破坏市场正常秩序，损害他人利益而使自己获利的行为，即属于证券欺诈。证券欺诈既可以表现为积极作为形式，也可以表现为消极不作为的形式，但在后一场合，须以行为人依照法律或习惯，负有告知义务而故意不告知时，才构成欺诈。[②]

就内幕交易而言，内幕人除了依据其知悉的内幕信息进行交易，并未对外作出任何意思表示，因此显然不存在积极型欺诈的情形；那么，内幕人在交易时未披露或者“隐瞒”内幕信息的行为是否构成不作为型欺诈呢？或者说是否属于欺诈论者所提出的对投资者平等获得信息的知情权的侵害呢？[③] 本文对此持否定观点：第一，投资者无权获悉内幕信息。重大未公开信息属于发行公司的财产或者商业秘密，在法定的披露条件及期限满足之前，发行公司有权合法不披露信息，[④] 任何投资者均无权要求发行公司或者内幕人对其提前公开信息。当然，内幕人也没有权利擅自披露内幕信息，否则即有可能构成侵害发行公司权益的泄密行为。不能因为内幕人提前获得了重大未公开信息，就据此主张全体投资者也同样有权获得，这与现行信息披露法律制度严重相悖，所谓投资者对内幕信息平等知情权的主张并不能成立。第二，内幕人并不负有披露内幕信息的义务。在证券法上，只有发行公司才是法定的信息披露义务人，须向投资者真实、充分、准确、及时地公开可能影响投资判断的重大信息，而证券交易当事人则不负有向对方披露其所掌握信息的义务，否则无异于强制投资者之间的投资信息均等，必然给证券市场运行机制造成根本性破坏。第三，内幕交易通常不会对投资者的交易决策造成误导。欺诈论者认为，内幕交易的违法性源于，“通过扭曲价格发现机制，诱使其他投资者作出错误的投资决策，从而剥夺其他投资者的合法财产。”[⑤] 但事实恐怕并非如此：在集中竞价、电脑撮合成交的证券交易市场中，内幕交易人只是秘密地依据内幕信息向证券公司发出买卖相关证券的指令，主观上并没有欺骗、引诱、误导

---

① See Louis Loss, Joel Seligman, Troy Paredes, Fundamentals of Securities Regulation, 6th ed., Wolters Kluwer, 2012, p. 1261.

② 参见陈洁：《证券欺诈侵权损害赔偿研究》，北京大学出版社2002年版，第2页。

③ 冯果：《内幕交易与私权救济》，载《法学研究》2000年第2期。

④ 耿利航：《证券内幕交易民事责任功能质疑》，载《法学研究》2010年第6期。

⑤ 窦鹏娟：《探索证券内幕交易投资者损害救济的新路径》，载黄元红、徐明主编：《证券法苑》（第九卷），法律出版社2013年版，第460页。

其他投资者作出错误判断并进行交易的意图。在客观上，为了不引起注意，内幕交易人通常十分谨慎，采取小量多次的交易方式，这样就不会对证券的交易价格造成较为明显的影响。[①] 因此，对普通投资者而言，实际上难以通过证券价格波动察觉到内幕交易的存在，其投资判断和交易决策仍然是自主选择的结果；那么，认为内幕交易通过扭曲证券价格的方式诱使投资者作出错误投资决策的观点，也就缺乏充分事实依据。

从内幕交易的行为构成来看，无论与法定信息披露义务人通过虚假记载、误导性陈述或者重大遗漏而实施的虚假陈述行为，还是证券交易人通过连续交易、相对委托、洗售等手段造成证券价格和交易量剧烈波动的操纵市场行为，均迥然有异；从损害后果来看，内幕交易既未侵害投资者知情权，也没有对其投资决策造成误导，所以不能将其危害实质界定为与虚假陈述和操纵市场等同的证券欺诈。不幸的是，反欺诈理论则恰恰建构于对内幕交易的这一错误定性的基础之上，其能否准确阐释内幕交易与投资者损害的法律关系也就可想而知了。

二、公平交易理论之提倡

探究内幕交易与投资者损害之间的法律关系，应当以科学厘定内幕交易行为的危害实质为前提。虽然内幕交易、虚假陈述、操纵市场同属于证券市场中的典型违法行为，但三者的行为结构不同，由此导致在危害实质与侵害投资者权益方面存在显著差异。一方面，内幕交易和操纵市场在性质上都属于二级市场中的证券交易行为，其行为主体即证券投资者；而虚假陈述则是发行公司等法定信息披露义务人违反公开原则的证券信息披露行为，其行为主体并非证券投资者。另一方面，作为证券交易行为，内幕交易的违法性集中体现在证券交易人依据尚未公开的真实市场信息与其他不知情的投资者进行交易，由此不同于通过人为制造虚假市场信息、诱使投资者买卖被扭曲市场价格的证券，进而与被诱骗的投资者进行相反买卖的操纵市场行为。笔者认为，正是上述违法性特征使得内幕交易区别于其他证券违法行为，因此就应当以此作为事实基础，深入剖析内幕交易的危害实质及其损害投资者的具体权益，从而确保内幕交易与投资者损害之间法律关系阐释的合理性。

---

① James J. Park, Rule 10b - 5 and the Rise of the Unjust Enrichment Principle, 60 Duke Law Journal 345, 365 (2010).

（一）内幕交易属于不公平交易行为

证券交易实际上是买卖证券的投资者之间的博弈过程，并且此种博弈具有明显的“零和博弈”（zero - sum game）特征：证券的买方与卖方所博弈的是对证券这种无形的金融商品的价值估量，但无论以何种方式衡量证券的价值，仅就资源配置与转移的指向而言，当证券成为连续交易的标的后，资源（体现为资金）只是从一个投资者转移到另一个投资者。从单个的投资者来看，其证券交易似乎必然产生盈利或者亏损的后果；但在排除证券本身的利润分配或发行公司资产增值的因素后，所有投入证券市场的资源配置只存在投资者之间的移转，其资源总量没有发生变化，卖方（最初的买方）的盈利或者亏损就是买方（最后的卖方）相对应的亏损或者盈利。因此，投资者之间围绕证券展开的交易其实就相当于一种“击鼓传花”式的资源传递接力，交易双方传接的是各自因资金成本、风险偏好而对于证券“回报期”与“回报率”的容忍。[①]

证券交易的上述“彼之所得必为我之所失”零和博弈特征，极易诱发投资者为了追求自身盈利最大化，实施侵害其他投资者权益的道德风险行为，其后果必将导致整个证券市场的失序混乱，甚至引发金融危机。因此，为实现证券市场的健康稳定发展，证券交易亦应当与其他市场经济活动一样，必须受到道德规范的约束。而市场经济最基本的道德规范就是诚实信用。[②] 根据《美国统一商法典》的定义，诚实信用是指“事实上的诚实及对公平交易的合理商业准则的遵守”，而作为市场经济道德准则的诚实信用原则，“要求人们在市场活动中讲究信用，恪守诺言，诚实不欺，在不损害他人利益和社会利益的前提下追求自己的利益。”[③] 在证券市场领域，我国证券法第五条明确规定，“证券发行、交易活动的当事人应当遵守诚实信用原则”；而证监会《证券期货市场诚信监督管理暂行办法》第四条则将这一原则具体化为：“自然人、法人或其他组织从事证券期货市场活动，应当诚实信用，遵守法律、行政法规、规章和依法制定的自律规则，禁止欺诈、内幕交易、操纵市场以及其他损害投资者合法权益的不诚

① 参见郑彧：《证券市场有效监管的制度选择——以转轨时期我国证券监管制度为基础的研究》，法律出版社2012年版，第14～15页。

② 陈甦主编：《证券法专题研究》，高等教育出版社2006年版，第70页。

③ 梁慧星：《民法总论》，法律出版社2011年版，第266页。

实信用行为。”概言之，诚实信用原则对于证券交易活动作出的最低要求为：任何证券交易人都应当遵守相同的交易规则，以不损害其他投资者权益的方式公开竞争、公平交易。

与普通商品交易不同，证券交易的标的是无形的金融商品，无法通过外观检测等直观方式判断其价值，因此投资者只能依据相关的市场信息，判断证券的投资价值并作出相应的投资决定。为保障全体投资者平等享有获得可能影响其投资判断的重大信息的机会，各国证券法普遍确立了发行公司的强制性信息披露义务，据此，所有投资者都有权根据已公开的市场信息进行证券交易。然而，由于证券市场信息从最初发生到最终公开需要一个过程，以上市公司并购重组为例，证监会《上市公司信息披露管理办法》第三十一条规定，上市公司对此信息的披露义务产生于“有关各方签署意向书或者协议时”，而在此之前，有关各方至少已经历了起意、接触、初步谈判、尽职调查、达成初步意向、内部批准、外部批准等多个阶段，[①]参与其中任一阶段工作的主体均能够合法获取该项尚未公开的市场信息，甚至并未参与任一阶段的主体也可以经由内幕人的泄露，或者通过盗窃等非法手段获取该信息，这些内幕人与其他投资者相比，无疑具有决定性的信息优势，从而能够在证券交易中作出更为准确的判断，极大提高获利的确定性。但是，内幕人的这种信息优势却具有本质上的不公平性，严重违反证券市场诚信原则，因为对公众投资者而言，无论通过何种途径都不能合法获取内幕信息，而只能依据已经公开的信息做出交易决策。

证券交易的诚实信用原则并不一般性地否定投资者所拥有的信息优势，例如，由于知识、经验、才智、时间、资源等各方面条件的差异，不同投资者对于已经公开的证券市场信息的获取及分析能力千差万别，由此导致的信息不对称状态也就不足为奇。正因如此，在证券交易双方对特定证券价格的判断达成一致而对证券投资前景的判断相反时，一方投资者以特定价格卖出证券，才会有另一方以同样价格买入该证券。[②]上述合法的信息优势值得保护和鼓励，可以被用于证券交易获取利润，其他投资者也不会感到不公平，因为任何投资者均有机会通过自身努力以形成此种信息

① 彭冰：《内幕交易行政处罚案例初步研究》，载张育军、徐明主编：《证券法苑》（第三卷），法律出版社2010年版，第99页。

② 陈甦主编：《证券法专题研究》，高等教育出版社2006年版，第106页。

优势，完全契合公平交易规则的理念。[①] 然而，内幕人的信息优势则完全不同，其建立在特殊的职务、业务或者控制等方面的地位或者条件之上，甚至还可能是凭借非法手段形成的，使得公众投资者难以通过运用技能、勤勉、资金等合法资源的努力与之抗衡。[②] 如果允许内幕人将这种信息优势用于证券交易当中，则对公众投资者构成了本质上的不公平：前者可以预先知晓证券市场行情的走势，而后者却只能根据公开信息进行分析判断，二者所适用的交易规则显然不同，“这与广大公众投资者对于所有参与人均能按照相同规则进行交易的诚实和公平证券市场（honest and fair securities markets）的合法预期（legitimate expectation）是背道而驰的。”[③] 如此必将导致投资者对证券市场信心的普遍降低，甚至干脆选择远离市场。正如美国律师协会所比喻的那样，“现代社会的人们普遍憎恶不遵守游戏规则的人，例如骗子和作弊者。暗中藏牌的唾沫曲球投手（spitball pitcher）或者纸牌老千（card shark）虽然能够获胜，但却无法赢得尊敬。如果知道有这样的选手参与游戏，我们将很可能会退出。”[④]

投资者对证券市场的信心，是证券市场得以健康发展的社会信息基础，一旦投资者普遍对证券市场丧失信心，不仅证券市场本身难以顺利发展，甚至整个国民经济也会受到严重影响。[⑤] 因此，为了维护并增强投资者对证券市场公平运行的信心，实有必要通过法律制度建设来确保证券交易的公平性。对此，较有影响的“信息平等理论”主张，“证券市场中所有的主体都拥有平等获悉信息的机会”，“保护投资者合法权益的根本是通过制度安排赋予投资者公平的投资机会，让所有的投资者公平、及时地获得真实、准确、完整的信息。”[⑥] 然而，如前文所述，受制于证券市场信息的形成机理、保护发行公司的商业秘密、防止各类“未成熟”或“软信

---

① See Alan Strudler, Eric W. Orts, Moral Principle in the Law of Insider Trading, 78 Texas Law Review 375, 408 (1999).

② Victor Brudney, Insiders, Outsiders, and Informational Advantages under the Federal Securities Laws, 91 Harvard Law Review 322, 354 (1979).

③ See Louis Loss, Joel Seligman, Troy Paredes, Fundamentals of Securities Regulation, 6th ed., WoltersKluwer, 2012, p. 1270.

④ See Donald C. Langevoort, Insider Trading Regulation, Enforcement, and Prevention, Thomson Reuters, 2012, § 1: 6.

⑤ 陈甦主编：《证券法专题研究》，高等教育出版社2006年版，第106页。

⑥ 曾洋：《证券内幕交易主体识别的理论基础及逻辑展开》，载《中国法学》2014年第2期。

息”误导市场等主客观因素，[①]法律虽然能够要求发行公司尽快公开重大信息，但却难以实际消除公众投资者与内幕人之间的信息不对称。最为实际的制度选择只能是，否定内幕人的这种不公平的信息优势，禁止其据以从事相关证券交易，以真正实现所有投资者都只能依据公开信息进行交易的规则公平。

综上，内幕交易行为的危害实质在于，内幕人使用了公众投资者无法通过合法方式获得的信息优势，违反了公平博弈的交易规则，不仅对透明诚信的证券市场秩序造成严重破坏，同时也侵害了其他投资者的合法权益。

（二）内幕交易侵害投资者的公平交易权

关于内幕交易行为侵害投资者权益的性质，存在着不同的认识，一种颇有代表性的观点认为，内幕交易侵害了交易相对人平等知情权，在实质上剥夺了普通投资者平等获得信息的机会。[②]此种观点显然是以对内幕交易的欺诈行为定性为前提的，因而难免有失偏颇。根据前文所述，内幕交易的性质应当界定为违反公平交易规则的交易行为，因此其侵害的客体是公众投资者的交易权。所谓证券市场投资者的交易权，是指投资者为有效开展交易活动和顺利实现交易目标而在交易条件的获得、交易行动的开展、交易结果的实现上所应享有的一系列权利的总称。[③]从内容上看，投资者交易权具体包括自由交易权和公平交易权两个方面：前者强调投资者在设立、变更、终止交易关系及交易关系内容上的完全自主、不受法律规定以外的其他限制；后者则确保投资者能够在公平竞争、机会均等、合理均衡的市场环境中进行交易，受到证券市场的平等对待和交易对手的诚信相待。而内幕交易恰恰侵害了交易对手的公平交易权。

首先，内幕交易侵害的对象是与内幕人进行证券交易的善意投资者。前文的分析已经揭示出，内幕交易的危害实质属于利用非法信息优势的不公平交易行为，因而其受害人就只能是处于交易另一方的投资者，而非证券市场上的其他所有投资者。因为未与内幕人进行交易，交易决策就没有

① 耿利航：《证券内幕交易民事责任功能质疑》，载《法学研究》2010年第6期。

② 胡光志：《内幕交易及其法律控制研究》，法律出版社2002年版，第53页。

③ 赵万一主编：《证券市场投资者利益保护法律制度研究》，法律出版社2013年版，第140页。

受到其非法信息优势的影响，交易结果的盈亏也就与内幕交易无关。同时，内幕交易的受害人还应当满足主观善意的要求，亦即，在进行证券交易时未知悉内幕信息，也不知道对手为内幕人，否则就难以证明内幕交易严重违背合自己对证券市场交易规则公平的合理信赖，自己与对手是在完全不平等的信息基础之上进行博弈的。

其次，内幕交易破坏了证券交易盈亏概率的均等性。由于影响因素复杂多变，证券市场价格具有较大波动性，难以准确预测，由此导致证券交易的结果也呈现出高度不确定性，即盈利或者亏损的都是可能存在的，这就是通常所说的市场风险。并且，在同一证券市场当中，所有的投资者所面临的投资盈利与亏损的概率都应当是均等的，这也是广大投资者、特别是公众投资者愿意投资于证券市场的直接动力，因为它预示着每投资者都享有凭借个人能力获得利益的均等机会。然而，内幕交易却改变了证券市场中交易成败机会均等的合理局面：由于内幕信息通常能够反应证券的内在价值并揭示出市场价格走势，内幕人以此作为交易决策的依据，必然在相当程度上消除了交易结果的不确定性，从而提高了盈利的概率。而基于证券交易“彼之所得必为我之所失”的零和博弈特质，内幕交易人盈利概率的提高，意味着其交易对手盈利概率的相应减少，由此导致的后果则是，内幕交易人将本应由其承担的市场风险转嫁给了交易对手，在客观上提高了后者亏损发生的可能性。①

最后，内幕交易损害了投资者对于证券市场公平性的合理信赖。对于一个理性的投资者而言，其之所以愿意投资证券市场，除了具备资金等客观条件外，还有更为重要的主观原因，如投资欲望、对证券市场运行功能和状况的基本评价、风险估计、盈利预期等。只有当投资者认为证券市场的运行较为公平有效，每一个人都有均等的机会凭借个人能力以抵御风险或实现预期盈利，才愿意跻身证券市场，融入“投资大众”的行列。② 但是，内幕交易的存在则导致投资者对于在相同规则基础上进行公平博弈的合法期待完全不能实现：公众投资者只能以合法的公开信息作为交易决策基础，而内幕人却是使用非法的未公开信息与对手交易，二者显然不是在

---

① 详细分析，参见曾洋：《内幕交易侵权责任的因果关系》，载《法学研究》2014年第6期。

② 参见胡光志：《内幕交易及其法律控制研究》，法律出版社2002年版，第158页。

同一水平的信息基础上进行博弈。[①] 内幕交易人违反了全体投资者同等适用的交易规则，利用非法的信息优势向作为其交易对手的善意投资者转嫁风险，致使证券市场呈现出内在的不公平性，这与投资者参与证券市场的初衷完全不符。由于理性投资者通常是倾向于规避风险（risk－averse）的，而内幕交易这种侵权风险却是难以通过自身努力予以避免或者克服的，所以投资者如果事先知道内幕人是其交易对手，则必然会"模仿"内幕人进行相同方向的交易；[②] 即使其不能确定内幕人的交易决策，也会理性选择退出证券市场，避免成为内幕交易的受害者，无论如何投资者都不会在知道内幕人存在的情况下仍与其进行反向交易，这就说明内幕交易的有无对其他投资者的交易决策能够产生实质影响。对此，有观点认为，无论是否存在内幕交易，内幕人的交易对手都仍然会以同样的价格和其他投资者进行交易，[③] 进而否认内幕交易对投资者交易决策的影响。笔者认为，决策失误的投资者无论如何都会亏损与内幕交易是否其害其公平交易权益之间并无直接关联，例如，A 家中财产在被 B 盗窃部分之后，又由于火灾导致全部毁损，显然不能以 A 的财产最终仍会遭受损失为由而否认 B 对其的侵害。就投资者因决策失误而导致的亏损而言，如果发生在所有投资者都依据公开信息进行交易的市场环境中，则属于其应当承受的正常市场风险，理性投资者对此也不会感到不公平；反之，如果发生在与内幕人进行交易的场合，则很难被归结为正常市场风险，否则证券市场也就不是公平诚信的市场。

概言之，内幕人非法利用预先获悉重大信息的优势与善意投资者进行交易，导致二者之间博弈基础及盈亏概率的严重不对等，直接损害了后者对于能够提供平等的竞争条件与相同的成败机会的证券市场的合理信赖，如此也就证成了内幕交易与善意投资者公平交易权受损之间具有事实上的因果关系。[④]

---

① Kim Lane Scheppele, "It' s Just not Right": The Ethics of Insider Trading, 56 Law and Contemporary Problems 123, 161 (1993).

② William J. Carney, Signalling and Causation in Insider Trading, 36 Catholic University Law Review, 863, 886 ~ 887 (1987).

③ 耿利航：《证券内幕交易民事责任功能质疑》，载《法学研究》2010 年第 6 期。

④ 关于因果关系的详细论证，参见王林清：《内幕交易侵权责任因果关系的司法观察》，载《中外法学》2015 年第 3 期；以及曾洋：《内幕交易侵权责任的因果关系》，载《法学研究》2014 年第 6 期。

（三）公平交易理论之总结

通过上文分析，可以就内幕交易与善意投资者损害之间的法律关系得出如下基本认知：

第一，内幕交易是发生在二级市场当中的证券交易行为，与正常证券交易的唯一不同在于，内幕交易人以尚未公开的重大信息作为决策的依据，而在此种信息依法公开之前，公众投资者是无法通过合法方式获取的，内幕交易的存在实际上是使得内幕人拥有了提前使用证券市场重大信息的特权。

第二，证券法公平原则的第一要义就是证券市场主体的平等，包括主体地位平等和机会平等，[①] 对于证券交易当然适用。所有证券交易当事人的法律地位一律平等，没有正当理由不应给予任何主体以特别的优待；所有的证券交易参加者都能够公平的参与竞争，公平的面对机会和风险。[②] 内幕交易人通过在公开之前使用重大信息的特权，消除了交易结果的不确定性，进而形成高于其他投资者的盈利几率，从根本上违背了证券法公平原则，因此应将其所实施的交易定性为不公平交易行为。

第三，理性的公众投资者是基于对证券市场公平诚信的合理信赖，才作出相关交易决策的，反之，如果投资者事先知道证券市场中存在拥有使用未公开信息之特权的交易主体，则必然不会作出与其进行反向交易的选择。公众投资者虽然不享有对尚处于保密阶段的内幕信息的知情权利，但却无疑享有与其他交易主体在地位和机会平等的前提下进行公平博弈的权利。就内幕交易而言，尽管其形式上由交易系统自动撮合而成，与正常交易无异，但这并不能掩盖交易双方在决策基础和成败机会方面的实质不平等，处于劣势一方的善意投资者的公平交易权利并未得到真正实现，其由此产生的亏损属于因违法行为所导致的侵权损害，而非正常市场风险。

以上就是本文所倡导的公平交易理论的核心内涵，相较于反欺诈理论，公平交易理论更为契合内幕交易行为的本质，因而对内幕交易与投资者损害之间法律关系的解释更具科学性与合理性。在公平交易理论下，内幕交易人侵害了作为其交易对手的善意投资者的公平交易权，善意投资者因此遭受的损失与内幕交易之间具有因果关系，这就为受害投资者司法救

---

① 陈甦主编：《证券法专题研究》，高等教育出版社2006年版，第64页。

② 李飞主编：《中华人民共和国证券法（修订）释义》，法律出版社2005年版，第7页。

济制度的确立提供了充分的依据。

三、内幕交易侵权损害赔偿制度构建

在匿名交易、集中竞价的证券交易市场中，由于参与主体众多、换手频繁，交易的秩序就比交易的结果更为重要，如果允许随意变更已完成交易的效力，不仅破坏证券交易的稳定性、连续性、可预期性，损害众多善意投资者利益，更将扰乱整个市场的交易秩序。[①] 所以我国证券法第一百二十条明确规定："按照依法制定的交易规则进行的交易，不得改变其交易结果。对于交易中违规交易者应负的民事责任不得免除；在违规交易中所获利益，依照有关规定处理。"就通过合法交易市场完成的内幕交易而言，尽管其中一方主体严重违法，法律也维持其结果，不允许受害一方予以撤销。由此决定了对于受害投资者的救济方式就只能是损害赔偿，即金钱填补其所遭受的纯经济损失（pure economic loss），使其恢复到权益未被侵害之前的状态。在内幕交易受害投资者损害赔偿制度建构中，请求权人的界定和赔偿数额的计算，无异是最为核心的内容，也是我国当前司法实践所面临的主要难题。国外立法例对此也是分歧巨大，以致学理观点莫衷一是，进一步增加了该问题的复杂性。《证券法（修订草案）》第九十二条即是为破解这一难题而专门作出的规定。

实际上，内幕交易侵权损害赔偿与内幕交易危害实质和侵害投资者权益类型的界定密切相关，三者具有内在逻辑的一致性，应当予以协同构建，而非相互割裂。立法例和理论学说往往忽视这一根本原则，偏离内幕交易的行为属性去片面追求投资者损失补偿最大化，乃至由内幕交易人承担过于苛刻的赔偿责任，似有矫枉过正之嫌。本文认为，既然公平交易理论对于内幕交易与投资者权益侵害之间关系的解释更为合理，那么也应当依此为指导构建内幕交易侵权损害赔偿制度，以期实现反内幕交易法律体系内部的逻辑自恰与和谐统一。

（一）内幕交易损害赔偿请求权人的界定

享有内幕交易损害赔偿请求权的主体毫无疑问应当是内幕交易的受害人，即与内幕人进行对手交易并因此遭受损失的善意投资者，然而，不同

① 杨亮：《内幕交易论》，北京大学出版社 2001 年版，第 334 页。

于传统的面对面交易，现代内幕交易通常都是在集中交易的公开市场中进行的，由此导致认定内幕交易人的交易对手的难度大为增加。为应对这一挑战，各种界定内幕交易受害人的法律方案相继出现，依其内容实质，可以大体归纳为以下两种模式：

1. 实际交易对手模式

此种方案认为，只有那些与内幕信息知悉人进行直接交易的善意投资者，亦即，内幕信息知悉人所出售的特定证券的直接购买人，以及内幕信息知悉人所买入的特定证券的直接出售人，所发生的实际损失才是由内幕交易所导致的，因此是内幕交易的真正受害人，才有权就其交易损失请求赔偿。此种方案由美国联邦第六巡回法院在 Fridrich v. Bradford 案[①]判决中首先提出，并为加拿大、澳大利亚等国的立法所明确采纳。根据《加拿大商事公司法》第 131 条，购买或者出售相关证券的内幕人应当向该证券的“出售者或者购买者”赔偿损失。2001 年《澳大利亚公司法》第 1043L 条也规定，只有向内幕人处分或者购入金融商品的投资者才有权提起损害赔偿诉讼。

应当承认，实际交易对手模式在于理论上最为科学，其与内幕交易的本质属性完全契合，内幕交易是一种使用违法信息优势的不公平交易行为，此种不公平的效果仅作用于其直接交易对手，而不及于其他所有投资者。因此，与内幕交易人的非法获利对应的是其直接交易对手的损失，二者具有具有事实上的因果关系。然而，此种方案在实践中却面临着严重的技术障碍。在集中交易的公开市场中，证券买卖双方互不谋面，各自委托证券公司发出交易指令，由证券交易所计算机主机根据“价格优先、时间优先”的原则进行自动匹配、撮合成交。通常而言，同时进行同一证券交易的双方投资者人数众多，而目前的技术条件尚无法精确确定某一交易者的直接交易对手，由此导致实际交易对手模式的适用困难。[②] 为弥补实际交易对手模式的这一缺陷，拟制交易对手模式应运而生。

2. 拟制交易对手模式

此种模式的构建逻辑为，虽然内幕交易人的实际交易对手无法逐一确定，但其所属群体的范围则是可以确定的，即其定包含在与内幕交易人同

---

① Fridrich v Bradford 542 F. 2d 307 (6th Cir. 1976).

② See Hui Huang, Compensation for insider trading: Who should be eligible claimants?, 20 Australian Journal of Corporate Law1, 14 (2006).

时进行反向交易的投资者当中，那么以后者来替代前者作为内幕交易损害赔偿请求权人，同样能够使得全部内幕交易受害人获得救济。于是，内幕交易人的同时反向交易者作为拟制的实际交易对手，被赋予了损害赔偿请求权。例如，美国1934年《证券交易法》第20A条明确规定，任何人在持有重大未公开信息时因购买或出售证券而违反本法和其项下规则或条例的，在任何有管辖权的法院提起的诉讼中，应对在违法购买或出售行为发生之同时（contemporaneously）购买（当违法行为为出售证券时）或出售（当违法行为为购买证券时）同种类证券的任何人承担责任。拟制实际交易对手模式以其可操作性强及对投资者保护有利，受到一些国家和地区的效仿以及我国学者的普遍推崇。在此种模式下，损害赔偿请求权人界定的关键在于对“同时交易”的解释，对此主要存在宽严不同的三种进路。

第一，未披露期间进路。美国联邦第二巡回法院于1974年Shapiro v. Merrill Lynch 案①中首次采取此种解释进路，认为损害赔偿请求权不应仅赋予内幕交易人的实际交易对手，而是扩展至与内幕交易人在“同一时间段内”（“during the same period”）进行反向交易的所有善意投资者，而“同一时间段内”则是指“从内幕交易开始至内幕信息披露”。第二巡回法院的这一见解得到美国法律研究院的支持，后者在其起草的《联邦证券法典》第1073（b）条规定，有权提起内幕交易损害赔偿诉讼的原告为，从被告购买或出售证券当日起至内幕信息公开期间内出售或购买同种类证券的投资者。② 此种进路所界定的内幕交易损害赔偿请求权人最为宽泛，将在内幕交易行为结束后至重大信息公开前这段期间内、从事反向交易的投资者也纳入进来，其主要理由为，虽然内幕交易的危害最初仅作用于实际交易对手，但如果实际交易对手在内幕信息公开前又将购买于内幕交易人的证券再次转手，那么此种危害就将传递给后手购买人，甚至会连续传递直至信息公开，所以，内幕交易结束后至信息公开前的反向投资者与实际交易对手一样，都是内幕交易的受害人，应当享有同等的诉权。③ 我国也有学者建议采用此种最为宽泛的进路来界定内幕交易损害赔偿请求权人。④

① Shapiro v. Merrill Lynch, Pierce, Fenner & Smith, Inc., 495 F. 2d 228, 237 (2d Cir. 1974).

② American Law Institute Draft Federal Securities Code (ALI Code 1980) § 1703 (b).

③ See Veronica M. Dougherty, A [Dis] semblance of Privity: Criticizing the Contemporaneous Trader Requirement in Insider Trading, 24 Delaware Journal of Corporate Law 83, 136 (1999).

④ 赵万一主编：《证券市场投资者利益保护法律制度研究》，法律出版社2013年版，第330页。

第二，内幕交易当日进路。此种进路主张，拟制交易对手模式是为实现替代实际交易对手模式的目的而创设出来的，因此二者的适用效果不宜相差悬殊，如果允许在内幕交易结束后才开始进行反向交易的投资者获得赔偿，特别是在内幕交易和信息公开间隔过长的情况下，无异迫使内幕交易人向所有的反向投资者承担赔偿责任，则对其极为不公。① 因此，目前美国许多联邦地区法院已将1934年《证券交易法》第20A条中的“同时”限定为“同一天”。② 与此相似，我国台湾地区在2006年修改“证券交易法”时，对作为内幕交易赔偿权利人的“善意从事相反买卖之人”加入了的“当日”的限定。③ 我国也有学者认为该解释进路不仅具有合理性，更具可操作性，值得我国借鉴。④

第三，交易时间一致进路。此种进路对于同时交易的解释最为严格，认为反向投资者的交易时间应当与内幕交易完全一致，即以内幕交易行为开始为起点，以其结束为终点。⑤《证券法（修订草案）》第九十二条所规定的“内幕交易期间从事相反证券交易的投资者”实际上也属于此种进路。因此，界定损害赔偿请求权人的具体方法是：根据已经依照合法程序确认的内幕交易人的每一笔交易的交割单，公布其交易的证券、买卖方向、时间等细节，投资者以自己的交割单与之比对，证券相同、时间一致、交易方向相反即可。⑥

本文认为，对于内幕交易损害赔偿请求权人界定问题，实际交易对手模式由于最为契合内幕交易行为的本质属性，因而最为合理；但囿于当前的技术条件，其预设效果难以完全实现，故此不得不采取其他间接的解决方案，较为可行的是以“可能”实际上与内幕交易人进行直接交易的投资者来代替实际交易对手。但是，任何替代方案都不应偏离内幕交易行为的本质属性，否则就可能矫枉过正，有违制度构建的初衷。从这个角度而

① Neil V. Shah, Section 20A and the Struggle for Coherence, Meaning, and Fundamental Fairness in the Express Right of Action for Contemporaneous Insider Trading Liability, 61 Rutgers Law Review 791, 814 (2009).

② See Donald C. Langevoort, Insider Trading Regulation, Enforcement, and Prevention, Thomson Reuters, 2012, §9: 3.

③ 参见刘连煜：《新证券交易法实例研习》，元照出版社2009年版，第442页。

④ 参见马新彦：《内幕交易惩罚性赔偿制度构建》，载《法学研究》2011年第6期。

⑤ 杨亮：《内幕交易论》，北京大学出版社2001年版，第337页；杨峰：《证券民事责任制度比较研究》，法律出版社2006年版，第288页。

⑥ 曾洋：《内幕交易侵权责任的因果关系》，载《法学研究》2014年第6期。

言，无论未披露期间进路，还是内幕交易当日进路，对于同时交易的解释都超出了内幕交易的实施期间。而那些在内幕交易结束后才开始进行反向交易的投资者，其实际交易对手并非内幕人，而是同样对内幕信息毫不知情善意投资者，双方交易的决策基础和成败机会都是均等的，并不存在不公平的事实基础。因此，这些投资者的交易亏损不是内幕交易侵害其公平交易权的结果，而系自身决策失误所致，属于正常的市场风险，不应由内幕交易人替其承担，否则就无异于强制内幕交易人对与其无关的公平博弈中的输家买单或提供投资保险，严重违背证券市场的风险自负原则。相比之下，交易时间一致进路所界定的拟制交易对手，在交易时间上与内幕交易人的实际交易对手完全一致，只是在人数上超过了后者，因为其通常也包括了与内幕交易人同时进行同向交易的投资者的交易对手，但这却是计算机技术原因导致无法精确剥离的结果。所以，与内幕交易时间完全一致的反向交易者是最为接近实际交易对手的，以其作为损害赔偿请求权人是当前条件下的较优方案，《证券法（修订草案）》第九十二条关于“内幕交易期间”的规定较为合理；至于非实际交易对手请求权人可能获得不当赔偿的缺陷，则可通过限制内幕交易人的实际赔偿数额的方法予以弥补。

（二）内幕交易损害赔偿数额的计算

1. 赔偿范围的确定

侵权损害赔偿依其范围是否限于受害人的实际损失数额，可分为补偿性赔偿和惩罚性赔偿，前者仅赔偿受害人因侵权行为遭受的全部实际损失，后者的赔偿范围则可以超出甚至远远超出受害人的实际损失数额。[①]这两种损害赔偿方式在内幕交易侵权领域也同样存在，例如，根据加拿大和澳大利亚的相关立法，内幕交易人应当赔偿其实际交易对手在该交易中所遭受的全部损失。[②] 而我国台湾地区“证券交易法”第157条之一则规定，“（内幕交易）情节重大者，法院得依善意从事相反买卖之人之请求，将赔偿额提高至三倍”，亦即赔偿请求权人可以主张最高数额为其实际损失三倍的惩罚性赔偿。在我国学者当中，对这两种赔偿方式也各有其支持者，多数学者认为应以受害投资者的实际损失数额来确定内幕交易人的赔

① 参见王利明：《惩罚性赔偿研究》，载《中国社会科学》2000年第4期。

② 参见《加拿大商事公司法》第131条，2001年《澳大利亚公司法》第1043L条。

偿范围；[①] 不过也有学者主张借鉴台湾地区规定，赋予内幕交易当日从事反向交易的善意投资者请求其实际损失数额2~5倍赔偿的权利。[②]

本文认为，惩罚性赔偿制度在内幕交易侵权领域并不具有适用性。首先，与补偿性赔偿的目的在于填补受害人损失不同，惩罚性赔偿实质上是一种利用私法机制实现本应由公法担当的惩罚与威慑目的的特殊惩罚制度，是一种旨在惩罚准犯罪行为的私法制度。[③] 而内幕交易不仅是民事侵权行为，同时也是行政违法行为和刑事犯罪行为，我国现行法律已对其课以没收违法所得、一至五倍罚款及罚金等惩罚性制裁[④]，如果认为力度不够，可以提高其上限规定，无论如何也没有在民事责任中引入惩罚性赔偿的必要。其次，支持惩罚性赔偿的另一个重要理由是其具有激励私人执法的功能，即通过将执法权配置给那些信息收集费用低、发现成本低、时间更快捷的受害人，由他们实施法律要比政府实施更有成本优势，从而能够低成本、高概率地查处违法行为。[⑤] 然而，惩罚性赔偿的激励私人执法功能在消费者权益保护、产品责任、食品安全、环境污染领域尚有可能实现，但在内幕交易领域则全然不同，内幕交易行为具有极其隐蔽性和高度复杂性，以至于拥有强大调查、取证能力的证券执法机关都难以发现和证明，更遑论普通投资者。投资者或其律师没有能力、也不大可能自己发起调查，相反只能借助执法机关的事前调查或处罚结果来提起诉讼，因此对于帮助执法机关发现内幕交易几乎没有作用。[⑥] 这种结果也不会因为赋予受害投资者惩罚性赔偿请求权而有任何改变。最后，惩罚性赔偿模糊民事责任与刑事责任界限的弊端，导致其适用范围和条件在国内外都受到了严格的限制。[⑦] 例如，我国侵权责任法第四十七条将惩罚性赔偿严格限定于造成严重人身损害的故意侵权行为；消费者权益保护法第五十五条则限定于提供商品或服务中的"欺诈行为"，亦即"恶意诱使他人陷入错误而为

---

① 郭锋：《内幕交易民事责任构成要件探讨》，载《法律适用》2008年第4期；赵万一主编：《证券市场投资者利益保护法律制度研究》，法律出版社2013年版，第271页；杨峰：《证券民事责任制度比较研究》，法律出版社2006年版，第306页。

② 参见马新彦：《内幕交易惩罚性赔偿制度构建》，载《法学研究》2011年第6期。

③ 朱广新：《惩罚性赔偿制度的演进与适用》，载《中国社会科学》2014年第3期。

④ 参见证券法第二百零二条、刑法第一百八十条。

⑤ 参见谢晓尧：《惩罚性赔偿：一个激励的观点》，载《学术研究》2004年第6期。

⑥ 参见耿利航：《证券内幕交易民事责任功能质疑》，载《法学研究》2010年第6期。

⑦ 张新宝、李倩：《惩罚性赔偿的立法选择》，载《清华法学》2009年第4期。

意思表示”。[①] 而在证券侵权行为中，对于具有明显欺诈特征的虚假陈述，法律尚且没有规定惩罚性赔偿，何况是不具有欺诈特征的内幕交易。就立法例观察，目前确立内幕交易惩罚性赔偿的只有我国台湾地区，但其主要原因则是相关行政责任的缺失，[②] 对于已有完善行政处罚制度的我国而言，似乎找不到对其效仿的理由。

故此，以实际受害人的全部损失作为内幕交易人的赔偿范围，最能体现民事责任的损害填补性质，同时对双方当事人均较为公平，因为根据证券交易零和博弈特质，内幕交易人的违法所得（获得利润或者避免损失）与实际交易对手的损失范围相当。但这一赔偿方式适用的前提则是，内幕交易的实际受害人能够精确认定，正如前文所述，这在目前技术条件下尚无法实现，与内幕交易时间完全一致的反向交易者中必然存在非实际受害人，这部分投资者的损失对应的是与内幕交易人同时同向交易投资者的获利，不应当由内幕交易人来赔偿。为避免内幕交易人承担额外赔偿及非实际受害人获得不当得利，有必要对请求权人实际损失的赔偿范围作出限制，对此，美国 1934 年《证券交易法》第 20A 条和《新加坡证券和期货法》第 234 条均规定为，不得超过内幕交易人的违法所得数额。我国《证券法（修订草案）》第九十二条则将内幕交易人的赔偿范围限定为内幕交易违法所得三倍数额以内，这实际上仍是要求内幕交易人须对本应由投资者自负的正常市场风险买单，况且又缺乏美国法中关于行政处罚应从民事赔偿中扣除的类似规定，对于内幕交易人显然过于苛责。本文认为，美国和新加坡的规定更为合理，值得我国借鉴。具体而言，如果全体请求权人的实际损失总和未超过内幕交易人违法所得，可以获赔各自的实际损失数额；反之，则按照各自实际损失所占非法所得的比例获赔。当然，在后一种情形下，实际受害人也未能获得全部损失的赔偿，对其确有不公，但这并非内幕交易人所致，而是被无法精确剥离的非实际受害人所不当分得。对此只能通过由证监会以行政罚款建立补偿基金的方式予以救济，而不宜再由内幕交易人进行赔偿。

2. 请求权人实际损失的计算

在确定应当以请求权人的实际损失作为内幕交易人赔偿范围的原则

① 朱广新：《惩罚性赔偿制度的演进与适用》，载《中国社会科学》2014 年第 3 期。

② 参见赖英照：《股市游戏规则——最新证券交易法解析》，元照出版社 2009 年版，第 570 页。

后，如何具体计算请求权人的实际损失就成为内幕交易损害赔偿制度最为关键的问题，这也是实践当中难度最大和争议最多的问题。具体而言，当请求权人买入内幕交易人的证券时（此时内幕信息为利空消息），其实际损失为买入价格与另一较低价格的差额；当请求权人向内幕交易人卖出证券时（此时内幕信息为利好消息），其实际损失为卖出价格与另一较高价格的差额。无论哪种情况下，请求权人买入或者卖出证券的价格都是可以确定的，但另一较低或较高价格如何界定则不无疑问，综合当前域外立法例和我国学界观点，对此主要存在两种不同的计算方法。

第一，以内幕交易未发生时的真实价格为基准。此种计算方法在美国被称为“净差额法”（pure out of pocket measure），是指请求权人实际交易的价格与该证券的真实价格之间的差额。[①] 这是美国法院在证券欺诈损害赔偿案件中计算原告实际损失的传统方法，其确立依据为，如果没有证券欺诈行为，请求权人仍会进行相同的交易，但其价格应更为合理。[②]《新加坡证券和期货法》第234条即规定了此种计算实际损失的方法：请求权人的交易价格与“如果内幕交易未发生时该证券可能的交易价格”之差额。我国学者也有支持此方法者，并建议应当以内幕信息公开时至之前的一段特定时间内的平均价格为该“真实价格”。[③] 然而，此种计算方法对于虚假陈述等典型证券欺诈案件尚有一定的合理性，对于内幕交易案件能否适用则明显存在疑问，因为其假设前提是证券欺诈行为会对证券市场价格产生显著影响，存在欺诈行为和未存在欺诈行为时的证券价格会有明显的差别，但这一结论很难在内幕交易中得到证实，内幕交易具有高度隐蔽性，通常不会影响证券市场价格，真正导致证券价格显著波动的是内幕信息的公开，而非内幕交易行为，内幕交易人只不过是抢在价格波动发生之前交易而已。所以，假设内幕交易未发生时的真实价格与实际交易价格可能没有多少区别，请求权人难以获得充分赔偿，反而使内幕交易人逃避了责任，其弊端显而易见。

第二，以内幕信息公开后的合理价格为基准。此种方法在美国被称为

---

① 王林清：《证券法理论与司法适用：新〈证券法〉实施以来热点问题研究》，法律出版社2008年版，第298页。

② See W. Wang and M. Steinberg, Insider Trading, 3rd edition. Oxford University Press, 2011, pp. 244 - 245.

③ 参见马其家：《证券民事责任法律制度比较研究》，中国法制出版社2010年版，第396页。

“修正差额法”（expedient out of pocket measure），具体内容为，以实际交易价格与内幕信息被市场吸收后的合理价格之差额计算请求权人的实际损失。至于如何确定合理价格，一些立法例直接规定了计算公式：如加拿大规定为“内幕信息一般披露后20个交易日的平均收盘价格”，我国台湾地区规定为“内幕信息公开后10个营业日收盘平均价”。我国学者大多赞成此种方法，认为其更为合理且易于操作，同时建议以内幕信息公开后30个交易日的收盘平均价格作为合理价格。①《证券法（修订草案）》第九十二条借鉴台湾地区的规定，以内幕信息公开后10个交易日平均价格作为计算请求权人投资差额的基准。不难发现，此种方法所隐含的逻辑前提是，请求权人在与内幕人进行反向交易的当时，有权以充分反映了内幕信息的价格买入或者卖出证券，正是由于内幕交易导致其未能以此公平价格买卖证券，所以应由内幕交易人赔偿其差额损失。此种逻辑同样是以虚假陈述等证券欺诈行为作为分析对象的，② 却难以有效适用于内幕交易案件，因为任何投资者都不享有以内幕信息作为决策依据的权利，否则其自身就构成了内幕交易人，而不再可能成为内幕交易的受害人。以内幕信息公开后的证券价格为基准计算投资差额，无异于承认内幕人的同时反向交易者有权依据内幕信息进行交易，实际上是在禁止一部分人内幕交易的同时又认可了另一部分人的内幕交易，不仅对其他投资者显然不公，更违背了禁止内幕交易法律制度的根本目的。

综上，就证券投资者的实际损失计算而言，迄今为止没有一种方法是完美的，③ 由于证券的市场价格本来就是在多种因素影响之下形成的，所以内幕交易损害赔偿数额的计算，“目标不是要达到数学上的精确，而是价值上的妥当”，④ 亦即，“只能选择采用相对准确、公正的计算方法”。⑤而所谓公正的计算方法，则应当是指与损害本身的性质相符的方法，否则无异于缘木求鱼。以此观之，无论以内幕交易未发生时的真实价格，抑或

---

① 郭锋：《内幕交易民事责任构成要件探讨》，载《法律适用》2008年第4期；赵万一主编：《证券市场投资者利益保护法律制度研究》，法律出版社2013年版，第272页。

② 我国目前虚假陈述损害赔偿制度中关于受害人实际损失的计算采取的就是这种方法，参见《最高人民法院关于审理因证券市场虚假陈述引发的民事赔偿案件的若干规定》第三十一条、第三十二条。

③ 彭冰：《中国证券法学》，高等教育出版社2007年版，第363页。

④ 叶金强：《论侵权损害赔偿范围的确定》，载《中外法学》2012年第1期。

⑤ 李国光、贾纬：《证券市场虚假陈述民事赔偿制度》，法律出版社2003年版，第157页。

内幕信息公开后的合理价格作为计算投资差额的基准，都只是在简单照搬虚假陈述侵权损害的计算方法，而没有考虑内幕交易侵权的自身特性。虚假陈述行为通过公布不真实信息的方式，人为扭曲证券市场价格，侵害了公众投资者对于应当依法公开的重大信息的知情权，其本来应当以虚假陈述未发生时的真实（公平）价格进行交易，因此受害人有权要求侵权人赔偿实际交易价格与真实（公平）价格的差额。相反，内幕交易没有侵害同时反向善意交易者的知情权，因为其在交易当时无权知悉内幕信息；同时，内幕交易也没有扭曲证券市场价格，所以同时反向交易者无权要求以信息公开后的证券价格来计算投资差额。

根据本文所提倡的公平交易理论，内幕交易本质上是不公平的证券交易行为，亦即内幕交易危害的实质在于双方决策基础不平等而非内幕信息未公开，其所侵害的是同时反向善意交易者的公平交易权，因此受害人的实际损失应当是公平交易权而非知情权受侵害所导致的投资资金减少。而投资者公平交易权受侵害所导致的投资资金减少，应当以内幕交易发生后和未发生时的资金状况加以对比得出，亦即其实际买入和卖出相关证券的价格差额。具体而言，当内幕人的同时反向交易者买入证券时（此时内幕信息为利空消息），如果该证券在起诉前已被卖出，则实际损失数额为买入平均价减去卖出平均价乘以证券数量；如果如果该证券在起诉前未被卖出，则实际损失数额为买入平均价减去起诉前一段合理期间的平均价乘以证券数量。当内幕人的同时反向交易者卖出证券时（此时内幕信息为利好消息），其在内幕交易之前的资金状况应当是买入这些被卖出证券时所付出的资金，因此其实际损失数额应为买入平均价减去卖出平均价乘以证券数量。当然，内幕交易人也可以举证证明请求权人的损失是由于证券市场系统风险所致，以此减免自己的损害赔偿数额。

结语

以损害赔偿为核心的内幕交易受害投资者司法救济制度的构建，与内幕交易的危害实质及其侵害投资者权益类型的界定具有内在逻辑的一致性，应当予以协同构建。《证券法（修订草案）》第九十二条所规定的内幕交易侵权损害赔偿规则，实际上是以将内幕交易定性为欺诈行为的反欺诈理论为构建基础，认为内幕交易侵害了公众投资者对于内幕信息的知情权，因此受害人有权要求内幕交易人赔偿其实际交易价格与吸收内幕信息后的市场价格的差额。然而，与虚假陈述等典型证券欺诈行为不同的是，内幕交易既未侵害其他投资者的知情权，也没有对其投资决策造成误导，因此反欺诈理论的事实基础并不准确。

就危害实质而言，内幕交易属于使用非法信息优势的不公平交易行为，侵害了交易对手依据平等决策基础和相同成败机会进行公平交易的合法权益。依据公平交易理论，内幕交易损害赔偿请求权人应当界定为，内幕交易时间完全一致的善意反向交易者，其有权获得的赔偿数额为实际买入和卖出相关证券的价格差额，同时应以内幕交易人的违法所得数额为限。此种内幕交易损害赔偿数额计算方法，与现有其他方法相比，其突出优势并不在于结果更为精确，因为任何方法都无法精确计算出违法行为所造成的投资者实际损失，[①] 而在于逻辑更为合理，更为契合内幕交易行为的本质。既然内幕交易侵害了同时反向交易者的公平交易权，鉴于证券交易无法撤销、证券无法返还，那么损害赔偿的目的就是使受害人恢复到内幕交易未发生的资金状况，由此即可证成受害人在内幕交易发生后和未发生时的资金差额就是其实际损失数额。

总之，本文所构建的以内幕交易受害人认定、损害赔偿范围和计算方法等规则为主体内容内幕交易受害投资者司法救济制度，与公平交易理论保持了高度一致，不仅能够实现我国反内幕交易法律体系内部的逻辑自恰与和谐统一，同时也有助于破解司法实践难题及维护广大公众投资者合法权益，进而推动我国资本市场持续健康发展及法治化进程。

① 李国光、贾纬：《证券市场虚假陈述民事赔偿制度》，法律出版社2003年版，第157页。

民事证据调查令制度的再思考

赵风暴*

辩论主义原则为民事诉讼的基本原则之一。从应然层面而言，辩论主义是在双方当事人武器平等的基础上进行的。然而，司法实践中，基于个体诉讼能力的差异，当事人对证据的掌控能力存在较大差异，武器平等无法实现。为彻底贯彻辩论主义原则的基本要求，有必要对当事人的武器平等创造平台和条件，以利于查明案件事实，修正机械辩论主义的弊端。为此，赋予当事人武器平等的重要方式——证据调查令制度不失为一种重要的方式和手段。从现行规定看，法律和司法解释对证据调查令问题未予明确，而2001年起草《最高人民法院关于民事诉讼证据的若干规定》时，曾将证据调查令纳入司法解释稿中，但考虑到当时证据调查令是新生事物，需要留待审判实践进一步探索和总结，最终没有规定。2012年民事诉讼法在修改过程中，也曾将调查令作为草案的内容。2005年8月25日，全国人大常委会在《全国人大常委会执法检查组关于检查实施情况的报告》中指出“一些地方正在施行刑事案件证据展示、民事案件双方当事人交换证据、人民法院根据代理民事案件律师的取证申请签发调查令等制度，以缓解律师调查取证的困难”，并明确建议“可继续试行庭前证据展示、证据交换、民事案件调查令等做法，认真研究相关问题，逐步加以完善”。从理论研究的角度看，学者们对证据调查令也进行了深入的研究，取得了颇为丰硕的成果，为调查令的立法规范准备了必要的理论基础。而实务中，自上海地区法院在司法实践中探索证据调查令，并率先推行证据调查令制度以来，证据调查令制度已在司法实践中施行多年，积累了丰富的实践经验，形成了一些好的做法，为立法规范夯实了必要的实践基础。

* 最高人民法院民一庭法官。

尽管如此，笔者认为，对证据调查令制度问题仍存在认识模糊之处，影响了证据调查令制度实效的发挥。为此，有必要对证据调查令的性质、启动、审查、违反调查令的法律后果等问题进行重新思考，希望能对证据调查令问题的研究及规范有所裨益。

一、实践现状

自上海市高级人民法院率先颁布《上海法院调查令实施规则》以来，目前全国至少有15个省、自治区、直辖市高级人民法院制定了与证据调查制度相关的规范性文件。此外，重庆市第一中级人民法院、武汉市中级人民法院、南京市中级人民法院等也制定了相关的文件。由此可见，各地法院对证据调查令制度的规范不断涌现，反映了民事诉讼对证据调查令的依赖程度和当事人诉讼权利意识的不断增强；与此同时，也凸显了各地法院对证据调查令的规定较不统一。如从名称上看，有的直接体现证据调查令的内涵，如《上海法院调查令实施规则》，北京市高级人民法院《关于委托调查证据制度的若干意见（试行）》等；有的则在相关的程序中加以规范，如海南省高级人民法院《关于认定和处理规避执行行为若干问题的暂行规定》，甘肃省高级人民法院《执行案件流程管理办法》等。此外，从实务操作的情况看，各地规定也不尽一致，施行条件各异，如《江苏省高级人民法院关于规范民事案件庭前程序的意见（一）（试行）》规定申请调查令的主体为当事人及其诉讼代理人，而重庆市高级人民法院《关于在民事诉讼中试行律师调查令的意见》则将申请调查令的主体限定为诉讼代理律师。由此，为保障证据调查令制度的统一适用，有必要修改现行法律或出台相关司法解释对此予以规范。①

二、基本问题思辨

从实务的情况看，证据调查令的施行效果并不乐观。根据安徽省高级人民法院对证据调查令情况的统计，自2013年9月1日至2017年5月31日，全省法院收到调查令申请9830份，收到调查令回执6976份，取证成功数8478份，取证成功率为89%。根据北京市顺义区人民法院2016年以

① 值得注意的是，《最高人民法院关于民事诉讼证据的解释（征求意见稿）》已将证据调查令的有关问题纳入其中。载 http：//blog. sina. com. cn/s/blog_ 48d140520102wqfy. html. 于2017年8月9日访问。

来施行证据委托调查令的情况，截止2017年8月，该院共签发证据委托调查令42件，其中被调查人配合调查的37件，拒绝率为12%。相较于证据调查令施行初期，目前的取证成功率有了较大幅度的提高，但当事人拒不配合的情况亦较为常见，对当事人的诉讼权益及司法权威产生了一定的影响。

梳理证据调查令之适用困境，固然与其实施无法律强制措施加以保障以及各行业、机构内部存在的排斥调查令的制度安排不无关系，但究其根本，笔者认为则在于对证据调查令自身认识不清，性质不明，操作失当所致。为此，有必要对证据调查令的名称、性质等问题重新加以认识、界定，进而规范证据调查令的司法适用。

1. 名称之辨

对证据调查令的称谓，在理论研究和司法实务中均存在表述不一致的情况。如有的称之为律师调查令，有的称之为法院调查令等。然而，称谓如何界定，不仅关涉概念统一的问题，还关涉证据调查令的司法适用，甚至影响到人们对司法权威的信赖。上述有关证据调查令的称谓，存在不妥，并不能全面契合证据调查令的实质内涵。当事人自行收集证据和法院依职权调查收集证据为现行法律所规定的两种证据收集模式。相较于上述两种证据收集模式，证据调查令则是有别于上述模式的第三种证据调查模式，即委托调查模式。[①] 将证据调查令称之为律师调查令，理由主要在于证据调查令为解决律师调查取证难的问题，并认为调查令制度的实质，是律师向法院提出调查取证申请后，法院通过发布授权调查令状，委托律师向有关单位和个人调取证据。调查令发布后，律师仍然要进行自行调查，只不过这种调查获得了法院的授权，带有受委托从事调查活动的性质。[②] 从各地法院的规范文件看，所涉内容主要为规范、保障律师调查收集证据的权限、程序。律师调查令虽肇始于律师向法院的申请，并施行于律师持令调查活动之中，[③] 但从其实质内容看，律师调查的权力来源于法院签发的证据调查令状，是基于法院的司法权而为，与法律所授予的律师调查取

① 陈瑞华教授将辩护律师调查取证制度视为证据调查收集的第三条道路，将其称之为委托调查模式。参见陈瑞华：《辩护律师调查取证的三种模式》，载《法商研究》2014年第1期。

② 参见陈瑞华：《辩护律师调查取证的三种模式》，载《法商研究》2014年第1期。

③ 关于持令调查主体问题，笔者不赞同应由一方当事人的诉讼代理人（律师）进行，具体理由将在下文加以讨论。

证权并无直接关联。此外，被调查主体之所以予以配合，亦多是基于法院签发的证据调查令。由此，律师调查令之称谓，仅能从外观上体现了证据调查令制度的内容，以此界定证据调查令的称谓不能体现证据调查令之实质内涵。

与此同时，法院调查令的称谓亦值得商榷。法院调查令的概念表述，虽体现证据调查令的法律属性特征，但在具体的操作中，法院将该令状交于一方代理律师，并由其持令调查相关证据，存在将具有司法权力的调查取证权授予具有利害关系一方当事人的委托代理人（律师）行使之惑，对司法权威将是一个极大的挑战，并引起对方当事人对司法公信力的怀疑，既有违法院司法中立之立场，又与当事人主义诉讼模式之理念相悖。此外，既然需要法院行使司法行为，签发调查令，出于效率、便捷之考虑，应由法院行使调查收集证据之权力更为妥当，而将该权力之行使，交由利害关系一方当事人的委托代理人（律师）行使，难免不伦不类，易将法院依职权调查收集证据与证据调查令所建立的第三种证据调查模式相混淆。

如何准确界定证据调查令之称谓，笔者认为，证据委托调查令之表述较为妥当。[①] 首先，证据委托调查令是不同于当事人自行收集证据和法院依职权调查收集证据的第三种证据调查模式。从签发主体看，乃是法院根据申请，在符合特定条件的情况下作出。从某种意义上讲，法院签发证据调查令是基于缓解法院依职权调查收集证据的压力、解决案多人少矛盾。但其本质上仍是法院行使司法权的产物，不同于当事人自行收集证据，应视为法院的司法行为。其次，从操作方式看，法院签发证据委托调查令之后，并非亲自去调查收集证据，而是交由第三方主体或通过有关途径进行，即将该权力的行使委托给第三方主体。可见，证据委托调查令的具体操作，体现了委托证据调查之性质。第三，从操作主体看，证据委托调查令授予第三方主体或通过有关途径进行，而非现行的委托给具有利害关系一方当事人或委托诉讼代理人。证据委托调查令之称谓，充分体现了签发主体、操作方式及操作主体之基本特征，有效避免律师调查令、法院调查令之存在的不足，对实现诉讼主体权利的平等保护、防止诉讼程序空洞化风险、实现当事人对裁判结果的信服乃至司法权威的树立具有积极的意义。

① 注：以下涉及证据调查令之表述时，笔者均以证据委托调查令代之。

2. 性质之辨

证据委托调查令的性质确定，不仅关乎其法律定位，还影响其司法实施效果甚至人民法院的司法权威。故而厘清证据委托调查令之法律性质，尤为必要。

对证据委托调查令法律性质的认识，大致存在以下几种观点：（1）法院授权说，该观点认为证据委托调查令是赋予代理律师代为行使法院调查取证的方式；（2）法院间接取证说，该观点认为证据委托调查令制度在性质上是法院在某些个别案件和特殊情况下，委托授权律师对案件的事实代为进行专业的调查取证，是法院对证据进行间接调查的一种方式；（3）诉讼权利延伸说，该观点认为证据委托调查令制度是法律保障当事人调查取证权的立法制度创设，当事人以调查令的方式取证，是其诉讼权利在司法裁判权保护下的延伸，因而具备了国家公权力的特征，并具有强制效力。① 笔者认为，上述观点均有失偏颇。证据委托调查令，对申请人来说，其是一种司法协助令状，即协助申请人调查收集其无法收集的重要证据，目的在于平衡当事人的诉讼能力的差异，保障诉讼双方的实质公平。从该角度而言，证据委托调查令是当事人调查取证的方式，而非法院间接调查取证的方式；对被调查人而言，持令人向其出示此令进行证据收集时，被调查人必须提供所掌握的证据，无正当理由不得拒绝，从该角度而言，证据委托调查令是一种司法强制令状，而非法院对律师调查取证的授权。② 此外，证据委托调查令亦非当事人诉讼权利的延伸，证据委托调查令虽依据申请作出，但其为司法权利行使的结果，具有公权力的性质，而非当事人诉讼权利之延伸。证据委托调查令为法院依职权所签发的司法令状，是法院行使司法权的结果，具有法律强制性。证据委托调查令的作出主体为人民法院，并加盖人民法院的印章。从证据委托调查令从形式外观上看，具有人民法院司法权行使的权力外观，是人民法院行使国家审判权的重要内容，作出的令状具有法律强制力。从现实的角度考量，证据委托调查令的施行主要基于缓解人民法院亲自调查收集证据、案多人少之司法现状，使人民

① 上海市浦东新区人民法院民二庭：《对当事人申请调查令的范围应予限定》，载 http：//gyweb. hshfy. sh. cn/shqsw/gweb/gww_ xxnr_ view. jsp；钱雄伟：《律师调查令正当性的法理思考》，载《广西青年干部学院学报》2006 年第 4 期。转引自韦杨、曾俊怡、刘亚玲：《当事人调查取证权之程序保障的路径尝试》，载《法律适用》2008 年第 3 期。

② 韦杨、曾俊怡、刘亚玲：《当事人调查取证权之程序保障的路径尝试》，载《法律适用》2008 年第 3 期。

法院能够集中精力审理案件现实所需，而交由第三方主体或通过相关方式调查收集证据。持令主体进行调查取证活动，基于法院的委托而为，实为法院将一部分调查权让渡给了持令调查主体，这种调查权实质上仍为一种公权力性质。以证据委托调查令的申请主体或持令主体非人民法院之具体操作方式为由，否认其所具有的司法属性显然不妥。

三、司法适用

1. 证据委托调查令的启动

（1）启动主体

各地规范性文件对证据委托调查令申请主体的规定并不一致。有的规定为当事人及其委托诉讼代理人，如上海、北京、江苏、安徽等地所出台的文件中均明确证据委托调查令为法院签发给当事人的诉讼代理律师向有关单位和个人收集证据的法律文件；有的则明确为诉讼代理律师，如重庆市高级人民法院《关于在民事诉讼中试行律师调查令的意见》中明确：经诉讼代理律师申请，人民法院可以签发律师调查令，由诉讼代理律师持律师调查令调查收集证据。通过比较，我们可以看出争议焦点主要在于对证据委托调查令申请和持有主体是否有特定的限定，即是否应限定于律师。

如何确定证据委托调查令的启动主体，不仅是证据委托调查令的基本理念所致，更由基于现实情况而生，关涉诉讼当事人的诉讼权利和诉讼利益。当今社会，基于两大法系的分野，导致了不同法系国家的诉讼模式也存在较大不同。在大陆法系国家，采取的是职权主义诉讼模式；而英美法系国家，采取的则为当事人主义诉讼模式。尽管近年来两大法系国家的诉讼模式的冲突有所缓和，但仍不可否认的是，其基本理念难以完全一致，因而使得其各自对证据收集的态度截然不同。在英美法系国家，民事诉讼被视为私人事务，由此决定了司法中对证据收集的责任有赖于当事人；而以德国为代表的大陆法系国家则基于公权诉权学说，强调法官的主动性，法官可依职权决定证据的提出，证人、鉴定人的传唤，证据的调查等措施。从我国的诉讼模式看，特别是近年来的司法改革，民事诉讼模式具有向当事人主义模式靠拢的痕迹，但在诉讼实践中则又明显体现了职权主义的色彩。特别是对于一些特殊类型的纠纷，如在家事纠纷案件中，强调人民法院应当强化法官职权探知、自由裁量和对当事人处分权适当干预；[①]又如在夫妻共同债务纠纷中，强调对未具名举债一方不能提供证据，但能够提供证据线索的，人民法院应当根据当事人的申请进行调查取证。[②] 由此，在特定的情形下，依法加强对当事人举证能力的保护，对于正确处理纠纷，提高司法公信力及维护社会和谐，具有重要的意义。从实践的情况看，对证据的调查与收集为当事人的基本诉讼义务之一。然而，由于诉讼程序的专业性和复杂性，对诉讼程序的把握有时需要经过专门培训的专业人员才能完成，而部分案件当事人对自己诉讼权利的行使并不了解。在此情况下，证据的调查和收集，特别是证据委托调查令的申请，应须具备专门知识才可以。而且，从法律属性上看，证据委托调查令所涉证据应与讼争案件争议事实具有相关性，对此判断，对缺乏专业训练的诉讼当事人而言，具有非常大的难度。此外，基于我国司法实际，2016 年全国各级法院受理案件数量总数突破 2300 万件，[③] 面对数量巨大的诉讼案件，如不对证据委托调查令之申请主体加以限定，人民法院的司法负担将难以承受。如当事人如向人民法院提出证据委托调查令之申请较为随意，必然增大法院的工作量，为集中审理案件带来不利的影响。特别是在试行阶段，严格限制证据委托调查令的申请主体尤为必要。故此，笔者认为，证据委托调查令的申请主体宜限定为诉讼代理人的律师，且从最高人民法院正在起草的《关于民事诉讼证据的解释（征求意见稿）》的情况看，亦将证据委托调查令的申请及持令主体限定为诉讼代理人的律师。将调查令的申请主体限定为诉讼代理人的律师，一方面有助于保障律师的执业权利，另一方面也是为了保障证据委托调查令使用的规范。

（2）适用条件

证据委托调查令制度，为解决当事人取证困难另辟了途径。然而，证据委托调查令的适用，应慎重为之。既要考虑到当事人收集证据的能力，规范证据委托调查令的司法适用，保护当事人调查取证之程序保障权，又要综合平衡当事人的诉讼权利的保护，坚持司法中立之诉讼理念、立场。

① 王春霞、罗书臻：《家事审判改革为相关立法提供实践依据——专访最高人民法院审判委员会专职委员杜万华》，载《人民法院报》2016 年 3 月 3 日。

② 参见《最高人民法院关于依法妥善审理涉及夫妻共同债务案件有关问题的通知》，法〔2018〕48 号。

③ 其中，最高人民法院受理案件 22742 件；地方各级人民法院受理案件 2303 万件。载新浪网 http：//news. sina. com. cn. 于 2017 年 8 月 25 日访问。

对委托证据调查令的适用条件，争议较大。有的主张证据委托调查令申请，应仅限于证据处于案件当事人之外的第三人掌控之下，且当事人系因客观原因无法自行收集证据。[①] 有的主张申请证据委托调查令必须说明理由并限定在当事人及诉讼代理人因“客观原因”不能自行收集证据的范围。[②] 有的主张，运用证据委托调查令调取的是与案件有关的证据材料。只有当事人通过自行调查被拒绝且已穷尽了其他手段的情况下仍不能获取的，或是虽未穷尽相关手段但相关手段的采取明显有违诉讼经济的，才能向法院申请调查令。[③] 有的主张，证据委托调查令是人民法院为解决当事人收集证据困难而提供的手段，因此，适用的条件应当包括持调查令调查收集证据的必要性、合理性及可能性。[④]

证据委托调查令的适用条件如何限定，不仅影响其适用，更对当事人的诉讼权益的保护至关重要。从现行法律对当事人申请调查收集证据的规定条件看,[⑤] 均规定了当事人及其诉讼代理人因客观原因不能自行收集证据的情况下，可向人民法院申请调查收集。然而，对证据委托调查令的适用条件应如何限定，或者说，是否与上述法律规定的条件有所不同，殊值研究。笔者认为，证据委托调查令主要在于弥补当事人举证能力不足之目的而设。在适用条件方面不宜过于严苛，而且，证据委托调查令的申请能否获得人民法院准许，需经人民法院进行审查，从而决定证据委托调查令的申请能否成立。故，在此阶段，应放宽证据调查令申请的限制条件。在坚持当事人通过正常的调查取证途径无法获得相关证据之客观原因的前提下，只要当事人的诉讼代理人（律师）提出申请，并在申请书中载明了无法自行调查收集证据的原因、证据的线索及所要证明的案件事实等内容，人民法院就应当对当事人提出的证据委托调查令的申请予以受理、审查。当然，针对一方当事人提出的证据委托调查令的申请，应给予对方当事人

① 韦杨、曾俊怡、刘亚玲：《当事人调查取证权之程序保障的路径尝试》，载《法律适用》2008 年第 3 期。

② 王建平：《关于建立调查令制度若干问题研究》，载《政治与法律》2002 年第 6 期。

③ 叶若思、叶艳：《民事证据调查令制度初探》，载《中国审判（新闻月刊）》2008 年第 10 期。

④ 宋春雨、潘华明：《民事诉讼证据司法解释修改中的若干问题》，载《民事审判指导与参考》2016 年第 3 辑。

⑤ 《中华人民共和国民事诉讼法》第六十四条第二款，《最高人民法院关于适用〈中华人民共和国民事诉讼法〉的解释》第九十四条、第九十五条。

相关程序保障的权利，以便法院对申请审查作出客观的结论。人民法院进行审查时，可结合以下因素加以考虑：当事人是否自行取证过；自行取证是否已被拒绝、被拒绝后当事人是否穷尽了其他手段仍不能获取，或者虽未穷尽手段但相关手段的采取将明显违背诉讼经济等。

2. 证据委托调查令的司法审查

对当事人提出的证据委托调查令的申请，人民法院应当予以审查，从而对申请的条件是否成立作出判断，以作出是否准许的结果。对当事人提出的证据委托调查令的司法审查，应以什么标准为依据，现行法律对此并未予以明确。笔者认为，证据委托调查令所指向的为诉讼案件所涉的证据，而证据则为证明案件事实的材料。从对案件事实的认定上看，裁判者通过自由心证的方式加以认定。[①] 由此，对证据调查令是否予以准许，亦应由裁判者通过自由心证的方式为之。但裁判者通过心证的方式予以判定，并非纯主观的行为，而是基于对案件具体情况的判断，通过具体的审查后才能作出。

然而，具体审查判断的条件为何，应考虑以下因素：一是证据委托调查令所涉证据与待证事实的关联性；二是证据委托调查令所涉证据与待证事实的实质意义；三是证据委托调查令所涉证据的必要性。具体言之，首先，关于证据委托调查令所涉证据与待证事实的关联性问题，即申请调查收集的证据与待证事实的关联性，其要求所申请调查的证据与待证案件事实具有法律意义上的相关性，对案件事实具有证明作用。对相关性的理解，可参照美国《联邦证据规则》的规定加以理解。该规则第401条规定："在下列情况下，证据具有相关性：（a）该证据具有与没有该证据相比，使得某事实更可能存在或者更不可能存在的任何趋向；并且（b）该事实对于确定诉讼更有意义。"[②] 其次，关于证据委托调查令所涉证据与待证事实的实质意义问题，从广义的证据关联性的角度出发，证据与待证事实的实质意义亦应包含在证据与待证事实的关联性之中。从狭义的角度而言，则是指调查收集的证据与待证事实之间的证明力的问题。如果申请调

---

① 尽管我国法律未明确规定自由心证的事实认定方式，但相关司法解释的条文中已体现了自由心证的精髓。如《最高人民法院关于民事诉讼证据的若干规定》第六十四条，《最高人民法院关于适用〈中华人民共和国民事诉讼法〉的解释》第一百零五条。

② 王进喜：《〈美国联邦证据规则〉（2011年重塑版）条解》，中国法制出版社2012年版，第56页。

查收集的证据与待证事实之间的证明力较弱，不足以证明待证事实，则并无实质意义，无调查申请的必要。该问题为在前一条件基础上的深入判断问题，即对申请调查收集证据的关联性基础上，进一步对证据的证明力大小的判断问题。再者，关于证据委托调查令所涉证据的必要性问题，该条件属于兜底性规定，赋予审理案件的裁判者根据具体情况进行综合判断。基于对案件事实的认定由裁判者通过心证形成的方式为之。对于待证事实，如审理案件的法官对案件事实的心证已经形成，则对证据调查的申请，可不予准许。此外，因证据委托调查令主要针对书证以及适用书证规则的准书证而向案外人调查收集证据。故具有下列情形之一的，人民法院不予签发调查令：申请调查证人证言的；申请直接向对方当事人调查的；证据涉及国家秘密、商业秘密或者个人隐私的；不宜由当事人自行调查收集证据的其他情形。

3. 证据委托调查令的实践操作

人民法院准许证据委托调查令申请后，应作出司法令状。从实务中的情况看，均由法院向申请人出具司法调查令的形式。在此，首先要明确的问题是，对委托证据调查令的持令主体如何确定，也即申请主体和持令主体是否有存在不同，存在不同的认识。如有的主张证据委托调查令的申请主体是案件当事人或经当事人授权的诉讼代理人。证据委托调查令的持令主体是受当事人委托并取得有效执业证书的诉讼代理律师。① 有的则主张，证据委托调查令的持令主体为诉讼当事人，主要理由在于因目前我国没有实行律师强制代理制度，在许多民商事案件中当事人并未委托律师，而此类当事人调查取证能力往往较低，将持令主体限定为律师，不利于该部分当事人举证能力的衡平及补强。应在健全证据委托调查令审查机制、异议保障机制及罚则体制的基础上，将证据委托调查令持令主体还原于当事人，从根本上保障当事人调查取证权的实现。② 对此，笔者并不赞同上述主张。对持令主体的界定问题，关涉证据委托调查令的具体实施。基于前述对证据委托调查令性质的分析，将证据委托调查令交由一方当事人的代理律师进行持令调查收集证据的操作模式则显然不当。而如何确定证据委

① 周赞华、章克勤、曹洁：《对民事诉讼中适用调查令的法律思考》，载《人民司法》1997年第5期。王建平：《关于建立调查令制度若干问题研究》，载《政治与法律》2002年第6期。

② 韦杨、曾俊怡、刘亚玲：《当事人调查取证权之程序保障的路径尝试》，载《法律适用》2008年第3期。

托调查令的持令主体或者说证据委托调查令通过什么途径进行加以实现呢？笔者认为，从实践的情况看，证据委托调查令存在易被滥用的风险，持令主体利用其进行查询与案件无关的他人信息的情况较为常见，为摆脱证据委托调查令被滥用之弊端及客观全面收集证据之要求，将证据委托调查令交由第三方主体或通过其他相关方式进行证据调查收集不失为一种较为通畅的路径。

从域外的情况看，大陆法系国家强调职权的运用，如德国民事诉讼法中对证据调查规定了直接原则，《德国民事诉讼法》第355条对证据调查的进行规定应由受诉法院进行，只有在特殊情形下，才能将调查证据委托给受诉法院的成员或委托给其他法院。[①] 法国民事诉讼法则对社会调查员进行了明确。即社会调查员是那些临时接受法官的咨询和委托完成某项阶段性任务的人。实际上，最常被法官任命为社会调查员的是社会服务辅助人员。调查员受命执行一项证据调查措施，以向法院澄明事实，使得法官得以在深刻认识案情的基础上作出判决。[②] 我国台湾地区，对于待证事项，可嘱托商会、交易所等团体为必要之调查，可嘱托银行调查账目，向商会调查商事习惯，向交易所调查证券行情等。[③] 而英美法系国家，如在英国民事诉讼中，文书主要由当事人和律师送达。对司法令状的送达问题，如搜查令，英国法规定一般由监督律师（The supervising solicitor）在禁令所指定的人的陪同下，在工作日直接送达，且一并送达支持性证据和文书。[④] 结合域外的规定，根据我国的实际情况，建议证据委托调查令可交由第三方主体进行证据调查。该方式相较于交由利害关系一方的律师进行证据调查，更有利于证据收集的全面性、客观性，减少利害关系人不必要的疑虑。除了上述方式之外，人民法院亦可通过其他相关的方式进行。近年来，人民法院为改进和加强送达工作，相继出台了《最高人民法院关于以法院专递邮寄送达民事诉讼文书的若干规定》《最高人民法院关于进一步加强民事送达工作的若干意见》等司法解释和司法政策，为证据委托调查令的司法操作提供了便利条件。此外，最高人民法院近年来下大力气解决

---

① 《德国民事诉讼法》，丁启明译，厦门大学出版社2016年版，第88页。

② ［法］洛伊克·卡迪耶：《法国司法法》，杨艺宁译，中国政法大学出版社2010年版，第141～142页。

③ 杨建华：《民事诉讼法要论》，北京大学出版社2010年版，第254页。

④ 徐昕：《英国民事诉讼与民事司法改革》，中国政法大学出版社2002年版，第117、157页。

执行难问题，先后单独和联合出台了《最高人民法院、中国银行业监督管理委员会关于联合下发〈人民法院、银行业金融机构网络执行查控工作规范〉的通知》《最高人民法院、国土资源部关于推进信息共享和网络执行查询机制建设的意见》《最高人民法院、中国银行业监督管理委员会印发〈关于人民法院与银行业金融机构开展金融理财产品网络执行查控的意见〉的通知》等规范性文件，其不仅有利于解决案件执行难的问题，亦为证据委托调查令的实施提供了“顺风车”。

四、司法保障

证据委托调查令的司法保障，主要涉及两个方面的问题。其一，在申请证据委托调查令时，当事人的权利保障问题；其二，在人民法院发出证据委托调查令后，被调查主体拒不配合时，应承受何种法律后果问题。

关于第一个问题，其涉及证据委托调查令申请主体一方以及利害关系当事人一方的权利保障问题。针对申请主体一方的权利保障，主要问题为其向人民法院提出的证据委托调查的申请未被准许，存在何种救济途径问题，对此，因无法律明确规定，实务中的做法各异。笔者认为，证据委托调查令的申请未被人民法院准许时，如申请主体不服，可享有申请复议的权利，可以向上述人民法院申请复议一次。且对人民法院未准许证据调查令申请而作出的裁判，当事人可以程序违法为由提起上诉，请求上级法院撤销或变更裁判。同理，作为利害关系的对方，亦应给予其参与程序进行充分的辩论、提出异议机会之程序保障权。如其对人民法院准许作出的证据委托调查令存有异议，亦可以向人民法院提出异议。

针对第二个问题。随着调查令制度的不断完善，实践中向人民法院申请证据委托调查令的情形越来越多。以安徽法院的情况为例，签发证据委托调查令呈现出逐年上升的趋势。[①] 而在调查令制度的运行初期，效果并不乐观。尽管近年来，证据委托调查令的配合程度有所提升，但被调查者拒绝配合调查的情况也较为常见。从各地法院试行证据委托调查令的情况看，有的规定了被调查单位和个人拒绝调查行为时可由“法院亲自实施调

① 自2013年至今2017年5月31日，该省法院签发的调查令情况为：2013年9月1日至12月31日，共签发301份；2014年1月1日至12月31日，共签发1630份；2015年1月1日至12月31日，共签发2333份；2016年1月1日至12月31日，共签发1160份；2017年1月1日至5月31日，共签发1864份。

查取证”的法律后果，并将其视为一种可供选择的司法救济。笔者认为，该方式欠妥。证据委托调查令为证据调查收集的第三种模式，而法院依职权调取证据为法律明确规定的证据调查收集模式，两者为独立的证据调查收集模式，不存在从一种方式可以转换为另一种方式的问题。而将法院依职权调查取证作为被调查主体拒绝证据委托调查令之法律后果，存在将证据委托调令前置于法院依职权调查取证之程序的嫌疑，并不妥当。另外，根据前述分析，证据委托调查令实为人民法院依申请据职权作出，是行使司法权力的结果，仅是在行使方式上有所不同。持令主体进行调查时，权利来源于法院的委托，类似于行政法上的行政委托理论。在被调查主体不予配合时，根据民事诉讼法及司法解释的规定，可以视为妨碍民事诉讼行为予以制裁，对有关单位、个人进行罚款、拘留，构成犯罪的，依法追究其刑事责任。从域外的规定看，对违反证据提交命令的第三人可课以处罚。如《法国新民事诉讼法》第11条规定，法官应当事人之一的请求，得要求或命令第三人提交由其持有的全部文件，不予提交者，必要时，得科处前述相同之罚款。[①]

结　语

在证据裁判主义的原则下，证据的调查和收集是诉讼过程中一项重要的活动。尽管民事诉讼法及其司法解释为缓解当事人举证难做出了很大的努力，但从司法实践现状而言，由于人民法院受理案件数量基数的庞大及上升幅度的激增，法律所规定的当事人自行收集证据和法院依职权进行调查取证的证据调查收集模式已不能满足司法实践的需要。如何保护诉讼当事人的诉讼权利，积极探索和创新当事人证明权实现的法律制度为现实所需。从各地法院的实践情况看，对证据委托调查令制度均以施行多年，并出台规范性文件对此问题加以指导。然而，基于对证据委托调查令之法律属性、法律效力的认识模糊，导致司法适用之种种困境。为此，应在厘清证据委托调查令法律属性的基础上，具体规范其司法适用程序，结合实践中的情况，不断总结经验，加强对问题的研究，以最终实现证据委托调查令之立法规范。

① 《法国新民事诉讼法典》，罗结珍译，中国法制出版社2000年版，第5页。

固定价格的建设工程施工合同之调整探析*

谢爱梅**

一、问题的提出

建设工程施工合同的履行期较长，价格组成要素材料费、人工费、机械费等易受市场变化影响。如果构成工程款价格的人工费、材料费等上涨，但建设工程施工合同约定的工程款为固定价格，承包人可否请求调整施工合同约定的工程款，实践中存在争议。合同有效成立后，当事人应按照合同约定履行，此为合同严守原则，但是该原则也有例外，情势变更制度即是在合同签订后发生意外事件，导致合同当事人权利义务失衡情况下，法律对遭受不利一方当事人提供救济的制度。情势变更制度通过变更或者解除合同，矫正合同双方当事人权利义务失衡的状态。固定价格的施工合同承包人能否请求适用情势变更制度调整工程款价格以及适用条件有哪些，本文试对此进行探讨。

二、固定价格的建设工程施工合同适用情势变更制度的观点分歧

《中华人民共和国合同法》系1999年颁布，并未对情势变更制度作出规定。基于司法实践需要，《最高人民法院关于适用〈中华人民共和国合同法〉若干问题的解释（二）》（以下简称《合同法司法解释二》）第二十六条对该制度作出规定："合同成立以后客观情况发生了当事人在订立合同时无法预见的、非不可抗力造成的不属于商业风险的重大变化，继续履

* 该文原载《中国物价》2018年第7期，略有修改。

** 最高人民法院民一庭法官。

行合同对于一方当事人明显不公平或者不能实现合同目的，当事人请求人民法院变更或者解除合同的，人民法院应当根据公平原则，并结合案件的实际情况确定是否变更或者解除。”情势变更制度的适用程序有特殊规定，《最高人民法院关于正确适用〈中华人民共和国合同法〉若干问题的解释（二）服务党和国家工作大局的通知》（法〔2009〕165号）规定，确需在个案中适用的情势变更，应当由高级人民法院审核。必要时应报请最高人民法院审核。该规定体现了法院对适用情势变更制度的慎重态度。

情势变更制度的适用条件包括：应有情势变更的事实且须发生在合同成立以后至履行完毕之前、情势变更的发生不可归责于当事人、情势变更在当事人缔约时不可预见以及情势变更须使履行原合同显失公平等要件。[①]在诸项要件中较易产生争议的是：当事人缔约时所依赖的合同基础是否发生变更以及情势变更是否使履行原合同显失公平。

固定价格的建设工程施工合同应否适用情势变更制度在理论和实践中均存在分歧。否定观点认为固定价格的建设工程施工合同不适用情势变更制度，固定价格的核心在于固定风险。承包人投标报价时已将承担风险所增加的费用包括在内。肯定观点认为，当事人约定的固定价格条款仅适用正常价格波动情况，成本波动超出当事人预见范围，可适用情势变更制度调整。

《最高人民法院关于审理建设工程合同纠纷案件的暂行意见》（2002）第27条规定，建设工程合同约定对工程总价或材料价格实行包干的，如合同有效，工程款应按该约定结算。因情势变更导致建材价格大幅上涨而明显不利于承包人的，承包人可请求增加工程款。但建材涨价属正常的市场风险范畴，涨价部分应由承包人承担。该规定区分了情势变更和正常的市场风险，虽然施工合同约定的是固定价格，但可适用情势变更调整工程款；若建材涨价属于正常风险，则不予调整。

法院对固定价格的建设工程施工合同可否调整问题的认识并不统一，何种情况下可以适用情势变更制度调整工程价款是司法实践的难点。最高人民法院审理的（2007）民一终字第81号案件，承包人与发包人签订的施工合同约定施工期间不进行价格调整。工程施工期间，建材价格上涨。一审法院认为，建材价格在一定幅度内的合理波动为正常的交易风险，建

① 沈德咏主编、最高人民法院研究室编著：《最高人民法院关于合同法司法解释（二）理解与适用》，人民法院出版社2015年版，第234页。

材大幅上涨，则属于合同基础发生根本性变化，超出当事人预测范围，产生显失公平的后果，故应适用情事变更制度。二审法院（最高人民法院）则认为，承包人因材料价格上涨导致的差价损失幅度尚难达到情事变更原则所要消除的当事人之间权利义务显失平衡的严重程度，不能适用情势变更原则。

三、比较法考察固定价格的建设工程合同可否调整

各国均有相关法律制度作为合同严守原则的例外，如德国有交易基础丧失理论，普通法系国家有合同目的落空制度。虽然使用不同法律概念，但是解决的实践问题一致。比较各国的法律及司法实践，在建筑工程合同约定固定价格情况下，各国并不会轻易调整当事人约定的价格，但不排除例外情况。

英国有案例表明固定价格的建设工程合同并不适用合同目的落空制度。建筑商为市议会建造房子，约定固定价格。由于原材料和熟练工人的短缺，工期增加 14 个月，建筑商花费超出约定价格。该案先进行仲裁，仲裁员认为当事人履行合同的基础发生变化，且部分原因是承包商所不能控制的，其有权获得部分补偿，据此裁决市议会应额外支付建筑商一些费用。法院则推翻该裁决，理由之一是合同未约定固定价格可以变更，说明建筑商承担了成本增加的风险，成本上涨并未使合同目的落空。

《法国民法典》并未规定情势变更制度，对于私法合同不轻易干预当事人的合同约定。《法国民法典》第 1793 条规定，建筑师或承揽人以契约承包一定工程，按照与地基所有人协定的计划进行工作时，建筑师或承揽人不得借口劳动力或材料涨价，亦不得借口计划有变更或增加而请求追加价金；但计划的变更或增加为文书所认可，且就价金与地基所有人达成协议者，不在此限。根据该规定，建筑工程约定固定价格时，建筑商不得以成本上涨、计划变更涨价。即便发生不可预见的特殊情况，也是如此。这种情况下，当事人只能自行签订价格调整条款应对情况变化。

根据德国司法实践，承揽合同约定固定报酬表明双方已经将履行困难的风险计入报酬。有一个案例，建筑承包合同约定了固定承包费，后工人要求增加工资，并与建筑公司达成协议，建筑公司诉请开发商增加承包

费，法院认为，建筑公司约定固定承包费，表明其承担工人工资变动风险。[①] 但是，德国的行业惯例《建筑工程招标与合同规则》（由当事人决定是否纳入合同）B部分第2条第7款第1项规定，对于固定总价的合同，在特殊情况下，可以适用交易基础丧失制度。如果合同订立后发生的情况与当事人的预见有极大偏差，不应苛求债务人按照固定总价继续履行合同，遭受不利一方可以请求增减给付，使双方权利义务实现平衡。[②]

《瑞士债法典》规定，当事人承诺按照固定价格提供一项工作成果，不能因其所花费成本高于其预想而要求涨价。但是如果发生一些特殊情况，如不能预见或者超出双方的预想范围，工作无法完成或者完成工作异常困难，法官有裁量权，提高合同价格或者解除合同。瑞士有一个案例允许调整工程价款，建筑承包合同约定了固定价格，承包商承诺承担所有因“误解、遗漏或者错误理解方案计划”产生的所有风险。由于第一次世界大战的影响，人工费和材料费在合同期间上涨60%。法院认为战争的影响是当事人无法预见的，合同约定并不表明承包商愿意承担所有的风险。[③]

我国及其他国家的实践表明，意外事件导致施工成本增加，承包人可否请求增加工程款，主要需对两个问题作出判断：一是确定承包人承担的风险范围；二是衡量意外情况的发生是否导致当事人权利义务失衡。

四、固定价格的建设工程施工合同承包人承担的风险范围

情势变更的适用条件之一是当事人签订合同时依赖的基础发生变化。如果情事变化是当事人能够预见或者按照合同约定应该承担的风险，则不能认为签订合同的基础发生变化。在建设工程施工合同领域，法院较少适用情势变更制度，通常认为成本发生涨跌是承包人应承担的风险：首先，承包人的主要义务是交付劳动成果，应承担意外变化导致履行艰难或者履行不能的风险。其次，承包人可通过报价扩张或者限缩承担风险的范围。工程合同的价格主要有三种：固定价格（固定单价或者固定总价）、成本

---

① ［德］卡斯滕·海斯特尔、许德风：《情势变更原则研究》，载《中外法学》2004年第4期。

② 黄喆：《情势变更原则在建设工程合同中的适用——德国建筑私法实践及其对我国的启示》，载《法律科学（西北政法大学学报）》2013年第5期。

③ Werner Lorenz, Contract modification as a result of change of circumstances//Jack Beatson, Daniel Friedman, Good faith and fault in contact law. http://www.oxfordscholarship.com. DOI: 10.1093/acprof: oso/9780198265788.003.0001: 357-365.

加酬金、可调价格。承包人报价时应充分考虑要素价格可能会发生的波动以及个人避免风险的能力，确定计价方式。固定价格即意味着承包人愿意承担要素价格上涨的风险，并享有要素价格下跌产生的利润。再次，当事人能够预见到成本会有涨跌，并提前对风险进行分配。例如，四川省高级人民法院（2017）川民终761号案件中，承包人提出由于四川省“5.12”大地震，材料价格大幅上涨，应适用情势变更原则。四川省高级人民法院认为，双方签订的合同项目属于不调价清单合同，即固定计价标准，并约定工程量单价包括材料等费用以及一切风险，故不能适用《合同法司法解释二》第二十六条的规定调整工程款。

笔者认为，虽然司法案例适用情势变更制度调整工程价款的情况不多，但并不足以排除情势变更制度在固定价格的建设工程施工合同中的适用。一是承包人能够控制工程的管理和质量，但是其无法控制材料和人工费价格的异常变动。承包人并不必然承担所有履行中的成本上涨风险。二是当事人仅约定固定价格，但未约定承包人承担导致成本变化的一切风险，不宜认为承包人自愿承担超出正常商业风险范围的风险。三是当事人承诺承担风险，通常仅是其能够预见到的风险。从经济学角度分析，人的理性是有限的，其并不能预见到所有情况，也无法掌握所有的信息，所以当事人无法设想合同履行中可能发生的所有情况，并作出约定。例如，我国台湾地区有案例涉及当地政府加强砂石河川的管理，禁采河川砂石，导致混凝土（砂石系主要成分）的价格上涨。法院认为无论当事人对价格是否有特殊约定，是否已经约定按照物价指数调整合同价格，该情况均非承揽工程时承包人依据正常市场上物价波动所能够预见的，故能够认定作为缔约基础的事实发生了变动，可以适用情势变更制度。①

判断承包人承担的风险范围应考虑如下因素：（1）导致成本上涨的意外事件可否预见。对于能够预见的风险，承包人报价时应已考虑在内。大规模的战争、地震等自然灾害通常属于突发事件，难以预见。有些意外事件则属当事人能够预见范围，如有些局部战争的爆发系在冲突摩擦不断升级的情况下发生，当事人能够觉察到征兆。又如2008年的经济危机，有渐进的发展过程，当事人也能够有所预见。（2）意外事件导致成本上涨的幅

① 黄立：《台湾工程承揽契约中情事变更之适用问题》，载史建辉、叶树理、黄喆编，《工程上的民法问题研究——第一届海峡两岸工程法学研讨会实录与论文集》，东南大学出版社2010年版，第64~68页。

度是否超出施工合同约定承包人承担风险的范围。最高人民法院审理的（2013）民申字第1101号案件，当事人对工程每平方米的单价进行了约定，并约定了固定材料价格（钢材、水泥），如果市场价格涨幅超出20%，则材料价格按照市场价。诉讼中，承包人主张四川省“5.12”大地震导致成本上涨，应适用情势变更制度调增工程款价格。最高人民法院认为，承包人并未举证证明材料价格涨幅达到合同约定的20%，其要求调整，缺乏依据。该案表明，即便发生了地震等当事人无法预见的意外事件，如果其导致的成本上涨幅度并未超出当事人自愿承担的幅度，当事人请求调整工程款，仍然不能获得支持。（3）当事人约定的固定价格是否高于正常市场价格。风险具有交换价值，如果工程款价格高于平均水平，说明承包人自愿承担更多风险，而不仅限于正常商业风险，认定是否发生情势变更时，标准相应提高。（4）承包人是否有能力控制风险。如果承包人能够控制风险，却未能采取适当措施防范风险，由此产生的后果应自行承担。如因承包人管理水平低下，导致工程逾期，随后发生意外事件，承包人应自担风险；承包人在签订施工合同后未及时签订材料供应合同以固定价格，亦属于未采取措施控制风险。

五、如何认定情势变更导致合同均衡发生根本改变

适用情势变更制度的另一要件是履行原合同对一方显失公平。根据《最高人民法院关于贯彻执行〈中华人民共和国民法通则〉若干问题的意见（试行）》第72条规定，如果合同双方的权利和义务明显违反公平、等价有偿原则，可以认定存在显失公平的结果。该规定虽然针对合同订立时显失公平的情况作出，但是可作为认定情势变更导致显失公平的一个参考依据。

我国台湾地区有一判决表述为：如果使承包人承担不可预测的风险，有悖诚信及衡平观念，对承包人显失公平，承包人依情势变更原则即诚信原则，得请求法院增加发包人应为之给付。[①] 根据德国交易基础丧失理论，调整合同的要件之一是意外事件导致当事人的对价关系遭到破坏，给付与

① 黄立：《台湾工程承揽契约中情事变更之适用问题》，载史建辉、叶树理、黄喆编，《工程上的民法问题研究——第一届海峡两岸工程法学研讨会实录与论文集》，东南大学出版社2010年版，第76页。

对待给付严重不对等，违反诚信原则。[①] 可见，是否适用情势变更制度，很重要的因素是看意外事件是否导致合同当事人的权利义务失衡，继续按照原合同履行是否违反诚信原则。情势变更制度具有补充性，承包人遭受的损失已经到了其“牺牲的临界点”时[②]，才予以适用。承包人发生亏损并非适用情势变更制度的充分条件。

在判断情势变更是否导致合同双方权利义务失衡时，既要遵守情势变更制度的基本理论，又要结合建设工程合同的特点。具体可综合考虑如下因素：

（一）建设工程行业属于微利行业，材料和人工费在工程款中占主要比例，稍有变动即会影响承包人的利润。成本上涨超过5%就可能导致承包人亏损。而由于建筑工程质量关涉社会公共利益，其又是劳动密集型产业，影响到施工人员利益，公允的工程价款会保证施工人员利益及工程质量，维护社会公共利益。所以，在认定是否显失公平时，对成本上涨的幅度不能要求过高。

（二）各地建设行政主管部门颁发的工程合同价款调整指导意见可作为衡量当事人权利义务失衡的一个参考标准。例如江苏省建设厅《关于加强建筑材料价格风险控制的指导意见》（苏建价〔2008〕67号）规定，为应对建筑材料价格波动，对于当事人约定的固定价格施工合同，未约定材料价格风险控制条款的，建议当事人签订补充协议，按照材料费占工程费的不同比例确定承包人承担的价格风险幅度不高于5%或者10%。该意见虽然是对当事人签订合同条款提出的建议，但是对于认定承包人有能力承担风险的范围具有参考意义。超出承包人承担风险范围的材料价格上涨，会导致发包人与承包人权利义务失衡。

（三）发生异常变动的单项材料价格占全部成本的比例。如果单项材料所占工程费比例低，即便其价格异常上涨，未必使全部成本上涨超出合理范围。如果单项材料占工程费比例高，其变动幅度易对成本变化产生较大影响，小幅变动即可能导致继续履行合同显失公平。

（四）其他情况也可能导致成本上涨。例如，湖南省高级人民法院审理的（2015）湘高法民一终字第68号案件，施工合同虽然约定固定价格，

① 孙美兰：《情势变动与契约理论》，法律出版社2004年，第125页。

② 黄喆：《情势变更原则在建设工程合同中的适用——德国建筑私法实践及其对我国的启示》，载《法律科学（西北政法大学学报）》2013年第5期。

但是合同履行中由于当地村民阻扰施工、持续降雨等原因，工期超出预期约4年半。法院认为，双方签订施工合同赖以成立的环境发生当事人预料不到的重大变化，按照原合同约定价格结算对施工方显失公平，故应适用情势变更制度调整工程款。另外，如地质条件与勘验不一致，承包人增加工作量及成本，也可能导致按原合同价格履行显失公平。因此，应综合考虑案件的整体情况，认定由承包人单独承担工程成本增加的后果是否违反公平、诚信原则。

此外，承包人应举证证明其实际支出有异常增加。有些情况下，发包人承担购买材料义务或者承包人在材料价格上涨前就已经签订了材料购买合同，即便材料价格异常变动，承包人并未遭受实际损失。

六、结论

合同是分散风险的工具，但是当事人并不能预见到所有情况，并对风险作出分配。固定价格的建设工程施工合同并不等于当事人自愿承担所有意外风险。通常超出正常商业风险范围的成本异常变动属于情势变更。情势变更制度具有补充性，只有在合同基础变动所造成的结果明显违反公平和诚信原则，超出当事人可牺牲范围时才能适用。建设工程行业属于微利行业，公允的工程款有利于保证工程质量及施工人员的基本生活，维护社会稳定。在认定是否应适用情势变更制度时，应考虑建设工程施工合同的特殊性。

房屋买受人提起执行异议之诉如何处理

王毓莹*

房屋买受人购买房屋后未办理过户，因出卖人负债，房屋被法院查封，买受人如何寻求救济，法院审理此类案件如何适用法律是司法实践中的难点问题。房屋的价值较大，是人们安身立命的根本，因此，执行异议案件中，大多数异议指向的标的物为房屋，一般通常会用到的条文是《关于人民法院办理执行异议和复议案件若干问题的规定》（以下《异议复议规定》）的第二十七条、第二十八条、第二十九条。上述条文能否用于执行异议之诉，执行异议之诉与执行异议是否应当适用同一审查标准，上述三个条文的关系是什么，审判实践中争议很大。笔者不揣浅陋，对此问题作一分析。

首先，在执行异议之诉中可参照适用《异议复议规定》第二十七条、第二十八条、第二十九条。在裁判文书的表述上，准确的表述应当是“参照”而非“依照”。因为《异议复议规定》规定的是执行异议的审查标准，而非执行异议之诉的审查标准。执行异议与执行异议之诉虽同为执行中对于第三人权利的救济制度，但性质不同。执行异议为执行程序，而执行异议之诉为审判程序。执行程序的价值理念为“效率优先，兼顾公平”，而审判程序的价值理念为“公平优先，兼顾效率。”前置异议审查程序对执行异议之诉的裁判结果不能产生影响。执行异议审查部门对案外人异议的审查主要属于程序性和阶段性审查，而对于认定案外人是否享有阻却执行的实体权利则属于实体救济，应当经诉讼程序予以审查并最终确定，两者的审查标准和程序均存在明显不同，因此，法院审理执行异议之诉案件时，应当对案外人是否享有实体权利，并能否阻却执行，作出最终的实体

* 最高人民法院法官。

判决。执行异议以形式审查为原则，以实质审查为例外，这既是由两者的价值理念决定的，也取决于两者的制度设计。执行异议只有十五天的审查期，在这十五天内要求对当事人享有的所有权利均进行实质审查，既不现实，也不可能。因此，执行异议审查以形式审查为原则，以实质审查为例外。而执行异议之诉作为一个华丽丽的审判程序，有一审、二审和再审程序，其制度设计使实质审查具备了可能性。从这一意义上讲，执行异议之诉对于当事人的保护更为周到。从法院审查的角度讲，执行异议与执行异议之诉不应适用同一标准。《异议复议规定》中的大多数条文规定的都是形式审查原则，而第二十八条、第二十九条规定了部分实质审查的内容。因此，大多数情况下，执行异议之诉的审理可以参照适用《异议复议规定》的第二十七、第二十八、第二十九条的规定，但不能完全依照适用。以《异议复议规定》第二十九条为例，其是基于生存权至上的考虑设置的特别规定，目的是保护消费者购房人的权利。是否构成消费者，对于只有十五天审查期的执行异议来讲，只能从形式上进行判断，其标准必须简单直接明确，因此执行异议确立的审查标准就是买受人名下是否有其他房屋。对此，在执行异议之诉中可以参照适用。但若在执行异议之诉中不区分情况完全照搬，则不合适。笔者认为，对此不能做过于机械的理解。法院应综合案件的实际情况，利益衡量，作出取舍和判断。比如，购房人囿于经济原因，开始仅购买了30平方米的开间，后由于添丁进口，又购买了一处30平方米的开间，此时，不宜认定第二套房不符合用于居住的目的。再比如，涉案的购房人早在诉讼几年前已经将名下的原有房屋转让，因为各种原因未办理过户，现又只购买了一套房，此时认定其名下有房，而不能阻却执行，亦有失公允。

第二，若要阻却享有建设工程价款优先受偿权的金钱债权的执行，应当参照适用《异议复议规定》第二十九条的规定，而并无第二十八条的适用余地。考察《异议复议规定》第二十九条的“前世今生”，会发现，其系脱胎于合同法第二百八十六条的批复，[①] 该批复考虑到施工人的劳动已经物化在建设工程中，因此，对于建设工程施工人对工程价款享有的债权

① 注：

1.《关于人民法院办理执行异议和复议案件若干问题的规定》第二十七条　申请执行人对执行标的依法享有对抗案外人的担保物权等优先受偿权，人民法院对案外人提出的排除执行异议不予支持，但法律、司法解释另有规定的除外。

第二十八条　金钱债权执行中，买受人对登记在被执行人名下的不动产提出异议，符合下列情形且其权利能够排除执行的，人民法院应予支持：

（一）在人民法院查封之前已签订合法有效的书面买卖合同；

（二）在人民法院查封之前已合法占有该不动产；

（三）已支付全部价款，或者已按照合同约定支付部分价款且将剩余价款按照人民法院的要求交付执行；

（四）非因买受人自身原因未办理过户登记。

第二十九条　金钱债权执行中，买受人对登记在被执行的房地产开发企业名下的商品房提出异议，符合下列情形且其权利能够排除执行的，人民法院应予支持：

（一）在人民法院查封之前已签订合法有效的书面买卖合同；

（二）所购商品房系用于居住且买受人名下无其他用于居住的房屋；

（三）已支付的价款超过合同约定总价款的百分之五十。

2.《最高人民法院关于人民法院民事执行中查封、扣押、冻结财产的规定》第十七条　被执行人将其所有的需要办理过户登记的财产出卖给第三人，第三人已经支付部分或者全部价款并实际占有该财产，但尚未办理产权过户登记手续的，人民法院可以查封、扣押、冻结；第三人已经支付全部价款并实际占有，但未办理过户登记手续的，如果第三人对此没有过错，人民法院不得查封、扣押、冻结。

3.《最高人民法院关于建设工程价款优先受偿权问题的批复》

上海市高级人民法院：

你院沪高法〔2001〕14号《关于合同法第286条理解与适用问题的请示》收悉。经研究，答复如下：

一、人民法院在审理房地产纠纷案件和办理执行案件中，应当依照《中华人民共和国合同法》第二百八十六条的规定，认定建筑工程的承包人的优先受偿权优于抵押权和其他债权。

二、消费者交付购买商品房的全部或者大部分款项后，承包人就该商品房享有的工程价款优先受偿权不得对抗买受人。

三、建筑工程价款包括承包人为建设工程应当支付的工作人员报酬、材料款等实际支出的费用，不包括承包人因发包人违约所造成的损失。

四、建设工程承包人行使优先权的期限为六个月，自建设工程竣工之日或者建设工程合同约定的竣工之日起计算。

五、本批复第一条至第三条自公布之日起施行，第四条自公布之日起六个月后施行。

此复。

4.《中华人民共和国合同法》第二百八十六条　发包人未按照约定支付价款的，承包人可以催告发包人在合理期限内支付价款。发包人逾期不支付的，除按照建设工程的性质不宜折价、拍卖的以外，承包人可以与发包人协议将该工程折价，也可以申请人民法院将该工程依法拍卖。建设工程的价款就该工程折价或者拍卖的价款优先受偿。

作出了优于抵押权的特殊规定，但基于生存权至上的考虑，建设工程价款的优先受偿权仍然要滞后于消费者买房人的物权期待权。而《异议复议规定》第二十八条则脱胎于《关于人民法院民事执行中查封、扣押、冻结财产的规定》第十七条。第二十九条规定的是房屋消费者物权期待权的保护条件，而第二十八条规定的是一般不动产买受人物权期待权的保护条件。在执行异议之诉中，当案外人提起执行异议之诉时，首先应当对于案外人享有的权利与申请执行人享有的权利性质进行甄别，进而进行排序，房屋买受人若阻却法律赋予优先效力的享有建设工程价款优先受偿权的金钱债权的执行时，须具备合同法第二百八十六条批复规定的条件才有可能，而如前所述，《异议复议规定》第二十九条规定系脱胎于该批复，此时，应当参照《异议复议规定》第二十九条的规定，考察其权利是否为消费者买房人的物权期待权。建设工程优先受偿权属于法定优先权，法律赋予其效力很强，此时，自无《异议复议规定》第二十八条适用的余地，因为该条规定的是一般不动产买受人的物权期待权。第二十九条的规定是基于生存权至上考虑法律所作的特殊规定，应当严格把握，不宜扩大适用。对于房屋的性质应当限定在居住用房，商业用房不在保护之列。商住两用房由于也具备居住属性，亦应当予以保护。对于名下一套房的把握问题，由于房屋所处区域不同，导致价格相差甚远，笔者认为，以市为认定范围比较合理。对于名下的理解，应当作宽泛的理解，应当将买受人、实行夫妻共同财产制的配偶一方以及未成年子女作一并考虑。只要三者之一名下有房屋，即可视为已有居住用房。

第三，若要阻却普通金钱债权的执行，则既可以参照《异议复议规定》第二十八条的规定，也可以参照《异议复议规定》第二十九条的规定。当不符合第二十九条规定的条件时，如果符合第二十八条规定的条件，依然可以阻却普通金钱债权的执行。两个条文既有共性，也有不同。相同点是申请执行的债权均是金钱债权，均要求在人民法院查封前已经签订合法有效的书面买卖合同。不同之处在于，第二十九条指向的是房地产开发商所开发的商品房，因为第二十九条保护的是消费者买房人的期待权，而消费者是与经营者相对的概念，因此，从这一意义上讲，二手房的买卖并无第二十九条的适用余地。其要求买房人交付大部分房款，名下无其他用于居住的房屋，而无须考虑是否占有，是否对于未办理过户登记无过错。而第二十八条要求买房人支付全部价款，或者已经按照合同约定支付部分价款且将剩余价款按照人民法院的要求交付执行。同时还要满足在人民法院查封前已经合法占有不动产，且非因买受人自身原因未办理过户。对于占有，应当限于合法占有，非法占有不予保护。占有应当结合房屋是否装修、开发商是否交付钥匙、买受人是否交纳物业费、水电费等方面作综合的考虑。

第四，《异议复议规定》第二十七条但书条款的规定，包括《异议复议规定》第二十九条的规定，而不包括第二十八的规定。该条规定：申请执行人对执行标的依法享有对抗案外人的担保物权等优先受偿权，人民法院对案外人提出的排除执行异议不予支持，但法律、司法解释另有规定的除外。对于法律、司法解释是否包括该规定本身，以及是否第二十八条、二十九条都包括，一直存在争议。结合上述两个条文的规定以及关于合同法第二百八十六条批复的规定，权利的排序为：消费者买受人的物权期待权>建设工程价款优先受偿权>抵押权>一般不动产买受人的物权期待权。从上述排序看，能够优于法定担保物权的，只有消费者买房人的物权期待权，而非一般不动产买受人的物权期待权。故《异议复议规定》第二十九条属于但书条款规定的内容，而第二十八条则不属于。

以物抵债协议与《执行异议和复议规定》第二十八条之适用

谢爱梅[*]　李东旭[**]

一、问题的提出

《最高人民法院关于人民法院办理执行异议和复议案件若干问题规定》（以下简称《执行异议和复议规定》）第二十八条规定："金钱债权执行中，买受人对登记在被执行人名下的不动产提出异议，符合下列情形且其权利能够排除执行的，人民法院应予支持：（一）在人民法院查封之前已签订合法有效的书面买卖合同；（二）在人民法院查封之前已合法占有该不动产；（三）已支付全部价款，或者已按照合同约定支付部分价款且将剩余价款按照人民法院的要求交付执行；（四）非因买受人自身原因未办理过户登记。"司法实践中，部分当事人签订商品房买卖合同目的是抵偿债务，此种情形下，能否适用上述规定赋予抵债受让人排除其他金钱债权强制执行的实体权利，存在争议。一种观点认为以物抵债协议与买卖合同相区别，并不能产生对抵债不动产的物权期待权。主要理由有：一是以物抵债协议以消灭金钱债务为目的，物的交付仅为以物抵债的实际履行方式，其同基于买卖而产生物权期待权具有基础性区别；二是以物抵债协议当事人不存在买卖房屋的真实意思；三是赋予抵债受让人物权期待权损害债的平等受偿原则；① 另一种观点认为以物抵债协议可以参照适用《执行

* 最高人民法院民一庭法官。

** 吉林大学法学院硕士研究生，最高人民法院法律实习生。

① 参见最高人民法院（2016）最高法民申3620号民事裁定、（2017）最高法民终354号民事判决、（2018）最高法民终275号民事判决。

异议和复议规定》第二十八条规定。主要理由有：一是抵债受让人虽非《执行异议和复议规定》第二十八条规定的购房者，但是以物抵债协议的真实目的是通过取得不动产所有权抵扣债务。法院应参照适用《执行异议和复议规定》第二十八条规定；二是原债权转化为房屋转让对价，原债权被以房抵债协议中的权利义务关系取代。[①] 虽然《最高人民法院关于人民法院办理执行异议和复议案件若干问题规定理解与适用》一书中明确“未将抵债受让人列入物权期待权保护范围”，[②] 但是有些案件仍然参照或者直接适用第二十八条规定。鉴于以不动产抵偿债务的情形较多，实务中的分歧有损司法权威，笔者试对此进行探讨。

二、以物抵债协议当事人的真实意思表示

以物抵债协议，在法律行为层面，是指当事人达成以他种给付替代原定给付的协议。[③] 我国法律并未对以物抵债协议进行规定，其属于无名合同。从我国台湾地区的规定看，此类协议可能系债的清偿或债的更改。如果系债的清偿可能系代物清偿或者是为清偿之给付（间接给付），在履行完毕之前，新债权和旧债权同时并存。如果是债的更改，当事人以新的债务替代了旧债务，旧债务消灭。[④] 无论以物抵债协议能否使原债务消灭，当事人签订协议目的是清偿原债务，属于债的替代履行方式。

对于以物抵债的性质，理论上有不同的观点。一种观点认为以物抵债是诺成性合同；另一种观点则认为以物抵债是一种处分行为。笔者认为，以物抵债协议系在当事人意思表示一致情况下订立的一种用其他物品代替金钱履行债务的合同。以物抵债协议容易与代物清偿混淆，民法基本理论认为代物清偿系要物契约，其生效以物的现实交付为条件。以物抵债协议仅有当事人合意，债权人并未现实受领给付，若适用代物清偿制度，可能被认定未生效。该种认定并不符合意思自治原则及我国法律规定，通常认为如果以物抵债协议不违反合同法第五十二条的规定，应当认定其成立并生效。抵债受让人有权要求债务人履行以物抵债协议。

① 参见最高人民法院（2018）最高法民申1842号民事裁定、（2017）最高法民申2484号民事裁定。

② 江必新、刘贵祥：《最高人民法院关于人民法院办理执行异议和复议案件若干问题规定理解与适用》，人民法院出版社2015年版，第429页。

③ 崔建远：《以物抵债的理论与实践》，载《河北法学》2012年第3期。

④ 史尚宽：《债法总论》，中国政法大学出版社2000年版，第814～828页。

以物抵债协议当事人的意思表示是用物抵偿债务，而不是债权人购买抵债之物。通常来说，以物抵债协议是作为债务人无法偿还金钱债务的替代手段出现，双方当事人并非就抵债之物达成买卖合同。债权人并非想要购买抵债之物，而仅能以债务人现有的房屋或其他财产来抵债，债权人对此没有选择余地，在无法偿还债务和能获得替代之物之间，只能选择后者。以物抵债协议履行债务的意思远远大于买卖的意思。在以物抵债协议形成过程中，当事人购买抵债之物的自由意志无法体现，故无法认定当事人有买卖的意思表示。

以物抵债协议不能履行时，通常债权人可以要求债务人履行原债务，除非当事人有明确相反的意思表示，即用以物抵债协议替代原债权债务。而在买卖合同中，买受人仅能要求出卖人交付标的物，不存在其他选择。

三、《执行异议和复议规定》第二十八条背景依据和适用范围

根据《中华人民共和国物权法》第九条、第十四条规定，基于法律行为产生的不动产物权变动经依法登记，即记载于不动产登记簿时，始发生效力。不动产买受人对于登记在被执行人名下的房产，即便支付购房款并占有，如果未变更登记，亦不享有物权。《执行异议和复议规定》第二十八条则赋予符合法定条件的买受人不动产物权期待权以排除执行的效力。不动产受让人的物权期待权是指对于已经签订买卖合同的买受人，在已经履行合同部分义务情况下，虽然尚未取得合同标的物的物权，但赋予其类似物权人的地位，其对物权的期待权具有排除执行的效力。① 最高人民法院执行局负责人就《执行异议和复议规定》答记者问时介绍了第二十八条规定的背景是：我国的不动产登记制度还不够完善，买受人如果购买了被执行人名下的房屋，由于种种因素未能及时办理过户登记手续，如果仅仅考虑申请执行人的金钱债权受偿，完全不考虑买受人的利益，将会引发严重的社会问题，也不符合公平原则。该条规定借鉴了德国等大陆法系国家和地区保护买受人物权期待权的经验。即该条规定主要系为解决不动产公示登记的滞后性所带来的问题。买受人已经签约付款并占有，且非因自身原因无法办理过户登记手续情况下，对争议房屋享有物权期待权，能够排除其他金钱债权人申请法院强制执行，以维护市场交易的安全性。

① 刘贵祥、范向阳：《〈关于人民法院办理执行异议和复议案件若干问题的规定〉理解与适用》，载《人民司法（应用）》2015年第11期。

《执行异议和复议规定》第二十八条规定的物权期待权与德国法上的物权期待权并不完全相同，德国法上的不动产期待权要求双方已达成物权合意，并且向不动产登记机关提交登记申请，并不要求买受人占有买卖不动产，也不考虑价款是否完全支付，或者已按照合同约定支付部分价款且将剩余价款按照人民法院的要求交付执行。《执行异议和复议规定》第二十八条并不考虑当事人是否提交申请，而是依赖于合同的履行程度。①

我国对物权期待权的保护均适用于买卖领域。2002 年《最高人民法院关于建设工程价款优先受偿权问题的批复》第二条对具有消费者身份的房屋买受人的物权期待权予以保护。《最高人民法院关于人民法院民事执行中查封、扣押、冻结财产的规定》（以下简称《查封、扣押、冻结财产规定》）第十七条规定所有登记财产的买受人在非因自身过错未办理登记的情况下可主张物权期待权。物权法施行后，仍然存在不动产登记滞后的客观情况，《执行异议和复议规定》第二十八条、第二十九条延续了上述规定的精神，对一般买受人和消费者的物权期待权予以保护。《执行异议和复议规定》第二十八条与《查封、扣押、冻结规定》第十七条存在一些差别，但它们保护的均是基于买卖合同产生的物权期待权。

四、抵债受让人不宜依据《执行异议和复议规定》第二十八条享有物权期待权

抵债受让人依据《执行异议和复议规定》第二十八条主张物权期待权，法院不宜支持，主要理由是：

（一）以物抵债协议当事人不具有购买不动产的意思表示

从前述法律规定看，在当事人签订买卖合同时买受人才能对不动产产生物权期待权。以物抵债协议当事人并没有买卖的合意，抵债受让人仅希望实现其金钱债权，物的交付只是金钱债权履行的替代手段，其不能产生对物之交付的期待权，故不能适用《执行异议和复议规定》第二十八条规定。即便有些情况下当事人签订了商品房买卖合同，其基础也是以物抵债，法律关系未发生实质变化。如果商品房买卖合同未能履行，抵债受让人仍然可以主张原债权。

① 庄加园：《不动产买受人的实体法地位辨析——兼谈〈异议复议规定〉第 28 条》，载《法治研究》2018 年第 5 期。

（二）《执行异议和复议规定》第二十八条不宜作扩大解释

有些案件扩大解释了《执行异议和复议规定》第二十八条规定第一项和第三项，即认为可以将以房抵债协议视为当事人签订了合法有效的不动产买卖合同，原债权已经转化为购房款。该种扩大解释并不符合该规定的条文主旨。

公示公信原则是物权变动中的一项基本原则，物权期待权缺乏公示，应严格限制其适用范围，不宜扩大解释。物权期待权的成立依赖于买卖合同当事人的履行进度，第三人无法通过查阅不动产登记簿获得权利信息。赋予抵偿受让人物权期待权必定会损害其他债权人的利益。对物权期待权予以保护主要基于社会政策考量，使购买不动产的人不必担心被法院强制执行，维护交易安全。抵债受让人并无予以特殊保护之必要。此外，《执行异议和复议规定》第二十八条制定背景是不动产登记存在滞后性，该问题可以通过物权法规定的预告登记制度解决，即抵债受让人的利益可以通过其他途径获得保护。

（三）抵债受让人享有物权期待权损害债权平等原则

债权的效力一律平等，不因成立的先后、发生的原因而存在优劣之别，已到清偿期的债权人对债务人的一般责任财产有平等受偿权。如果赋予抵债受让人物权期待权，能够排除强制执行，则导致当事人自行确认并签订清偿协议的债权优先于经过司法机关确认并采取执行措施的债权受偿，扰乱债权清偿顺序，损害债权平等受偿原则。

（四）抵债受让人享有物权期待权增大法院甄别虚假诉讼的负担

以物抵债协议仅需当事人签字即成立，买受人无需再履行缴纳购房款义务，当事人极易伪造以物抵债事实，以逃避强制执行。由于缺乏足够的履行事实和技术手段，法院难以判定以物抵债事实是否真实存在。即便有些当事人签订的《商品房买卖合同》经过网签，能够确定签订时间，但是当事人是否存在原债权债务，仍然难以判断，使得物权期待权的保护问题复杂化，审理难度较大。如果将以物抵债协议纳入《执行异议和复议规定》第二十八条的适用范围，将会有更多案件诉至法院，增加法院负担，不利于将司法资源分配给最需要法律保护的当事人，不符合诉讼经济效率原则。

结语

以物抵债协议能否适用《执行异议和复议规定》第二十八条规定，应从制定司法解释的本意，对社会造成的影响以及法律的价值判断等角度综合考虑。以物抵债协议与买卖合同存在区别，其系金钱债务的替代履行，不宜认定抵债受让人对抵债不动产产生物权期待权。如果赋予抵债受让人排除执行权利，将损害其他债权人的利益，损害债权平等原则，亦违背《执行异议和复议规定》第二十八条的条文主旨。当然以物抵债情况较为复杂，有些抵债受让人实际占有使用抵债房产多年，当事人除了办理过户登记手续之外，其他债权债务已经结清；有些抵债受让人支付了部分购房款，是否有必要对以物抵债的情况进一步细分，有待司法实践继续总结经验，进行探讨。

【指导性案例】

第三人作为委托诉讼代理人参与他人诉讼但未申请作为第三人参加诉讼，另行提起第三人撤销之诉的，应裁定驳回起诉

最高人民法院民一庭

一、案情简介

王某合与王某兰系夫妻关系，二人育有王某东、王某、王某旺三名子女。2001 年 5 月，王某兰和王某合以交纳首付的形式购买一套房屋，并将房屋登记在王某东名下。2003 年 7 月 3 日，原北京市朝阳区国土资源和房屋管理局向王某东颁发《房屋所有权证》，所有权证载明案涉房屋为王某东一人所有。2006 年 6 月至 2007 年 12 月 31 日，案涉房屋先由王某向外出租，后由王某东向外出租至今。2014 年 2 月 25 日，王某兰去世。2014 年 5 月，王某旺因与王某合、王某东、王某因法定继承纠纷诉至平谷法院。2014 年 6 月 26 日，王某东与康某登记结婚。2014 年 12 月 25 日，王某东和康某共同申请办理案涉房屋所有权转移登记，当日康某领取了案涉房屋的《房屋所有权证》。2015 年 1 月 5 日，王某东与康某登记离婚。王某旺提起法定继承纠纷诉讼之后，康某作为王某东委托诉讼代理人参与诉讼。平谷法院于 2015 年 3 月 27 日作出（2014）平民初字第 03742 号民事判决，认定案涉房屋虽然登记在王某东名下，但不是王某东的个人财产，而系王某兰、王某合、王某东、王某共有。法院依法分割共有物，确定案涉房屋由王某合享有二十分之十的份额、王某东享有二十分之五的份额、王某享有二十分之三的份额、王某旺享有二十分之二的份额。王某东不服上诉至北京三中院。北京三中院于 2015 年 9 月 10 日作出（2015）三中民终字第

8000 号民事判决：驳回上诉，维持原判。王某东向北京高院申请再审。北京高院于 2016 年 5 月 20 日作出（2016）京民申 514 号民事裁定：驳回王某东的再审申请。康某不服北京三中院（2015）三中民终字第 8000 号民事判决，向该院提起第三人撤销之诉。

二、法院裁判情况

一审法院经审理认为，在王某旺与王某合、王某东、王某法定继承纠纷案中，康某作为王某东的委托代理人参加诉讼，参与了该案一审审理的全过程，对平谷法院一审判决确认案涉房屋的份额亦是知晓的。康某如果认为其合法权益受到侵害，应当作为第三人参加该案的审理。但现有证据不能证明康某向法院如实说明了上述情况，并要求参加诉讼。故康某在法院审理案件期间没有提出其应当作为第三人参加诉讼的请求，不符合民事诉讼法第五十六条第三款和《最高人民法院关于适用〈中华人民共和国民事诉讼法〉的解释》第二百九十五条规定的因不能归责于本人的事由未参加诉讼的情形。故判决：驳回康某的全部诉讼请求。

二审法院经审理认为，在王某旺与王某合、王某东、王某因法定继承纠纷案中，康某与王某东登记结婚并作为王某东的诉讼委托代理人参加了该案审理的全过程，故康某对于案涉房屋的权属争议状况是知晓的。但在此期间，康某却与王某东办理离婚并约定案涉房屋归康某所有，将案涉房屋的所有权证书登记在康某名下，由此可见，康某明知案涉房屋系法院正在审理的继承案件中的诉讼争议标的物，却与王某东私自进行产权转移，其取得案涉房屋产权登记存在不当。另，康某称，其曾申请参加继承案件诉讼而未获准许，但对此并未提供证据予以证明。综上所述，康某不符合第三人撤销之诉的起诉条件，依法应驳回其起诉。故裁定：一、撤销一审判决；二、驳回康某的起诉。

三、主要观点及理由

《中华人民共和国民事诉讼法》第五十六条规定："对当事人双方的诉讼标的，第三人认为有独立请求权的，有权提起诉讼。对当事人双方的诉讼标的，第三人虽然没有独立请求权，但案件处理结果同他有法律上的利害关系的，可以申请参加诉讼，或者由人民法院通知他参加诉讼。人民法院判决承担民事责任的第三人，有当事人的诉讼权利义务。前两款规定的第三人，因不能归责于本人的事由未参加诉讼，但有证据证明发生法律效力的判决、裁定、调解书的部分或者全部内容错误，损害其民事权益的，可以自知道其民事权益受到损害之日起六个月内，向作出该判决、裁定、调解书的人民法院提起诉讼。人民法院经审理，诉讼请求成立的，应当改变或者撤销原判决、裁定、调解书；诉讼请求不成立的，驳回诉讼请求。”《最高人民法院关于适用〈中华人民共和国民事诉讼法〉的解释》第二百九十二条规定：“第三人对已经发生法律效力的判决、裁定、调解书提起撤销之诉的，应当自知道其民事权益受到损害之日起六个月内，向作出生效判决、裁定、调解书的人民法院提出，并应当提供存在下列情形的证据材料：（一）因不能归责于本人的事由未参加诉讼；（二）发生法律效力的判决、裁定、调解书的全部或者部分内容错误；（三）发生法律效力的判决、裁定、调解书内容错误损害其民事权益。”根据上述规定，第三人撤销之诉应符合以下条件：1. 因不能归责于本人的事由未参加诉讼；2. 发生法律效力的判决、裁定、调解书的全部或者部分内容错误；3. 发生法律效力的判决、裁定、调解书内容错误损害第三人民事权益；4. 第三人自知道其民事权益受到损害之日起六个月内起诉。实践中，如何认定第三人系因不能归责于本人的事由未参加诉讼，存在争议。

一种观点认为，第三人知道诉讼发生但未申请作为第三人参加诉讼，也不能证明因客观原因导致其未参加诉讼的，可以认定第三人系因可归责于本人的事由未参加诉讼。

另一种观点认为，第三人只有知道了裁判结果才知道知道其民事权益是否受到损害，因此不能仅因第三人知道诉讼发生但未申请作为第三人参加诉讼，也不能证明因客观原因导致其未参加诉讼，就认定第三人因可归责于本人的事由未参加诉讼。

我们认为，第一种观点是正确的，主要理由如下：

第一，第三人撤销之诉是特殊救济程序，第三人应首先选择申请作为第三人起诉或参加诉讼，就第三人与原被告之间的纠纷一并解决。这既符合诉讼经济原则、有利于减少当事人诉累，也有利纠纷的统一解决。第三人撤销之诉是2012年修改民事诉讼法时新增加的诉讼制度。关于其性质，存在争议。一种观点认为，第三人撤销之诉为再审程序的特别程序，不宜列为普通诉讼程序。另一种观点认为，第三人撤销之诉为一种新诉，是不同再审程序的独立的诉讼程序。民事诉讼法司法解释采纳第二种观点。[①] 无论采哪种观点，第三人撤销之诉都属于特殊救济程序。第三人权利救济可分为事前救济程序和事后救济程序。事前救济程序即第三人以起诉或参加的方式，进入到他人之间的诉讼中去，通过正常的诉讼程序提出有利于自己的主张和证据以影响诉讼结果，使第三人之利益诉求一并解决。事后救济程序是指，第三人由于特定原因可能未参加诉讼，需赋予其通过对生效裁判提起撤销之诉予以救济。[②] 需要注意的是，第三人对于事前救济程序和事后救济程序不享有任意选择权。根据《中华人民共和国民事诉讼法》第五十六条的规定，只有因不能归责于本人的事由未能通过起诉或参加的方式进入到他人之间的诉讼的情况下，第三人才能提起撤销之诉，通过事后程序获得救济。

第二，第三人知道诉讼发生之时，即知道其权利可能受他人诉讼的影响，就应决定是否通过起诉或参加的方式进入到他人的诉讼中去。在生效裁判作出之前，这种影响是潜在的。第三人的权益是否实际上会受到损害，须待生效裁判作出后才能判定，但第三人不应等到生效裁判作出后才决定是否向诉讼当事人主张权利或提出抗辩。如果第三人知道诉讼发生且该诉讼对自己的权利可能产生影响，却不通过起诉或参加的方式进入到他人的诉讼中，主动放弃了事前救济程序，就不能再提起第三人撤销之诉。

第三，第三人知道诉讼发生，申请参加但未获准许或者因客观原因无法参加的，可以提起第三人撤销之诉。《中华人民共和国民事诉讼法》第五十六条第三款规定的“因不能归责于本人的事由未参加诉讼”，在司法实践中主要表现为三种情形：一是第三人不知道诉讼而未参加；二是第三人申请参加未获准许；三是第三人知道诉讼，但因客观原因无法参加。第三人知道诉讼发生之事实，应由第三人撤销之诉的被告承担举证责任。第三人申请参加未获准许以及因客观原因不能通过起诉或申请参加进入他人诉讼的事实，则应由第三人承担举证责任。

本案中，康某并不能证明其起诉符合第三人撤销之诉的条件，应驳回其起诉。

---

① 沈德咏主编：《最高人民法院民事诉讼法司法解释理解与适用（下）》，人民法院出版社 2015 年版，第 776 页。

② 沈德咏主编：《最高人民法院民事诉讼法司法解释理解与适用（下）》，人民法院出版社 2015 年版，第 778 页。

首先，康某知道王某旺与王某合、王某东、王某法定继承纠纷诉讼。康某作为王某东的诉讼代理人，参与了平谷法院（2014）平民初字第3742号案的审理过程。早在该案审理过程中，康某就知道该案所涉房屋包括本案诉争标的物，其权利可能会受到影响的事实。因此，康某关于其并不知道（2015）三中民终字第8000号案的判决结果，直到在（2015）朝行初字第875号案中才知道自己的权益受到侵害，故提起第三人撤销之诉符合法律规定的条件的申请再审理由不能成立。

其次，康某不能证明因不能归责于本人的事由未参加诉讼。《最高人民法院关于适用〈中华人民共和国民事诉讼法〉的解释》第二百九十五条规定："民事诉讼法第五十六条第三款规定的因不能归责于本人的事由未参加诉讼，是指没有被列为生效判决、裁定、调解书当事人，且无过错或者无明显过错的情形。包括：（一）不知道诉讼而未参加的；（二）申请参加未获准许的；（三）知道诉讼，但因客观原因无法参加的；（四）因其他不能归责于本人的事由未参加诉讼的。"康某提起第三人撤销之诉所针对的是北京三中院（2015）三中民终字第8000号民事判决，以及该判决所维持的平谷法院（2014）平民初字第3742号民事判决。而在（2014）平民初字第3742号法定继承案中，康某作为王某东的委托代理人参加诉讼，参与了该案一审审理的全过程。王某旺于2014年5月起诉，平谷法院于2015年3月27日作出（2014）平民初字第3742号民事判决。在此期间，康某于2014年6月26日与王某东登记结婚，于2014年12月25日将案涉房屋过户到自己名下，于2015年1月5日与王某东离婚。因此，康某对于（2014）平民初字第3742号法定继承案争议标的物包括案涉房屋、可能会影响其对案涉房屋的权益这一事实是明知的。康某未提交证据证明其曾申请作为第三人参加诉讼而未获准许，也未证明其因客观原因无法参加诉讼。因此，康某非因不能归责于本人的事由未参加诉讼。

最后，第三人撤销之诉不符合法律规定的条件的，人民法院应裁定不予受理，已经受理的，应裁定驳回起诉。《最高人民法院关于适用〈中华人民共和国民事诉讼法〉的解释》第二百九十二条规定了第三人撤销之诉的四个条件：因不能归责于本人的事由未参加诉讼；发生法律效力的判决、裁定、调解书的全部或者部分内容错误；发生法律效力的判决、裁定、调解书内容错误损害第三人民事权益；第三人自知道其民事权益受到损害之日起六个月内起诉。如果第三人撤销之诉不符合上述条件，人民法院应裁定不予受理，已经受理的，应裁定驳回起诉。本案一审法院判决驳回康某的诉讼请求不当。二审法院裁定，撤销一审判决，驳回康某的起诉，是正确的。

四、最高人民法院民一庭的意见

第三人作为委托诉讼代理人参与他人诉讼，表明其知道他人诉讼。在此情况下，第三人不能证明其申请参加诉讼未获准许或者因客观原因不能参加诉讼的，其所提起撤销之诉不符合法律规定的条件，人民法院应裁定不予受理，已经受理的，应裁定驳回起诉。

（执笔人：最高人民法院民一庭　程新文　谢　勇）

执行异议之诉中对购房人支付购房款等事实应从严审查

最高人民法院民一庭

一、案情简介

2011年1月4日，王某与甲公司签订了商品房买卖合同，约定甲公司将案涉房屋卖给王某用于居住，总价款631106元。该事实有王某提交的《商品房买卖合同》、房款收据、前期物业服务合同、公共维修基金、物业费、水电费、天然气购买收据等证据证实。2011年7月20日，乙信用社因甲公司到期未偿还借款1700万元向沧州中院起诉，沧州中院于2014年3月10日作出（2013）沧民初字第199号民事判决书，判决丙公司与甲公司共同偿还乙信用社借款本金1700万元及利息。在上述案件执行过程中，沧州中院于2014年6月4日作出（2014）沧执字第265号裁定书，查封了甲公司名下位于某某市的众凯嘉园9号楼、10号楼的部分房屋（包含案涉房屋）。王某向法院提出异议，要求终止执行。执行法院作出裁定，撤销（2014）沧执字第265号执行裁定对案涉室房屋的查封。乙信用社不服，提起申请执行人执行异议之诉。

二、法院裁判情况

一审法院认为，王某对案涉房屋享有足以排除强制执行的民事权利。《最高人民法院关于人民法院办理执行异议和复议案件若干问题的规定》第二十九条规定："金钱债权执行中，买受人对登记在被执行的房地产开发企业名下的商品房提出异议，符合下列情形且其权利能够排除执行的，人民法院应予支持：（一）在人民法院查封之前已签订合法有效的书面买卖合同；（二）所购商品房系用于居住且买受人名下无其他用于居住的房屋；（三）已支付的价款超过合同约定总价款的百分之五十。”（1）本案中，王某2011年1月4日签订合法有效的书面买卖合同在先，人民法院2014年6月4日查封在后。（2）乙信用社提出，《房屋买卖合同》中的“现房”与《抵押证明》中“待房屋竣工后补办房屋他项权利证”存在矛盾的问题。首先两份证据上所涉内容均是打印字体统一格式条款，其次“现房”需合同相对人认可即可，“房屋竣工”是部分房屋竣工还是9号楼、10号楼整体竣工后再补办他项权利证，属于房屋登记管理部门依行政职权核查认定的问题，王某提供的《房屋买卖合同》先于乙信用社提供的《抵押证明》，两份证据实际并无矛盾，不影响对本案基本事实的认定，两份证据均予采信。（3）王某名下无其他用于居住的房屋，乙信用社提供不出相反的证据证实王某在沧州或其他地方有用于居住的房屋，因此，王某提供的某某市房屋产权产籍监理所《住房信息查询记录》予以采信。（4）王某已支付房屋全款，超过合同约定总价款的百分之五十。2011年1月4日房款收据金额（631106元）与2011年1月4日房屋买卖合同约定全款金额（631106元）一致，银行打款不是支付的唯一方式，故乙信用社关于“购房款收据不具备公示效果，没有银行打款记录无法证明王某支付了相应价款”的主张不成立。综上所述，王某就执行标的享有足以排除强制执行的民事权益，乙信用社的诉讼请求不应得到支持。故判决驳回乙信用社的诉讼请求。

二审法院认为，本案的争议焦点是王某对案涉房屋是否享有足以排除强制执行的民事权益。（1）关于案涉房屋是否用于居住且王某名下无其他用于居住的房屋问题。案涉房屋按照住宅建造销售，王某缴纳案涉房屋公共维修基金、物业费、有线电视费、水费、天然气费等费用，现有证据能够证明王某购买案涉房屋系用于居住且已入住。某某市房屋产权产籍监理所出具的《住房信息查询记录》证明除案涉房屋外，王某名下在某某市房屋产权产籍监理所辖区无房产信息，没有其他用于居住的房屋。乙信用社对此予以反驳，但未提供证据证明王某名下在某某市房屋产权产籍监理所辖区还有其他用于居住的房屋，不予支持。（2）关于案涉房屋房款缴付问题。虽然王某不能提交向任丘公司支付房款的转账凭证及正规销售发票，但其提交的原始收据，已可以证明其已缴纳全部房款，在乙信用社不能提供反证的情况下，可以支持一审法院关于王某已交付全部房款的认定。

(3) 乙信用社称其提交的某某市房屋产权产籍监理所《抵押证明》上明确，“待房屋竣工后补办房屋他项权利证”，此时房屋尚未竣工；而王某提交的商品房买卖合同落款时间为2011年1月4日，约定交房时间为2011年1月20日，王某购买的是现房，二者矛盾。二审法院认为，乙信用社提交的某某市房屋产权产籍监理所2011年7月20日《抵押证明》针对案涉小区内9号楼、10号楼两栋楼房和多套房屋，无法得出案涉房屋在2011年7月20日尚未竣工的唯一结论，证明力不强，在本案中无法认定。综上，二审法院认定，王某对案涉房屋享有的民事权益，符合《最高人民法院关于人民法院办理执行异议和复议案件若干问题的规定》第二十九条规定的第二种和第三种情形，能够排除强制执行。故判决，驳回上诉，维持原判。

三、主要观点及理由

根据《最高人民法院关于人民法院办理执行异议和复议案件若干问题的规定》第二十九条的规定，金钱债权执行中，买受人对登记在被执行的房地产开发企业名下的商品房提出异议，必须符合以下三个条件才能够排除执行：一是在人民法院查封之前已签订合法有效的书面买卖合同；二是所购商品房系用于居住且买受人名下无其他用于居住的房屋；三是已支付的价款超过合同约定总价款的百分之五十。对于上述条件尤其是第三个条件的审查标准，司法实践中有不同认识，主要存在两种观点。

第一种观点认为，执行异议之诉与普通商品房买卖纠纷等案件并无本质区别，在审查和证明标准上不宜强调特殊性。对于购房人已支付的价款是否超过合同约定总价款的百分之五十的问题，如果购房人能够提供房地产开发企业出具的收据或发票，或者房地产开发企业对付款事实表示认可，即可认定该条件已满足、购房人对房屋享有足以排除强制执行的权利。

第二种观点认为，执行异议之诉涉及案外人、申请执行人和被执行人三方当事人的利益，与普通商品房买卖纠纷等案件并不相同，在审查和证明标准上应注意其特殊性。对于购房人已支付的价款是否超过合同约定总价款的百分之五十的问题，如果购房人仅提供房地产开发企业出具的收据或发票，或者房地产开发企业对付款事实表示认可，尚不足以认定该条件已满足。人民法院还应对购房人的购房款转账凭证予以查实，现金支付购房款的，应对购房款来源等事实予以查实，在此基础上才能对购房人是否对房屋享有足以排除强制执行的权利作出认定。

我们同意第二种观点，理由如下：

执行异议之诉不仅涉及案外人和被执行人的利益，还涉及申请执行人的利益。人民法院审理执行异议之诉案件，应全面考虑不同当事人之间的利害关系，充分保护各方当事人的合法权益。《最高人民法院关于人民法院办理执行异议和复议案件若干问题的规定》第二十九条的规定，目的在于加强对作为弱势者的房屋消费者权利的特别保护，在所购商品房系用于居住且买受人名下无其他用于居住的房屋的特殊情况下，将对房屋消费者生存权利的保护置于对房地产开发企业债权人金钱债权的保护之上，赋予房屋消费者对买受房屋的物权期待权以排除强制执行的效力。[①] 实际上，该规定赋予符合一定条件的商品房买受人对房地产开发企业所享有的转移所购房屋所有权之债权，优先于其他债权人对房屋开发企业所享有的金钱债权的效力，是对债权平等原则的突破。同时，这一规定使此种情形下的买受人购买商品房的行为产生了对抗房屋开发企业金钱债权人的效力，突破了合同相对性原则，但又缺乏足以产生公信力的公示方式，对交易安全和作为被执行人的房地产开发企业其他金钱债权人的利益影响巨大，也增加了被执行人和案外人通过执行异议恶意串通逃避强制执行的道德风险。因此，人民法院在适用《最高人民法院关于人民法院办理执行异议和复议案件若干问题的规定》第二十九条规定对案外人权利予以特别保护时，应当从严审查、严格把握。如严格审查被执行人和案外人签订的买卖合同是否真实有效，是否签订在人民法院查封之前，是否倒签；所购商品房是否系用于居住且买受人名下无其他用于居住的房屋；支付房屋价款的证据是否充分，付款事实是否真实，已支付价款是否超过合同约定总价款的百分之五十等。在依法保护案外人合法权利的同时，也要切实防止被执行人和案外人恶意串通损害申请执行人利益的行为发生。

本案中，关于二审判决认定王某已经支付全部购房款是否缺乏证据证明的问题。一审判决认定，2011 年 1 月 4 日房款收据金额（631106 元）

① 江必新、刘贵祥主编：《最高人民法院关于人民法院办理执行异议和复议案件若干问题规定理解与适用》，人民法院出版社 2015 年版，第 431 页。

与2011年1月4日房屋买卖合同约定全款金额（631106元）一致，银行打款不是支付的唯一方式，故乙信用社关于“购房款收据不具备公示效果，没有银行打款记录无法证明王某支付了相应价款”的主张不成立。二审判决认定，虽然王某不能提交向甲公司支付房款的转账凭证及正规销售发票，但其提交的原始收据，已可以证明其已缴纳全部房款，在乙信用社不能提供反证的情况下，可以支持一审法院关于王某已交付全部房款的认定。可见，一、二审判决认定王某已缴纳全部房款的证据，除当事人陈述外，只有甲公司出具的房款收据。我们认为，仅凭甲公司出具的房款收据尚不足以认定王某已支付了全部购房款。理由如下：第一，甲公司于2011年1月4日出具房款收据，载明金额为631106元，王某二审答辩时自称支付方式是现场刷卡，因时间较长，查不到记录，但现场刷卡属于通过银行转账支付方式，即使王某的刷卡支付凭证丢失，也可以由其提供付款账户的银行流水账单，或者由甲公司提供收款账户的银行流水账单，或者从银行调取后台转账记录等来证明王某已经支付购房款的事实。即使所有转账凭证因客观原因确实已不存在，也应对王某所付房款的来源予以查实。第二，王某支付全部购房款后，甲公司只出具房款收据，未出具正式发票，交易行为亦不规范。王某对其是否索要过正式发票、因何原因未取得正式发票等应作出说明和合理解释。第三，因涉及申请执行人乙信用社的利益，案涉房屋买卖合同双方当事人的自认或默认并不足以认定已经支付购房款的事实。第四，甲公司是本案当事人、执行程序中的被执行人，其利益与执行程序中的案外人王某、申请执行人乙信用社均可能存在冲突，与案件处理结果有直接的利害关系，故其所出具的房款收据证明力较低，在无其他证据补强、形成可靠的证据链条的情况下，一、二审判决仅凭这一孤证就认定王某已经支付全部购房款，属于认定的基本事实缺乏证据证明。

四、最高人民法院民一庭意见

执行异议之诉不仅涉及案外人和被执行人的利益，还涉及申请执行人的利益。人民法院审理执行异议之诉案件，应全面考虑不同当事人之间的利害关系，充分保护各方当事人的合法权益，在适用《最高人民法院关于人民法院办理执行异议和复议案件若干问题的规定》第二十九条规定对案外人权利予以特别保护时，应当从严审查、严格把握。尤其对于购房人已支付的价款是否超过合同约定总价款的百分之五十的事实，转账支付购房款的，应对购房款转账凭证予以查实，现金支付购房款的，应对购房款来源等事实予以查实，在保护案外人合法权益时，也应防止被执行人与案外人恶意串通损害申请执行人的权益。

（投稿人：最高人民法院民一庭　谢　勇）

【最高人民法院案件解析】

认为作为执行依据的仲裁调解书有错误，不能通过执行异议之诉解决

——林庆某与陈某、澄迈天浙房地产开发有限公司案外人执行异议之诉再审纠纷案

王毓莹[*] 陈 亚[**]

法理提示： 当事人认为作为执行依据的仲裁调解书有错误，不能通过执行异议之诉解决，而应当申请不予执行仲裁调解书。当事人提起执行异议之诉的，应当驳回起诉。

再审申请人（一审原告、二审上诉人）：林庆某。

委托诉讼代理人：李斌，北京市尚衡律师事务所广西分所律师。

被申请人（一审被告、二审被上诉人）：陈某。

委托诉讼代理人：陈某新，系陈某之父。

委托诉讼代理人：曾理，海南威盾律师事务所律师。

一审第三人、二审被上诉人：澄迈天浙房地产开发有限公司，住所地海南省澄迈县老城镇原镇人民政府所在地。

法定代表人：郑胜某，该公司执行董事。

委托诉讼代理人：王宏宇，广西万益律师事务所律师。

一、一审法院审理情况

林庆某向海南省海口海事法院（以下简称一审法院）起诉请求，（1）

* 最高人民法院法官。

** 厦门海事法院法官。

判令停止执行位于老城商业广场1层房号为101a、102、105、108、109、110、111、112、113、115、116、117、117a、118、119、120、121、122、126、127、151、152、153、165共24套商品房给陈某；（2）判令确认林庆某与澄迈天浙房地产开发有限公司（以下简称天浙公司）于2013年9月12日签订的24份《澄迈商品房买卖合同》合法有效；（3）判令确认位于老城商业广场1层24套商品房的所有权及该24套商品房对应的国有土地使用权归林庆某所有。

一审法院认定事实：2013年9月12日，案外人（本案证人）张某为借款需要，以其担任法定代表人的天浙公司名义与林庆某签订24份《澄迈商品房买卖合同》，并在海南省澄迈县房管局信息管理系统网签，约定天浙公司将其开发的老城商业广场1层房号为101a、102、105、108、109、110、111、112、113、115、116、117、117a、118、119、120、121、122、126、127、151、152、153、165共计24套商品房卖给林庆某，总价款为人民币1000万元，签订合同当日内付清。为此，天浙公司出具与上述合同相关的24份《澄迈商品房买卖合同备案确认表》。合同签订后，林庆某并未按合同约定当日支付天浙公司购房款。第二日即9月13日，林庆某与张某签订《借款合同》，约定张某向原告借款1000万元，借款期限自2013年9月13日至2014年3月12日止，借款利率按月利率2%计算，以银行转账方式支付借款本金至张某指定的海南金富源投资控股有限公司账户。同日，林庆某指定其财务人员黄思鹏将1000万元汇至上述账户。当日，林庆某作为甲方、张某作为乙方、天浙公司作为丙方签订《协议》，约定：1. 丙方同意乙方直接将1000万元的借款作为甲方购买上述24间商铺的全部购房款，于借款到期后向丙方支付，并不追究甲方逾期支付购房款的违约责任。2.《借款合同》到期后，乙方应直接将1000万元的借款返还至丙方，该1000万元视为甲方向丙方支付上述24间商铺的全部购房款。3. 如乙方未按时足额向丙方支付1000万元，也应当视为甲方已经按照约定向丙方支付了上述24间商铺的全部购房款，丙方应自行向乙方追索未按时支付的款项，因此产生的任何费用和责任与甲方无关。4. 不管乙方是否按时向丙方支付1000万元的款项，丙方都应当在《借款合同》到期后7日内向甲方出具全额购房发票，为甲方办理房产证等相关手续，将全部房屋交付甲方使用。三方还就纠纷解决方式作了约定。之后，张某未归还林庆某借款，亦无证据证实张某将所借林庆某款项付给天浙公司。天浙公司至今未将上述24套房屋交付给林庆某。2015年2月13日，林庆某向海南仲裁委员会申请仲裁，提出确认上述商品房买卖合同有效等请求。同年6月18日，林庆某申请撤回仲裁申请。同日，海南仲裁委员会作出（2015）海仲字第243－266号决定书，准许林庆某撤回仲裁申请。本案2015年11月27日开庭审理中，林庆某申请的证人张某出庭作证，证实张某向林庆某借款，并以天浙公司名义与林庆某签订的24套澄迈商品房买卖合同作为借款担保。

另查明，2012年1月19日，陈某与天浙公司签订了《老城商业广场商品房内部认购协议书》，认购天浙公司开发的老城商业广场地下室、一层、二层、三层、四层整层商铺及部分住宅。同日，陈某委托他人转账代付100万元定金，2013年5月8日前又分次将全部购房款共计64184370元付至天浙公司指定账户。天浙公司取得《澄迈县房产预售许可证》后，于2013年7月5日与陈某签订了6份《商品房买卖合同》，约定陈某购买老城商业广场共计235套房产，其中包括与林庆某争议的24套房产，于2013年12月30日前交付，解决争议方式为双方协商解决，协商不成，则提交海南仲裁委员会仲裁。之后，天浙公司未按约定交付房产给陈某并为其办理房产权属证书。2014年7月14日，陈某申请海南仲裁委员会仲裁。仲裁过程中，陈某与天浙公司达成调解协议，海南仲裁委员会于2014年7月23日作出（2014）海仲（湛）第79号《调解书》，确认陈某与天浙公司于2013年7月5日签订的6份《商品房买卖合同》合法有效，确认陈某从天浙公司所购老城商业广场210套房屋（包括与原告争议的24套房产）的所有权及对应的土地使用权归陈某所有，还规定交付房产及办证过户等内容。仲裁调解书生效后，陈某于2015年2月4日向一审法院申请执行，一审法院于同日立案执行。执行过程中，林庆某于同年4月15日提出执行异议，一审法院作出（2015）琼海法执异字第24号执行裁定，驳回其异议。林庆某遂向一审法院提起案外人执行异议之诉。一审法院开庭审理后，向林庆某释明变更诉讼请求，但林庆某拒绝变更。

一审法院认为：

1. 林庆某与天浙公司签订的商品房买卖合同不具有法律约束力

林庆某与案外人张某签订借款合同，建立民间借贷法律关系，系双方真实意思表示，其内容不违反法律、行政法规的强制性规定，具有法律效力。林庆某为保证借款的安全，在考虑到张某时为天浙公司法定代表人的背景下，遂与天浙公司签订澄迈商品房买卖合同，并与张某、天浙公司以协议形式约定借款到期后将借款资金转移至商品房买卖合同中，且约定不管天浙公司是否收到购房款，都视为林庆某已足额支付房款，房产都需交付过户给林庆某的内容，清晰地表明林庆某与天浙公司签订商品房买卖合同的目的实为其与张某的借款合同提供房屋担保。事实上，借款到期后借款人张某不能还款，林庆某便请求天浙公司履行商品房买卖合同。对此，证人张某亦当庭证实其与林庆某及天浙公司之间系以房担保的借款关系。鉴于张某既是与林庆某签订借款合同、协议的当事人，又是天浙公司的时任法定代表人，且系林庆某申请出庭作证的证人，其所作证言对林庆某有利或无利均具有约束力。故林庆某与天浙公司签订的商品房买卖合同非双方真实意思表示，不具有法律约束力；林庆某请求确认其与天浙公司于2013年9月12日签订的24份《澄迈商品房买卖合同》合法有效的理由不能成立，不予支持。

2. 林庆某未取得案涉房屋所有权

根据《中华人民共和国物权法》第二十八条“因人民法院、仲裁委员会的法律文书或者人民政府的征收决定等，导致物权设立、变更、转让或者消灭的，自法律文书或者人民政府的征收决定等生效时发生效力”的规定，自海南仲裁委员会于2014年7月23日作出生效仲裁调解书时起，陈某即享有从天浙公司所购本案争议的24套房产的所有权及对应的土地使用权。又根据《中华人民共和国物权法》第九条“不动产物权的设立、变更、转让和消灭，经依法登记，发生效力；未经登记，不发生效力，但法律另有规定的除外”的规定，房地产主管部门对购房合同备案登记制度系行政管理措施，在未办理房产正式登记或预告登记情况下，备案与否，均不产生物权设定的效力，故林庆某关于其对争议房屋产权优先于陈某的理由不能成立，不予采纳。即便林庆某与天浙公司签订的商品房买卖合同有效，因本案争议房产未经物权登记，亦未交付给林庆某合法占有，故林庆某并未取得本案争议房屋的实际所有权，更不能对抗已经形成的陈某对本案争议房屋的所有权。林庆某请求确认本案争议房屋的所有权及该24套商品房对应的国有土地使用权归其所有的主张不能成立，不予支持。

3. 林庆某主张海南仲裁委员会作出的仲裁调解书存在法律规定不予执行的情形证据不足

本案中，林庆某无有效证据证实海南仲裁委员会作出的仲裁调解书存在法律规定不予执行的情形，林庆某提出天浙公司未参加仲裁调解程序、仲裁虚假的主张无证据证实，故该仲裁调解书应当得到执行，林庆某请求停止执行本案争议房屋的主张不能成立，不予支持。

综上所述，林庆某就本案执行标的不享有足以排除强制执行的民事权益，其提出的确认其权利的诉讼请求亦不能成立。一审法院依照《中华人民共和国物权法》第九条、第二十八条、《中华人民共和国民法通则》第五十五条、《最高人民法院关于适用〈中华人民共和国民事诉讼法〉的解释》第三百一十二条第一款第二项、第二款的规定，判决：驳回林庆某的诉讼请求。一审案件受理费81800元，由林庆某负担。

三、二审法院审理情况

林庆某不服一审判决，向海南省高级人民法院（以下简称二审法院）上诉，请求二审法院依法改判。

二审查明的案件事实与一审查明的事实相同。

二审法院认为：

根据《最高人民法院关于适用〈中华人民共和国民事诉讼法〉的解释》第三百零七条“案外人提起执行异议之诉的，以申请执行人为被告。被执行人反对案外人异议的，被执行人为共同被告；被执行人不反对案外人异议的，可以列被执行人为第三人”的规定，在案外人执行异议之诉中，被执行人反对案外人主张的应当列为被告。本案中，根据被执行人天浙公司在一审中陈述的意见可知，天浙公司反对林庆某主张，应当将其列为被告，而一审法院将其列为第三人不当，依法予以纠正，在二审程序中将其列为被上诉人。

根据《中华人民共和国民事诉讼法》第二百二十七条、《最高人民法院关于适用〈中华人民共和国民事诉讼法〉的解释》第三百零五条的规定，案外人提起执行异议之诉，其诉讼请求与原判决、裁定无关，如果案外人认为原判决、裁定错误的，依照审判监督程序办理。即案外人执行异议之诉的诉讼请求应与执行依据无关，亦即案外人不能通过执行异议之诉途径来解决其对执行依据的异议。根据本院审理查明的案件事实，本案中，2014年7月23日，经陈某申请，海南仲裁委员会对其与天浙公司签订的6份《商品房买卖合同》进行仲裁，并作出（2014）海仲（湛）第79号《调解书》，确认陈某与天浙公司于2013年7月5日签订的6份《商品房买卖合同》合法有效，将老城商业广场共计 210 套房屋的所有权及对应的土地使用权归陈某所有，限期天浙公司交付房产并办理房屋所有权证及对应的土地使用权证。2015 年 2 月 4 日，陈某就上述仲裁调解书向海口海事法院申请执行，该院于同日立案执行。林庆某提起执行异议之诉请求停止执行的老城商业广场一层 101A 号、102 号、105 号、108 号、109 号、110 号、111 号、112 号、113 号、115 号、116 号、117 号、117A 号、118 号、119 号、120 号、121 号、122 号、126 号、127 号、151 号、152 号、153 号、165 号共计 24 套铺面全部被上述仲裁调解书的内容所涵盖。故林庆某主张排除对执行标的执行的诉讼请求全部与海口海事法院正在执行的上述仲裁调解书直接相关，即林庆某诉讼请求的实质是认为作为执行依据的海南仲裁委员会作出的（2014）海仲（湛）第 79 号《调解书》存在错误，而非针对海口海事法院在执行程序中因执行与执行依据无关的执行标的提出执行异议。故林庆某的起诉不符合《最高人民法院关于适用〈中华人民共和国民事诉讼法〉的解释》第三百零五条所规定的起诉条件。

综上，依照《中华人民共和国民事诉讼法》第一百五十四条第一款第三项、《最高人民法院关于适用〈中华人民共和国民事诉讼法〉的解释》第三百三十条的规定，裁定如下：一、撤销海口海事法院（2015）琼海法执诉字第 11 号民事判决；二、驳回林庆某的起诉。一审案件受理费 81800 元，退还林庆某；林庆某预交的二审案件受理费 81800 元，予以退还。

四、当事人申请再审情况

林庆某申请再审请求：（1）撤销海南省高级人民法院（2016）琼民终 248 号民事裁定、海口海事法院（2015）琼海法执诉字第 11 号民事判决；（2）停止执行位于海南省澄迈县老城经济开发区澄江北路东南侧老城商业广场铺面号为 101a、102、105、108、109、110、111、112、113、115、116、117、117a、118、119、120、121、122、126、127、151、152、153、165 共 24 套商品房；（3）确认林庆某与天浙公司于 2013 年 9 月 12 日签订的 24 份《澄迈商品房买卖合同》合法有效；（4）确认林庆某享有前述 24 套商品房的所有权及对应的国有土地使用权。

事实与理由：（1）作为本案执行依据的海南仲裁委员会（2014）海仲（湛）字第 79 号仲裁调解书侵害了林庆某的合法权益，林庆某有权通过执行异议之诉的方式予以救济。《最高人民法院关于适用〈中华人民共和国民事诉讼法〉的解释》第三百零五条规定的执行异议之诉起诉条件中“诉讼请求与原判决、裁定无关”，并未规定与仲裁裁决书或仲裁调解书无关。现行仲裁法仅将申请撤销仲裁裁决的权利赋予仲裁当事人而未赋予案外人，故案外人不能成为申请撤销仲裁裁决的主体。在现行法律框架下，林庆某除了提起执行异议之诉，已无其他救济途径。（2）林庆某与天浙公司就案涉24套商品房签订的《商品房买卖合同》合法有效，并经备案登记，林庆某已向天浙公司足额支付购房款，林庆某拥有24套商品房的所有权及其相应的国有土地使用权。陈某就案涉24套商品房签订的商品房买卖合同是虚假的，陈某和天浙公司通过虚假仲裁形成的仲裁调解书所确认的民事权益是违法的，不应予以保护，林庆某对案涉24套商品房享有的民事权益足以排除强制执行。综上所述，二审裁定和一审判决在事实认定和法律适用上均存在明显错误，林庆某根据《中华人民共和国民事诉讼法》（以下简称民事诉讼法）第二百条第六项规定申请再审。

陈某答辩称：（1）根据民事诉讼法第二百二十七条的规定，林庆某提起执行异议之诉的前提是其诉讼请求与原判决、裁定无关。仲裁裁决和调解书属于前述规定的“判决、裁定”的范围。本案中，林庆某的诉讼请求涉及对执行标的的权属认定问题，属于与仲裁调解书有关，故无权提出执行异议之诉。在涉及仲裁调解书的执行程序中，林庆某作为案外人提出的执行异议被驳回后，应根据2018年3月1日起实施的《最高人民法院关于人民法院办理仲裁裁决执行案件若干问题的规定》依法申请不予执行仲裁裁决进行救济。（2）天浙公司和林庆某之间并无真实的房屋买卖意思表示，案涉24份《澄迈商品房买卖合同》中加盖的天浙公司公章是虚假的，该合同实为林庆某和张某之间1000万元借款关系所作的担保，故24份《澄迈商品房买卖合同》因意思表示不真实和违反法律强制性规定而无效。陈某和天浙公司之间的商品房买卖合同关系是真实有效的，仲裁调解书是合法的。而且，陈某和天浙公司订立的合同和交付房款的时间均早于林庆某和张某签订所谓的购房合同和付款时间，且陈某实际占有使用案涉房屋至今。

天浙公司答辩称，其和林庆某签订的24份《澄迈商品房买卖合同》已经备案，相关房款已用于工程建设。仲裁调解书所确认的调解协议是在陈某新胁迫下，由天浙公司当时的法定代表人张某在办公室签署的，天浙公司的公章当时也由陈某新控制。因此仲裁调解书的内容不是天浙公司的真实意思。

五、最高人民法院认定与裁决情况

最高人民法院认为，本案再审的争议焦点是：林庆某是否具备案外人执行异议之诉的原告主体资格。

《最高人民法院关于适用〈中华人民共和国民事诉讼法〉的解释》第三百零五条第一款规定了案外人提起执行异议之诉的条件，其中第二项条件为"有明确的排除对执行标的执行的诉讼请求，且诉讼请求与原判决、裁定无关"。这里的"原判决、裁定"宜作广义理解，应包括仲裁裁决书和仲裁调解书在内。陈某和天浙公司的仲裁调解书确认，陈某和天浙公司订立的 6 份《商品房买卖合同》有效，陈某从天浙公司购买的 210 套商品房（包括案涉 24 套商品房在内）归陈某所有，天浙公司应履行交付房产和办理过户等义务。本案林庆某提出的诉讼请求包括请求停止对案涉 24 套商品房的强制执行，并确认林庆某与天浙公司签订的 24 份《澄迈商品房买卖合同》合法有效，林庆某享有案涉 24 套商品房的所有权和土地使用权。由此可见，林庆某诉讼请求的成立是以推翻仲裁调解书所确认的部分内容为前提，其诉讼请求与仲裁调解书发生冲突，故本案应认定林庆某的诉讼请求与原判决、裁定有关。

根据《中华人民共和国仲裁法》第五十八条的规定，只有仲裁当事人才能申请撤销仲裁裁决，案外人不能成为申请撤销仲裁裁决的主体。因此，即便陈某和天浙公司之间的仲裁调解书损害到林庆某的民事权益，林庆某也无权根据《中华人民共和国仲裁法》的规定申请撤销。在最高人民法院裁定提审本案之前，如果仅以林庆某的诉讼请求与原判决、裁定有关而否定其提起执行异议之诉的主体资格，在原有法律框架下可能会使林庆某的合法权益因欠缺其他有效手段而无法得到救济。在最高人民法院裁定提审本案之后，《最高人民法院关于人民法院办理仲裁裁决执行案件若干问题的规定》发布并于 2018 年 3 月 1 日起施行。根据该司法解释第二条的规定，案外人对仲裁裁决执行案件申请不予执行的，负责执行的中级人民法院应当另行立案审查处理。可见，案外人如果对作为执行依据的仲裁裁决或仲裁调解书有异议的，新施行的司法解释赋予了案外人依法申请不予执行的权利。既然现行司法解释已经给予案外人新的救济途径，在林庆某不符合《最高人民法院关于适用〈中华人民共和国民事诉讼法〉的解释》

第三百零五条规定的提起执行异议之诉条件的情况下，其提起的执行异议之诉应裁定予以驳回。一审法院受理并对本案经实体审理后作出判决，不符合法律规定，依法应予撤销。二审法院撤销一审判决，并裁定驳回林庆某的起诉是正确的。

需要指出的是，案外人向人民法院申请不予执行仲裁裁决或者仲裁调解书的，人民法院应当严格按照《最高人民法院关于人民法院办理仲裁裁决执行案件若干问题的规定》进行审查。鉴于该司法解释是在本院裁定提审本案之后发布和施行，而林庆某现如果按照该司法解释的规定向人民法院申请不予执行案涉仲裁调解书，已经超过了“自知道或者应当知道人民法院对该标的采取执行措施之日起三十日内提出”的法定期限，而此情况的发生并非全因其自身原因所致。为保护当事人正当权益，林庆某可自本裁定发生法律效力之日起三十日内依法向人民法院申请不予执行案涉仲裁调解书，以对其权益进行救济。

综上所述，林庆某的再审请求不能成立。依照《中华人民共和国民事诉讼法》第二百零七条、《最高人民法院关于适用〈中华人民共和国民事诉讼法〉的解释》第四百零七条第一款规定，裁定：维持海南省高级人民法院（2016）琼民终248号民事裁定。林庆某缴交的一、二审案件受理费各81800元，均予退还。

六、对本案的解析

本案诉讼的起因是，海南仲裁委员会针对陈某和天浙公司之间的房屋买卖合同纠纷作出仲裁调解书，海口海事法院根据陈某的申请在执行该仲裁调解书的过程中，林庆某提出执行异议，海口海事法院驳回其异议后，林庆某提起案外人执行异议之诉。因此，本案再审审理的焦点问题是：林庆某是否具备案外人执行异议之诉的起诉资格。

《最高人民法院关于适用〈中华人民共和国民事诉讼法〉的解释》第三百零五条第一款规定的案外人提起执行异议之诉的条件中，第二项的条件为“有明确的排除对执行标的执行的诉讼请求，且诉讼请求与原判决、裁定无关”。这里的“原判决、裁定”宜作广义理解，应包括仲裁裁决书和仲裁调解书在内。陈某和天浙公司的仲裁调解书确认，陈某和天浙公司订立的6份《商品房买卖合同》有效，陈某从天浙公司购买的210套商品房（包括案涉24套商品房）归陈某所有，天浙公司履行交付房产和办理过户等义务。本案林庆某提出的诉讼请求包括请求停止执行案涉24套商品房，确认林庆某与天浙公司签订的24份《澄迈商品房买卖合同》合法有效，确认林庆某享有案涉24套商品房的所有权和土地使用权。由此可见，林庆某所请求的内容是与仲裁调解书相冲突的，其诉讼请求成立的前提是必须推翻仲裁调解书所确认的部分内容，故本案林庆某的诉讼请求是与“原判决、裁定”有关。

执行异议分为执行行为异议、执行标的异议与执行依据异议，三者应适用不同的程序。针对执行行为的异议应适用《民事诉讼法》第二百二十五条的规定，针对执行标的的异议与执行依据的异议，通常应适用《民事诉讼法》第二百二十七条的规定，《民事诉讼法》第二百二十七条规定：执行过程中，案外人对执行标的提出书面异议的，人民法院应当自收到书面异议之日起十五日内审查，理由成立的，裁定中止对该标的的执行；理由不成立的，裁定驳回。案外人、当事人对裁定不服，认为原判决、裁定错误的，依照审判监督程序办理；与原判决、裁定无关的，可以自裁定送达之日起十五日内向人民法院提起诉讼。该表述中没有包括执行依据为调解书的情形，但《最高人民法院关于适用〈中华人民共和国民事诉讼法〉的解释》第四百二十三条之规定，执行依据为调解书的情形同样适用《中华人民共和国民事诉讼法》第二百二十七条之规定，案外人排除执行的请求与执行依据原调解书有关的，对人民法院驳回其执行异议的裁定不服，如果认为原民事调解书中认定错误，应当依照审判监督程序对原调解书申请再审。依据上述规定，针对人民法院作出的调解书本身不服，案外人可以申请再审。对于仲裁机构作出的仲裁调解书不服，案外人如何救济，在《最高人民法院关于人民法院办理仲裁裁决执行案件若干问题的规定》发布前，法律及司法解释均缺乏相应的规定。依据仲裁法的相关规定，能够申请撤销仲裁裁决的只能是案件的当事人，案外人并不享有这项权利，能够申请不予执行仲裁裁决的也只能是案件的当事人。当案外人认为仲裁裁决书与仲裁调解书存在错误，损害其权益时，缺乏相应的救济途径。因此，针对陈某和天浙公司之间的仲裁调解书，林庆某无权申请撤销。在最高人民法院裁定提审之前，如果仅以林庆某的诉讼请求与“原判决、裁定”有关而否定其提起执行异议之诉的主体资格，当事人没有任何救济途径。在裁定提审之后，《最高人民法院关于人民法院办理仲裁裁决执行案件若干问题的规定》发布并实施。根据该司法解释第二条的规定，案外人对仲裁裁决执行案件申请不予执行的，负责执行的中级人民法院应当另行立案审查处理。可见，案外人如果对作为执行依据的仲裁裁决和仲裁调解书有异议的，新施行的司法解释赋予案外人有权依法申请不予执行。考虑到现行司法解释已经给予案外人新的救济途径，在林庆某不符合《最高人民法院关于适用〈中华人民共和国民事诉讼法〉的解释》第三百零五条规定的提起执行异议之诉条件的情况下，其提起执行异议之诉应予驳回。本案存在一定的特殊之处，在裁定提审之前，最高人民法院关于仲裁执行的司法解释并未出台。案外人向人民法院申请不予执行仲裁裁决或者仲裁调解书的，人民法院应当严格按照《最高人民法院关于人民法院办理仲裁裁决执行案件若干问题的规定》进行审查。依据该规定，当事人向人民法院申请不予执行案涉仲裁调解书，已经超过了“自知道或者应当知道人民法院对该标的采取执行措施之日起三十日内提出”的法定期限，而此情况的发生并非因其自身原因所致。为保护当事人正当权益，最高人民法院的裁定赋予了当事人在发生法律效力之日起三十日内依法向人民法院申请不予执行案涉仲裁调解书的权利，以对其权益进行救济。

实现担保物权的非讼程序与诉讼程序关系研究

——宁安合作联社东京城信用社与天福利亨公司民间借贷纠纷上诉案

潘　杰*

法理提示：民事诉讼法第一百九十六条规定的申请实现担保物权程序属于非讼程序。当事人通过非讼程序申请实现担保物权，人民法院作出的准许拍卖、变卖担保财产裁定，属于国家权力机关作出的许可性裁定，具有法律上的强制执行力，阻断了当事人通过其他民事诉讼程序再行争执的机会，使得申请人和被申请人均丧失了相应诉权。因此，人民法院在实现担保物权非讼程序中作出准许拍卖、变卖担保财产的裁定后，当事人又就同一担保法律关系向人民法院提起担保物权纠纷之诉的，人民法院不应受理。但是，通过实现担保物权非讼程序拍卖、变卖担保物后仍不足以清偿全部主债权的，债权人可就未实现的债权另行通过诉讼程序主张权利。

上诉人（原审原告）：宁安合作联社东京城信用社。

被上诉人（原审被告）：天福利亨公司。

一、黑龙江省高级人民法院一审查明的事实

宁安合作联社东京城信用社系宁安合作联社的分支机构。2008 年 5 月至 2009 年 12 月期间，天福利亨公司向宁安合作联社东京城信用社借款，双方签订了 6 份借款合同及抵押担保合同。上述借款于 2012 年到期，天福利亨公司尚欠贷款本金 9729 万元没有偿还。2017 年 8 月 24 日，天福利亨

* 作者系最高人民法院民一庭、第二巡回法庭主审法官，法学博士。

公司向黑龙江省宁安市人民法院（以下简称宁安市法院）申请实现担保物权，宁安合作联社作为该案被申请人应诉。天福利亨公司请求，拍卖或变卖申请人天福利亨公司抵押给宁安合作联社东京城信用社的房产，拍卖所得价款偿还所欠贷款本金9729万元及自贷款之日起至宁安合作联社在贷款到期日后三个月主张权利期间利息39814488元，共计137104488元。宁安市法院于2017年9月20日作出（2017）黑1084民特3号民事裁定，裁定准许拍卖、变卖天福利亨公司所有的房产偿还上述欠款及利息，该裁定现已发生法律效力并且在执行过程中。

其后，宁安合作联社东京城信用社针对同一借款担保法律关系，又向黑龙江省高级人民法院（以下简称黑龙江高院）提起本案诉讼，起诉请求：1. 天福利亨公司偿还借款罚息80227741.65元（暂计算到2017年12月20日，请求支付至实际清偿日止）；2. 天福利亨公司偿还2017年12月20日前借款利息及复利131463351.10元，2017年12月20日之后，以9729万元为基数，按合同约定利率计算至实际清偿日止；3. 对天福利亨公司抵押的财产（位于黑龙江省宁安市东京城镇天福百货大楼一期2－4层、二期2－7层商服房产及东京城林业局天福家园二期大厅）拍卖或变卖后所得款项优先受偿；4. 诉讼费等实现债权的费用，由天福利亨公司承担。

二、一审法院审理情况

一审法院认为，宁安合作联社系独立法人，宁安合作联社东京城信用社为其分支机构，无公章。2017年8月24日，天福利亨公司就本案所涉借款向宁安市法院申请实现担保物权，宁安合作联社作为该案被申请人应诉，认可其为案涉借款本金9729万元及利息债权人。宁安市法院于2017年9月20日作出（2017）黑1084民特3号民事裁定，裁定准许拍卖、变卖天福利亨公司所有的房产偿还案涉部分债权，该裁定已经发生法律效力并且在执行过程中。宁安合作联社东京城信用社在本案中主张天福利亨公司偿还其借款本金9729万元及利息，这与宁安市法院（2017）黑1084民特3号民事裁定中所涉借款系同一笔借款，该笔借款已经由生效法律文书确认，宁安合作联社东京城信用社作为不具有法人资格的分支机构，在其法人单位已经参加诉讼并主张权利的情况下，再次以其名义就同一笔债权另行提起诉讼不当。《最高人民法院关于适用〈中华人民共和国民事诉讼法〉的解释》第二百四十七条规定："当事人就已经提起诉讼的事项在诉讼过程中或者裁判生效后再次起诉，同时符合下列条件的，构成重复起诉：（一）后诉与前诉的当事人相同；（二）后诉与前诉的诉讼标的相同；（三）后诉与前诉的诉讼请求相同，或者后诉的诉讼请求实质上否定前诉裁判结果。当事人重复起诉的，裁定不予受理；已经受理的，裁定驳回起诉，但法律、司法解释另有规定的除外。”根据上述规定，宁安合作联社东京城信用社提起本案诉讼属于重复诉讼，应裁定驳回宁安合作联社东京城信用社的起诉。尽管宁安合作联社东京城信用社的诉讼请求中可能包含宁安市法院（2017）黑 1084 民特 3 号民事裁定中未审查的部分，但同一债权不应由宁安合作联社与宁安合作联社东京城信用社分别提起诉讼，且宁安市法院（2017）黑 1084 民特 3 号案件中所涉及债务，实际实现借款本金或利息的数额、时间均不确定，即本案所涉主债权实现的范围尚无法确定，本案尚无法进行审理，宁安合作联社可在实现债权范围确定后，就其尚未获清偿的债权另行主张权利。综上，一审法院依照《最高人民法院关于适用〈中华人民共和国民事诉讼法〉的解释》第二百四十七条之规定，裁定：驳回宁安合作联社东京城信用社的起诉。宁安合作联社东京城信用社预交的案件受理费 1306383.82 元予以退回。

三、最高人民法院二审审理情况

宁安合作联社东京城信用社不服一审裁定，向最高人民法院提起上诉，请求：撤销黑龙江省高院（2017）黑民初 218 号民事裁定，指令一审法院审理本案。事实与理由：1. 宁安合作联社东京城信用社提起本案诉讼不属于重复诉讼。天福利亨公司就宁安合作联社东京城信用社对其享有债权的案涉 6 份贷款合同项下贷款本金 9729 万元及借期内利息（贷款合同于 2012 年全部到期），于 2017 年 8 月向宁安市法院申请实现担保物权，该院于 2017 年 9 月 20 日作出（2017）黑 1084 民特 3 号民事裁定，准许拍卖、变卖担保财产。在该案中，天福利亨公司仅就案涉贷款本金 9729 万元及借期内利息申请实现担保物权，对于合同期满后长达五六年的逾期利息及相关罚息、复利并未作为申请实现担保物权的范围。因此，宁安市法院（2017）黑 1084 民特 3 号民事裁定认定，宁安合作联社东京城信用社有权对逾期利息及罚息、复利另行提起诉讼。宁安合作联社东京城信用社在本案中的诉讼请求为请求天福利亨公司支付案涉 6 笔贷款的逾期罚息及复利，这与宁安市法院（2017）黑 1084 民特 3 号民事裁定中确认的借款本金及借期内的利息并非一致，不属于重复诉讼。2. 宁安市法院（2017）黑1084民特3号案件的被申请人，系宁安合作联社东京城信用社的上级法人单位宁安合作联社，本案原审立案时，黑龙江高院立案庭要求宁安合作联社东京城信用社以原告的身份起诉，而该院审判庭却又以诉讼主体错误为由驳回起诉。同一法院不同审判部门适用法律标准不同，无谓增加当事人诉讼成本，难以令人信服。

最高人民法院二审认为，宁安合作联社东京城信用社提起的本案民间借贷纠纷，与天福利亨公司作为申请人先行提起的宁安市法院（2017）黑1084民特3号申请实现担保物权一案，均是针对宁安合作联社东京城信用社对天福利亨公司享有的同一借款债权。前案是当事人通过非讼程序实现担保物权，而本案是当事人通过诉讼程序请求对抵押物优先受偿以实现担保物权。尽管本案的诉讼请求与前案申请并不完全重合，但争议法律关系同一，且均是为了实现担保物权。《中华人民共和国民事诉讼法》（以下简称民事诉讼法）在第一百九十六条规定了"申请实现担保物权"的特别程序（非讼程序），在第一百九十七条规定了"申请实现担保物权"的特别程序与通过诉讼程序实现担保物权的程序衔接。依据前述两条法律规定，申请实现担保物权，由担保物权人以及其他有权请求实现担保物权的人依照物权法等法律，向担保财产所在地或者担保物权登记地基层人民法院提出；人民法院受理申请后，经审查，符合法律规定的，裁定拍卖、变卖担保财产，当事人根据该裁定可以向人民法院申请执行；不符合法律规定的，裁定驳回申请，当事人可以向人民法院提起诉讼。据此，在借款担保法律关系中的一方当事人已经通过非讼程序申请实现担保物权的情况下，只有其申请被人民法院裁定驳回，或者申请实现担保物权的非讼案件已经执行完毕，债权人还存在尚未清偿的债权的，当事人才可以就同一借款担保法律关系另行向人民法院提起诉讼。若申请实现担保物权非讼案件的生效民事裁定准许拍卖、变卖抵押财产优先偿还借款债务，且该非讼案件正在执行过程中，实现担保物权的范围尚未最终确定，则债权人不得就同一借款担保法律关系再行提起诉讼，主张对抵押物优先受偿。本案中，因宁安市法院（2017）黑1084民特3号民事裁定准许拍卖、变卖天福利亨公司所有的房产偿还案涉欠款及利息，该裁定现已发生法律效力并且在执行过程中，故宁安合作联社东京城信用社不得针对同一借款担保法律关系，提起本案诉讼请求对抵押物优先受偿。一审法院裁定驳回宁安合作联社东京城信用社的起诉，理由虽不准确，但结果并无不当。

在宁安市法院（2017）黑1084民特3号民事裁定执行终结后，宁安合作联社或者其分支机构宁安合作联社东京城信用社可就其未实现的债权另行提起诉讼。

对于宁安合作联社东京城信用社提出的该社作为分支机构具有诉讼主体资格的上诉理由，本院认为，原审裁定并未认定宁安合作联社东京城信用社不具备诉讼主体资格，而是认为同一债权不应由宁安合作联社与其分支机构宁安合作联社东京城信用社分别提起诉讼，原审裁定不是以宁安合作联社东京城信用社不具备诉讼主体资格为由驳回其起诉，故本院对该项上诉理由亦不予支持。

综上，宁安合作联社东京城信用社的上诉请求不能成立，原审裁定结果并无不当。二审法院依照《中华人民共和国民事诉讼法》第一百七十条第一款第一项、第一百七十一条规定，裁定：驳回上诉，维持原裁定。

四、对本案的解析

本案涉及的法律问题是，当事人依据民事诉讼法第一百九十六条的规定申请实现担保物权，人民法院裁定准许拍卖、变卖担保财产后，当事人又就同一担保法律关系提起担保物权纠纷之诉，人民法院应如何处理？这一问题的实质，是实现担保物权的非讼程序与诉讼程序（担保物权纠纷）的关系或程序衔接问题。鉴于现行民事诉讼法及其司法解释对此没有明确直接的规定，本文借此案例，通过研究担保物权的实现路径、立法变革、程序差异，就实现担保物权的非讼程序与诉讼程序的关系问题作简略探讨。

（一）担保物权的实现路径

1. 实现担保物权的自力救济和公力救济程序

实现担保物权程序，是指当债务履行期届满而债务人不履行到期债务或发生当事人约定的实现担保物权的情形时，担保物权人对担保财产优先受偿以实现债权的程序。广义上的实现担保物权程序包括自力救济程序和公力救济程序，而狭义上仅指公力救济程序。

实现担保物权的私力救济，是指担保物权人可径行依担保物权而自行决定担保物权的处分方式并予以实施，通常情况下国家不予强制干预。从比较法上看，英美国家和法国允许通过自力救济方式实现担保物权，而德国、瑞士和日本等不少国家极力排斥自力救济方式实现担保物权，只允许通过公力救济实现担保物权。依据《中华人民共和国物权法》（以下简称物权法）第一百九十五条之规定，抵押权人在法定和约定情形下，可以与抵押人协商处分抵押物。此种以协议方式处分担保物的方式，即属于担保物权实现的自力救济方式。可见，我国民事实体法也允许以自力救济方式实现担保物权。自力救济可以避免纷繁复杂的程序，缩短交易时间，降低交易成本，更好地保护担保物权人的利益，但自力救济在保护债务人、担保人及第三人方面也存在明显的弊端。因此，自力救济在我国担保物权的实现中不属于常态途径。

实现担保物权的公力救济，是指担保物权的实现应采取公法上的方式获得法院或其他机关签发的裁判或决定，而不能私自实现担保物权。此种救济方式主要包括民事诉讼或仲裁、强制执行公证、实现担保物权非讼程序等方式。在2012年民事诉讼法实施之前，我国担保物权的实现通常借助普通民事诉讼的争讼程序或者强制执行公证，通过自力救济实现担保物权的情形非常罕见，因缺乏程序法支撑也几乎没有通过非讼程序实现担保物权的情况。在2012年民事诉讼法及其司法解释出台之后，通过非讼程序，即依据民事诉讼法第一百九十六条规定申请实现担保物权，也成为实现担保物权的重要途径。从比较法上看，各国担保物权实现程序的立法潮流是朝非讼程序方向发展。德国、日本和我国台湾地区的相关法律对申请拍卖、变卖担保财产案件进行了规定，这些案件属于非讼案件或非讼事件的范畴。如在德国，担保物权实现采用严格的公力救济立法例，申请人通过非讼方式申请法院强制执行是实现担保物权的唯一途径，债权人必须向法院申请强制执行令，由法院扣押担保标的并通过强制拍卖和强制监管方式使债权得以清偿。而作为非讼裁判模式典型代表的我国台湾地区，则是通过“非讼事件法”第72、73、74条明确将抵押权等担保物权的拍卖、变卖列为非讼事件，而不再采取普通民事诉讼的争讼程序。台湾地区司法实践中，法院对抵押权人实现抵押权的申请仅从形式上审查，只需其抵押权已经依法登记，未经登记的双方无争议，且债权已届清偿期而未受清偿，即可作出准许拍卖的裁定。抵押权人可以凭抵押权证明文件和裁定正本，申请强制执行。

2. 实现担保物权的诉讼程序与非讼程序

实现担保物权的诉讼程序与非讼程序，均属于公力救济方式。诉讼裁判模式，是指担保物权人先通过诉讼程序获得法院的生效裁判，并以该生效裁判为执行名义，由法院强制执行生效裁判予以实现担保物权。非讼裁判模式是指在担保关系未发生争议时，担保物权人或其他有权请求实现担保物权的人可向法院申请作出准许拍卖的裁定，由法院对于当事人的申请作形式审查，并由此作出可申请强制执行的准予拍卖担保物的非讼裁定。目前，我国民事实体法及程序法所规定的担保物权实现方式，包括作为普通民事诉讼的担保物权纠纷诉讼和作为非讼程序的申请实现担保物权案件。前者通过民事诉讼法中的审判程序规定予以调整，后者通过民事诉讼法的特别程序规定予以调整。

二、实现担保物权的程序变革

我国实现担保物权公力救济程序的立法变革，实体法始于物权法，程序法始于2012年民事诉讼法的修订。在此之前，我国关于如何实现担保物权的法律依据主要有《中华人民共和国民法通则》（以下简称民法通则）、《中华人民共和国担保法》（以下简称担保法）以及《最高人民法院关于适用〈中华人民共和国担保法〉若干问题的解释》（以下简称《担保法司法解释》）[①]。总体来看，这些规定较为模糊，且均为实体法规定，缺乏程序法的衔接性规定，故在司法实践中难以形成有效规则。2007年物权法对担保物权的实现程序进行了革命性变革，2012年民事诉讼法由此相应增加规定了实现担保物权的非讼程序，从而使我国担保物权的公力救济方式形成了诉讼程序与非讼程序并存的格局。

1986年颁布的民法通则第八十九条第二款对抵押权的实现作了简单规定："债务人不履行债务的，债权人有权依照法律的规定以抵押物折价或以变卖抵押物的价款优先得到偿还。"可见，民法通则所规定的抵押权实现方式仅仅包括折价、变卖两种，并不包括拍卖，且对抵押权人应通过何种具体途径去实现抵押权，未作明确规定。

① 《中华人民共和国合同法》第二百八十六条及《最高人民法院关于建设工程价款优先受偿权问题的批复》的规定，因学界对建设工程价款优先受偿权的性质是否属于法定抵押权尚有争议，至今无定论，故本文未将其列入担保物权实现路径的法律依据予以讨论。

此后，1995年10月1日施行的担保法第五十三条第一款[①]，在民法通则第八十九条第二款规定的折价、变卖方式基础上，增加规定了拍卖方式，但仍然没有明确拍卖、变卖抵押物的具体途径；同时该条还规定了当事人可以协议解决，协议不成的可以向人民法院提起诉讼。对于质权和留置权，担保法在第七十一条第二款[②]、第八十七条第二款[③]规定的担保物权实现途径包括协议折价以及依法拍卖、变卖担保物，没有规定质权人和留置权人可以向人民法院提起诉讼。为了明确担保物权实现的具体途径，2000年12月13日施行的《担保法司法解释》通过第一百二十八条和第一百三十条作出相应规定。第一百二十八条规定："债权人向人民法院请求行使担保物权时，债务人和担保人应当作为共同被告参加诉讼。同一债权既有保证又有物的担保的，当事人发生纠纷提起诉讼的，债务人与保证人、抵押人或者出质人可以作为共同被告参加诉讼。"第一百三十条规定："在主合同纠纷案件中，对担保合同未经审判，人民法院不应当依据对主合同当事人所作出的判决或者裁定，直接执行担保人的财产。"这一规定，一是明确了实现担保物权的诉讼属于普通诉讼，亦即担保物权应通过普通民事诉讼以及民事执行程序方可实现；二是明确了行使担保物权，必须将担保人作为被告，否则，因未对担保合同进行审判，不得依据对主合同当事人作出的裁决，执行担保财产。这就意味着，未经民事诉讼，担保物权人不能直接申请人民法院对担保财产进行强制变价处理。这些规定，直接导致以往实践中担保物权的实现通常都是借助诉讼方式，从而产生了担保物权实现的成本高、效率低等弊端，极大影响了担保制度的功能发挥。

为解决以诉讼方式实现担保物权所产生的程序复杂、成本高昂等问题，2007年10月1日施行的物权法第一百九十五条[④]、第二百二十条第一

---

① 担保法第五十三条第一款："债务履行期届满抵押权人未受清偿的，可以与抵押人协议以抵押物折价或者以拍卖、变卖该抵押物所得的价款受偿；协议不成的，抵押权人可以向人民法院提起诉讼。"

② 担保法第七十一条第二款："债务履行期届满质权人未受清偿的，可以与出质人协议以质物折价，也可以依法拍卖、变卖质物。"

③ 担保法第八十七条第二款："债务人逾期仍不履行的，债权人可以与债务人协议以留置物折价，也可以依法拍卖、变卖留置物。"

④ 物权法第一百九十五条第二款："抵押权人与抵押人未就抵押权实现方式达成协议的，抵押权人可以请求人民法院拍卖、变卖抵押财产。"

款[①]和第二百三十七条[②]对担保物权的实现程序进行了革命性的立法变革。依据该法第一百九十五条，抵押权人在法定或约定情形下，可以与抵押人协议处分抵押物，若双方未就抵押权实现方式达成协议，抵押权人可以直接请求人民法院对抵押财产进行拍卖或变卖，而无需通过民事诉讼。依据该法第二百一十六条、第二百一十九条、第二百三十六条第一款之规定，质权人和留置权人在法定和约定情形下，可以与出质人和债务人协商对质押物、留置物进行折价处理，也可以就拍卖、变卖担保物所得价款优先受偿。同时，该法第二百二十条第一款和第二百三十七条分别为出质人和留置法律关系中的债务人在质权人和留置权人怠于行使权利时提供了对抗手段，即可以请求人民法院变卖或拍卖质押物和留置物。可见，物权法从实体立法层面对担保物权的实现提供了较为便捷的程序，但由于民事诉讼法没有相应的衔接程序制度，各界对于如何启动拍卖、变卖程序存在较大分歧，主要有直接进入执行程序、经法院审判后进入执行程序、法院签发拍卖或变卖裁定后进入执行程序等三种观点。这导致物权法颁布后的较长时间内，司法实践中通过普通民事诉讼实现担保物权仍为常态，物权法的立法构想尚未得以落实。

2012 年民事诉讼法增加规定了实现担保物权的特别程序。根据该法第一百九十六条、第一百九十七规定[③]，担保物权人可根据实体法上规定的权利，向法院申请实现担保物权，受理的法院应当在审查后作出相应的裁定，审查符合条件的，准予拍卖、变卖担保财产；审查不符合条件的，裁定驳回申请。实现担保物权的这两条立法，填补了物权法通过公力救济实现担保物权时程序法上的空白，为民事权利主体通过公力救济途径行使实体法上的权利提供了程序法上的帮助，实现了程序法和实体法更好的衔接，为担保物权人通过非讼程序实现担保物权提供了程序法支持。由此也

---

① 物权法第二百二十条第一款："出质人可以请求质权人在债务履行期届满后及时行使质权；质权人不行使的，出质人可以请求人民法院拍卖、变卖质押财产。"

② 物权法第二百三十七条："债务人可以请求留置权人在债务履行期届满后行使留置权；留置权人不行使的，债务人可以请求人民法院拍卖、变卖留置财产。"

③ 民事诉讼法第一百九十六条："申请实现担保物权，由担保物权人以及其他有权请求实现担保物权的人依照物权法等法律，向担保财产所在地或者担保物权登记地基层人民法院提出。"

民事诉讼法第一百九十七条："人民法院受理申请后，经审查，符合法律规定的，裁定拍卖、变卖担保财产，当事人依据该裁定可以向人民法院申请执行；不符合法律规定的，裁定驳回申请，当事人可以向人民法院提起诉讼。"

正式确立了我国通过非讼裁判模式实现担保物权的公力救济模式。

2015年施行的《最高人民法院关于适用〈中华人民共和国民事诉讼法〉的解释》（以下简称《民诉法解释》）对实现担保物权特别程序作出了较为完整的立法解释。对实现担保物权特别程序作出了较为完整的构建。例如，实现担保物权案件的申请人范围、管辖规则、审理条件、审理结果、救济规则等具体问题。该司法解释的规定对学界的一些问题作出了回应，也使法官在审判实践中不会因为立法的缺失而对本程序的适用保持谨慎保守的态度，保障了该特别程序能够更好地在实践中发挥作用。

三、实现担保物权非讼程序与诉讼程序之比较

民事诉讼法第一百九十六条规定的申请实现担保物权程序，与传统的担保物权纠纷之诉均属于实现担保物权的公力救济程序，二者作为实现担保物权的并存程序，主要在以下几个方面存在较大不同。明晰其差异，是为更好地理解其关系。

其一，程序性质和制度价值不同。民事诉讼法第一百九十六条规定的申请实现担保物权程序，被规定在民事诉讼法特别程序一章，学理上一般将其归为“非讼程序”。非讼程序的制度目的不在于解决民事权益争议，而是奉行“职权主义、简易主义”，裁判周期短，体现了效率价值。依据民事诉讼法第一百七十九条的规定，人民法院在依照本章（特别程序章）程序审理案件的过程中，发现本案属于民事权益争议的，应当裁定终结特别程序，并告知利害关系人可以另行起诉。申请实现担保物权这一特别程序，与非讼程序的价值取向一致，在申请实现担保物权案件中，申请人申请法院拍卖、变卖担保物，并非是请求法院解决民事权益争议，实质是要求确认并实现权利，法院经核实确认权利存在及权利实现条件成就等事项后，可作出准许拍卖、变卖的裁定，以迅速实现担保物权，这合乎非讼程序的制度价值。而当事人提起担保物权纠纷之诉，目的是请求法院解决民事权益争议，法院应适用普通民事诉讼程序进行审理。诉讼程序奉行“当事人主义、直接言辞主义”，制度价值在于准确查明案件争议，保障当事人的程序参与，追求裁判结果的实体公正。

其二，程序启动主体不同。担保物权纠纷之诉由原告向法院起诉而发动，原告系担保物权法律关系中的争议法律关系主体，一般应当是作为权利主体的债权人、担保物权人。实现担保物权非讼程序，既可以由担保物

权人申请而发动，也可以由“其他有权请求实现担保物权的人”申请发动。依据《民诉法解释》第三百六十一条的规定，“其他有权请求实现担保物权的人”包括抵押人、出质人、财产被留置的债务人或者所有权人等。之所以赋予担保人申请实现担保物权的权利，是因为现实中有时存在债务履行期届满后担保物权人怠于行使权利，可能导致债务人承担高额逾期利息，且担保物的变现价格受市场影响下跌甚至发生担保物毁损、灭失等情况，侵害了担保人的合法利益，故《民诉法解释》赋予抵押人、出质人和财产被留置的债务人或者所有权人发动实现担保物权非讼程序的权利，以保障其合法权益。[①] 本案例中所涉及的申请实现担保物权案件，即是由抵押人天福利亨公司申请发动的实现担保物权非讼程序，宁安市法院据此作出（2017）黑 1084 民特 3 号民事裁定，准许拍卖、变卖天福利亨公司所有的房产偿还案涉欠款及利息。

其三，审理内容和审理标准不同。担保物权纠纷之诉，作为普通民事诉讼，应围绕当事人之间的民事权益争议进行实体审理，对当事人之间的权利义务内容作出裁判。而实现担保物权非讼程序的审理内容，则主要包括权利是否存在、权利实现条件是否成就、是否涉及民事权益争议三项内容。关于“民事权益争议”的判断标准，尚无明确的立法及司法解释定义。一般认为，申请人与被申请人对“担保物权是否设立”“担保物权设立是否合法（是否存在程序性瑕疵和权利性瑕疵）”“权利实现条件是否成就”“担保物权行使是否涉及第三人利益”这四类问题存在争议，即应认定为“民事权益争议”。[②] 假如对上述四类问题进行实质审查，其与诉讼程序并无区别，不能发挥非讼程序迅捷、低廉解决纠纷的作用，违背实现担保物权非讼程序的设立目的。同时，实现担保物权非讼程序的审理标准，应当是对申请人与被申请人所举证据的形式审查，而非实质审查[③]。

其四，裁判形式和裁判结果不同。人民法院审理担保物权纠纷之诉，应通过判决对担保物权纠纷所涉及的实体问题，包括案件事实认定和法律适用作出权威性判定；或者通过裁定对担保物权纠纷所涉及的程序问题及

① 参见沈德咏主编、最高人民法院修改后民事诉讼法贯彻实施工作领导小组编著：《最高人民法院民事诉讼法司法解释理解与适用（下）》，人民法院出版社 2015 年版，第 955～960 页。

② 参见朱阁：《实现担保物权案件特别程序的适用研究》，载《法律适用》2014 年第 8 期。

③ 参见李相波：《实现担保物权程序适用中的相关法律问题》，载《法律适用》2014 年第 8 期。

特殊实体问题作出判定。民事诉讼实行两审终审制和审判监督制度，人民法院作出的判决及法律规定可以上诉的裁定，当事人可以提起上诉、申请再审。而实现担保物权非讼程序，解决的是担保物应否拍卖、变卖的问题，我国现行执行制度通常以裁定形式进行，故2012年民事诉讼法最终将裁定作为实现担保物权案件审查结果的法律文书形式。非讼程序实行一审终审，故拍卖、变卖裁定一旦作出，即发生法律效力，当事人不得上诉，该裁定可以直接作为实现担保物权的执行依据。若经法院审查认为当事人的申请不符合法定拍卖、变卖条件的，应裁定驳回申请，该裁定仅为程序上的驳回，并不影响申请人的实体权利，当事人仍可就实体争议依法向人民法院提起民事诉讼，驳回申请的裁定亦不得上诉。

四、实现担保物权非讼程序与诉讼程序之衔接

民事诉讼法第一百九十七条规定："人民法院受理申请后，经审查，符合法律规定的，裁定拍卖、变卖担保财产，当事人依据该裁定可以向人民法院申请执行；不符合法律规定的，裁定驳回申请，当事人可以向人民法院提起诉讼。"依据该条规定，实现担保物权的申请被裁定驳回后，当事人可以向人民法院提起诉讼。这一规定可以视为民事诉讼法关于实现担保物权非讼程序与诉讼程序如何衔接的规定，对于审判实践具有一定的指导意义。但是，实践中非讼程序与诉讼程序的关系远比上述规定的情形复杂，仍存在以下问题有待研究：

问题一，当事人对实现担保物权的程序有无选择权？民事诉讼法第一百九十七条的规定能否理解为，实现担保物权申请被裁定驳回，是通过诉讼实现担保物权的前置程序？当事人一旦选择实现担保物权非讼程序，其还能否再选择诉讼程序？

问题二，实现担保物权非讼程序与诉讼程序存在程序交叉时应如何处理？对在实现担保物权非讼程序审查中，发现主债权或担保物权处于民事诉讼阶段，或者担保登记行为处于行政诉讼阶段，应如何处理？当事人向人民法院提起债务纠纷（注意不是担保物权纠纷），同时依据民事诉讼法第一百九十六条的规定申请实现担保物权，是否允许？

以上问题，现行法律和司法解释尚未予以明确规定。本文案例所涉及的法律问题，实质是实现担保物权非讼程序与诉讼程序的关系和程序衔接问题。本案一审判决围绕是否构成重复诉讼来论理，显然没有触及问题的

实质；二审判决虽维持一审判决结果，但裁判理由却不相同，二审是从两种程序的关系入手进行论述的。对上述问题，笔者认为：

其一，从当事人诉权和程序选择权的视角，当事人在一定范围内有权选择适用审理的程序，这也是增进裁决正当性的有效策略之一。因此，当事人享有实现担保物权的程序选择权，有权根据担保法律关系是否存在争议等情形，选择通过诉讼程序实现其担保物权，或者通过申请实现担保物权非讼程序寻求司法救济。民事诉讼法第一百九十七条的规定，不应理解为实现担保物权申请被裁定驳回，是通过诉讼实现担保物权的前置程序。

其二，当事人通过非讼程序申请实现担保物权，人民法院经审查作出的准许拍卖、变卖担保财产的裁定，属于国家权力机关作出的许可性裁定，具有法律上的强制执行力，该裁定作为执行依据，阻断了当事人通过其他民事诉讼程序再行“争执”的机会，使得申请人和被申请人均丧失了相应诉权。因此，人民法院在实现担保物权非讼程序中作出准许拍卖、变卖担保财产的裁定后，当事人又就同一担保法律关系向人民法院提起担保物权纠纷之诉的，人民法院不应受理。但是，通过实现担保物权程序拍卖、变卖担保物后仍不足以清偿全部主债权的，债权人可就未实现的债权另行通过诉讼程序主张权利。

其三，当事人通过诉讼程序实现担保物权，经人民法院判决确认其享有优先受偿权，生效判决具有既判力，成为执行依据，可由人民法院强制执行生效裁判来实现担保物权。诉讼裁判的既判力阻断了当事人另行通过申请实现担保物权非讼程序实现担保物权的机会，产生“一事不再理”的效果，故当事人又另行申请实现担保物权的，人民法院不应受理。若担保物权纠纷的生效裁判未确认当事人享有优先受偿权，表明担保物权未获人民法院裁判认可，当事人又通过非讼程序申请实现担保物权的，人民法院也不应受理。

其四，人民法院在实现担保物权案件的审查过程中发现主债权或担保债权处于民事诉讼阶段或担保登记行为处于行政诉讼阶段，应当认定属于民事诉讼法第一百七十九条规定的“民事权益争议”，应驳回实现担保物权申请。当事人仅向人民法院提起主债务纠纷，未将担保人列为共同被告，其又另行通过非讼程序申请实现担保物权，违反了《担保法司法解释》第一百二十八条第一款“债权人向人民法院请求行使担保物权时，债务人和担保人应当作为共同被告参加诉讼”的规定，故对此种情形下当事人另行提出的实现担保物权申请，人民法院似应不予受理，而应告知其在债务纠纷中将担保人列为共同被告。然而，值得研究的是，《担保法司法解释》第一百二十八条第一款毕竟出台于物权法及2012年民事诉讼法实施之前，其强化诉讼方式实现担保物权的理念显然已落后。担保物权关系作为从法律关系，是否必须与主债务一并审理，也不应绝对，若担保法律关系中的当事人对担保物权的设立、效力、担保范围等问题并无争议，似应允许当事人单独提起债务纠纷之诉，并在债务纠纷经人民法院裁判后，就无争议的担保物权申请通过非讼程序实现。

【民事审判信箱】

案外人将其所有的款项误划至被执行人账户后被法院冻结扣划的，案外人请求排除强制执行的，应否支持

问：案外人将其所有的款项误汇至被执行人账户，该账户此后因被执行人的债权人申请强制执行而被冻结，现案外人以其汇入该账户上的款项系误汇为由，在提出执行异议被驳回后又提起执行异议之诉，请求排除对该款项强制执行的，应否支持？

答：虽然案外人将其所有的款项误划至被执行人账户的行为缺乏当事人的真实意思表示，但除非法律、司法解释有明确规定的以外（如担保法司法解释规定的保证金账户质押），对于货币这一种类物，一般均应适用占有即所有的规则认定其权属，故该行为并非因此而不能产生转移款项实体权益的法律效果，相反，汇款在到达被执行人账户之时即发生权属转移。当然，这种受益并没有法律上的理由。《中华人民共和国民法总则》第一百二十二条规定：因他人没有合法根据，取得不当利益，受损失的人有权请求其返还不当利益。据此，不当得利的构成要件为：一方获利，他方受损，一方受利与他方受损具有因果关系，获利无合法根据。在错汇款项的情况下，被执行人虽然没有相应的意思表示，但在事实上已经因此而获利，即使该款项又因其债权人的申请而被法院强制执行，也不改变其已经获得的事实，因为这导致被执行人因此而清偿了对其债权人相应的债务；案外人当然因此遭受了相应的损失；而被执行人的获利没有合法依据。因此，案外人将其所有的款项误划至被执行人账户的行为，在案外人与被执行人之间构成了典型的不当得利之债。由此，案外人享有的是不当得利债权，其可以基于不当得利而请求被执行人返还相应款项，法律已经赋予了案外人此种救济途径。从性质上看，该债权属于普通债权，并不具有优先受偿性。而如果支持了案外人针对该错汇款项提出的执行异议请求，则在实质上是赋予了此种债权优先于其他普通债权获得清偿的权利，无疑违背了对于普通债权而言债权平等的基本原则。因此，对于此种情形

下案外人提出的排除执行请求，一般不应支持。

此外，需要指出的是，执行异议之诉往往涉及不同当事人的权利冲突，因此在执行异议之诉案件审理中，一定要秉承严格、谨慎的原则，对案外人提出的理由加以严格审查。对于当事人提出的权利保护请求，应当首先基于维护法律规则的稳定与权威、维护交易制度和规则的简明与可预期加以审查，尽可能在现行法律框架内寻求相应的制度和规则依据，而不宜对此轻易突破，否则将可能导致相关当事人权利的失衡乃至法律规则的破坏。

（本书研究组）

房屋备案登记与预告登记有何区别

问：实践中，不动产登记的形式有房屋备案登记与预告登记两种，二者有何区别？

答：房屋备案登记与预告登记在法律上是有所不同的，两者的区别有以下五点：

一是法律效力不同。商品房预售合同备案登记制度是一种行政管理制度。经过登记备案的商品房预售合同仅表明该买卖行为已纳入行政监管，在没有其他法定事由的情况下，该合同的效力优于出卖人一房多卖时时间顺序在后的同一标的物预售合同，在产权过户登记前商品房预售合同仍然没有物权效力。没有物权效力就是意味着无论合同履行状况如何，出卖人仍然是标的物法律意义上的产权人。而预告登记则是不动产登记制度。《中华人民共和国物权法》第二十条规定：“当事人签订买卖房屋或者其他不动产物权的协议，为保障将来实现物权，按照约定可以向登记机构申请预告登记。预告登记后，未经预告登记的权利人同意，处分该不动产的，不发生物权效力。”依此规定，经预告登记的不动产买卖合同买受人的债权已经添附了预期物权，债权人可以享有产权已过户后的部分权利，包括可以对抗前手抵押权人行使抵押权，司法机关也不能将已预告登记的不动产当作出卖方的财产施以强制执行。

二是登记程序不同。《城市房地产管理法》第四十四条第二款规定：“商品房预售人应当按照国家有关规定将预售合同报县级以上人民政府房产管理部门和土地管理部门登记备案。”可见商品房预售合同的登记备案是政府主管部门行使监管职权，房地产经营企业满足预售条件、履行报备义务、接受资格审查的一项行政管理行为。而预告登记则是双方达成合意方能申请，也可以不申请预告登记。根据《房屋登记办法》的规定，办理预购商品房预告登记必须有已经登记备案的商品房预售合同原件才能办理，即备案登记是预告登记的前置程序。

三是适用范围不同。备案登记其登记的标的仅限于商品房预售合同，商品房的现房买卖、二手房买卖、旧房买卖合同都被排除在备案登记的范围之外。预告登记则适用于所有不动产交易，不仅包括商品房买卖和私房交易，还包括国有土地使用权的有偿转让、房地产开发项目的整体受让等。

四是启动主体不同。备案登记的启动主体是房地产开发商，而预告登记的启动主体则是签订了物权协议的当事人。

五是登记机关不同。备案登记的登记机关为建设主管部门或房地产管理部门（土地管理部门），而预告登记的登记关机则是房屋的登记机构。

（本书研究组）

网签与备案有何区别

问：网签与备案有何区别？

答：区分网签与备案主要应从以下四个方面进行把握：

1. 含义不同。网签是房地产管理部门为规范房地产企业销售行为，防止开发企业“捂盘”以及一房多卖而建立的一个网络化管理系统。即交易双方签订合同后，到房地产相关部门进行备案，并在互联网上公示，而且网签后还会得到一个网签号，可以在互联网上查询网签信息。需要注意的是，已经网签过的商品房，无法进行第二次网签。而备案包括开发商备案和购房合同备案。开发商备案是指开发企业在取得预售证前向房产管理部门备案商品房出售价格，面向社会出售。购房合同备案是指购房者和开发商签订合同之后，在房地产管理部门登记备案，以此实现法律效力的一种方式。

2. 办理时间不同。网签时，开发商已经取得了预售证，且购房者也满足购房资格，完成选房，签订合同之后，在售楼部或者在房屋管理部门完成，未取得预售证或其他证明的开发商与购房者签订的合同，无法进行网签。备案时间则是签约之日起30日内，交易双方持商品房预售合同向县级以上人民政府房地产管理部门和土地管理部门办理登记备案手续。由此可见，备案是以网签为前提的。

3. 法律效力不同。网签是可以协商撤销的，而备案后房屋买卖合同正式生效。

4. 流程不同。完成网签需要先选定网签时间后准备网签资料再确认网签条款。而备案流程则是先合同备案再审核，在取得备案号后打印合同文本，随后双方签字盖章即可完成备案。

（本书研究组）

被告提出级别管辖异议，认为原告故意虚高诉讼标的额、抬高案件级别管辖的，人民法院是否应当在立案阶段对当事人是否虚高诉讼标的额、抬高案件级别管辖问题进行实质审查。

答：人民法院不应当在立案阶段对当事人的诉讼标的是否虚高进行实质审查，理由如下：第一，立案阶段原则上应仅就原告诉请的标的额进行形式审查，其诉请的标的额是否有依据、是否应予支持，均属实体审理的范畴，不应在还未进入实体审理的立案阶段进行。在立案阶段对当事人的诉讼请求是否成立、应支持的诉讼标的额大小进行实体审查，违反了立审分离原则，导致立案与审判职能的同质化，损害当事人的诉讼权利。第二，根据《最高人民法院关于审理民事级别管辖异议案件若干问题的规定》第一条的规定，被告在提交答辩状期间提出管辖权异议，认为受诉人民法院违反级别管辖规定的，受诉人民法院的审查应当限定于形式审查，即原告所诉标的额是否符合最高人民法院有关级别管辖的通知标准。第三，民事诉讼法等法律法规对于滥用诉权行为规定了专门的规制办法，不应通过立案阶段对原告诉讼请求进行实质性审查来规制。首先，诉讼收费制度具有防止当事人任意提高诉讼标的额的作用。当事人在提出诉讼请求时，有权在通过诉讼所能保护的利益和诉讼成本之间进行权衡，根据自己对事实的掌握和法律的理解提出自己认为合理的诉讼标的额。对诉讼请求未获支持以及未获全部支持的当事人，不宜仅据此认定为是滥用诉权或者“花钱买管辖”。其次，如果当事人确实滥用诉权，存在民事诉讼法第十章规定的妨害民事诉讼的行为，人民法院可以根据情节轻重采取罚款、拘留等强制措施。最后，如果当事人以捏造的事实提起民事诉讼，妨害司法秩序或者严重侵害他人合法权益，涉嫌虚假诉讼罪，则应当依法追究行为人的刑事责任。

（本书研究组）

约稿函

《民事审判指导与参考》由最高人民法院民事审判第一庭编。自2000年创办以来，本书本着传播最高人民法院民事审判政策和指导意见、介绍最高人民法院和全国地方各级人民法院的优秀审判工作经验以及审判实践中疑难问题的解决思路为己任，对全国法院民事审判工作起到了重要的指导与参考作用，并为全国民事审判工作人员及其他关注、研究民事审判工作的法律工作者提供了一个广阔、互动的交流平台。为了能够有更多优秀稿件更好地反映各地民事审判研究成果，特在此向全国法院系统人员征集与民事审判相关的稿件：

【业务文章】主要刊登民事审判实体法律适用以及裁判方法、审判理念等方面的论文，文章应立足审判实践，言之有物、论证有据、观点明确，切忌拖沓，每篇6000字左右为宜。

【地方法院案件解析】主要刊登各地法院审结具有典型性和一定指导意义的案件，主要包括基本案情、审判情况及对涉及的法律问题的评析。每篇文章不超过5000字。

【热点调研】主要刊登各地法院针对民事审判实践中的新情况、新问题进行调研形成的调研成果，调研文章应当数据翔实、分析论证透彻，并提出相应的意见和建议。每篇文章字数以1万字左右为宜。

【地方法院传真】主要刊登各地法院有关民事审判工作的规范性意见和文件等，为各地法院提供一个信息共享、经验交流的平台。

来稿请发送到以下电子邮箱，并注明联系人电话等联系方式，写作规范及体例请参照已出版图书相应栏目的文章。

联 系 人：韦大

电　　话：010－67556736

电子邮箱：zuigaofaminyiting@163. com

最高人民法院民事审判第一庭

《民事审判指导与参考》编辑部